U0943106

深港澳金融科技师一级考试专用教材

# 经 济 通 识

主　编　唐　杰　何　杰
副主编　邬瑜骏　黄　成
参　编　张　猛　彭　珂　冯泓

机 械 工 业 出 版 社

本书分为上、下两篇。上篇重点覆盖了经济学思想的演变过程和微观经济学、宏观经济学的相关理论。微观经济学部分从需求供给分析框架出发，分别介绍了消费者理论、生产者（厂商）理论、市场结构与均衡模型。宏观经济学部分首先介绍了总需求-总供给均衡，之后通过对劳动力市场、价格（通货膨胀）体系的介绍引出经济周期理论，并从经济周期理论延展到宏观调控政策（货币政策与财政政策），最后介绍了经济增长理论和国际经济学的核心知识。下篇从马克思主义经济思想谈起，介绍了马克思主义政治经济学思想的演变过程，特别是商品、市场经济、经济危机和经济周期的思想理论。然后重点介绍了社会主义经济制度与根本任务。最后介绍了习近平新时代中国特色社会主义经济思想。

本书可作为深港澳金融科技师一级考试的复习指导用书，也可作为从事或有志于从事金融科技的人员、金融机构相关业务部门工作者以及希望了解金融科技相关理论知识及实际应用的读者的学习资料。

**图书在版编目（CIP）数据**

经济通识/唐杰，何杰主编. —北京：机械工业出版社，2020.8（2022.1 重印）
深港澳金融科技师一级考试专用教材
ISBN 978-7-111-66248-8

Ⅰ.①经… Ⅱ.①唐…②何… Ⅲ.①经济学－资格考试－自学参考资料 Ⅳ.①F

中国版本图书馆 CIP 数据核字（2020）第 141316 号

机械工业出版社（北京市百万庄大街 22 号 邮政编码 100037）
策划编辑：裴 泱　　责任编辑：裴 泱 刘 静
责任校对：赵 燕 郑 婕　　封面设计：鞠 杨
责任印制：单爱军
北京虎彩文化传播有限公司印刷
2022 年 1 月第 1 版第 3 次印刷
169mm×239mm · 14 印张 · 248 千字
标准书号：ISBN 978-7-111-66248-8
定价：49.00 元

| 电话服务 | 网络服务 |
|---|---|
| 客服电话：010-88361066 | 机 工 官 网：www.cmpbook.com |
| 010-88379833 | 机 工 官 博：weibo.com/cmp1952 |
| 010-68326294 | 金 书 网：www.golden-book.com |
| **封底无防伪标均为盗版** | 机工教育服务网：www.cmpedu.com |

# 编写说明

2019年2月，中共中央、国务院印发的《粤港澳大湾区发展规划纲要》明确提出，以香港、澳门、广州、深圳作为区域发展的核心引擎，支持深圳推进深港金融市场互联互通和深澳特色金融合作，开展科技金融试点，加强金融科技载体建设。金融科技是粤港澳大湾区跻身世界级湾区的引擎，人才是推动金融创新的第一载体和核心要素。为响应国家发展大湾区金融科技战略部署，紧扣科技革命与金融市场发展的时代脉搏，持续增进大湾区金融科技领域的交流协作，助力大湾区建成具有国际影响力的金融科技“高地”，深圳市地方金融监督管理局经与香港金融管理局、澳门金融管理局充分协商，在借鉴特许金融分析师（CFA）和注册会计师（CPA）资格考试体系的基础上，依托行业协会、高等院校和科研院所，在三地推行“深港澳金融科技师”专才计划（以下简称专才计划），建立“考试、培训、认定”为一体的金融科技人才培养机制，并确定了政府支持，市场主导；国际化标准，复合型培养；海纳百川，开放共享；考培分离，与时俱进的四项原则。

为了使专才计划更具科学性和现实性，由深圳市地方金融监督管理局牵头，深圳市金融科技协会、资本市场学院等相关单位参与，成立了金融科技师综合统筹工作小组。2019年4月，工作小组走访了平安集团、腾讯集团、招商银行、微众银行、金证科技等金融科技龙头企业，就金融科技的应用现状、岗位设置、人才招聘现状和培养需求等进行了深入的调研。调研结果显示：目前企业对金融科技人才的需求呈现爆炸式增长趋势，企业招聘到的金融科技有关人员不能满足岗位对人才的需求，人才供需矛盾非常突出。由于金融科技是一个新兴的交叉领域，对知识复合性的要求较高，而目前高等院校的金融科技人才培养又跟不上市场需求的增长，相关专业毕业生不熟悉国内金融科技的发展现状，不了解金融产品与技术的发展趋势，加入企业第一年基本无法进入角色，因此，各家企业十分注重内部培训，企业与高校合作成立研究院并共同开发培训课程，自主培养金融科技人才逐渐成为常态。但是，企业培养金融科技人才的成本高、周期长，已经成为制约行业发展的瓶颈。

工作小组本着解决实际问题的精神，在总结调研成果的基础上，组织专家对项目可行性和实施方案进行反复论证，最终达成以下共识。

专才计划分为金融科技师培训项目（简称培训项目）和金融科技师考试项目（简称考试项目）两个子项目。其中，培训项目根据当下金融场景需求和技术发展前沿设计课程和教材，不定期开展线下培训，并有计划地开展长期线上培训。考试项目则是培训项目的进一步延伸，目的是建立一套科学的人才选拔认定机制。考试共分为三级，考核难度和综合程度逐级加大：一级考试为通识性考核，区分单项考试科目，以掌握基本概念和理解简单场景应用为目标，大致为本科课程难度；二级考试为专业性考核，按技术类型和业务类型区分考试科目，重点考查金融科技技术原理、技术瓶颈和技术缺陷、金融业务逻辑、业务痛点、监管合规等专业问题，以达到本科或硕士学历且具备一定金融科技工作经验的水平为通过原则；三级考试为综合性考核，不区分考试科目，考查在全场景中综合应用金融科技的能力，考核标准对标资深金融科技产品经理或项目经理。考试项目重点体现权威性、稀缺性、实践性、综合性和持续性特点：①权威性。三地政府相关部门及行业协会定期或不定期组织权威专家进行培训指导。②稀缺性。控制每一级考试的通过率，使三级考试总通过率在10%以下，以确保培养人才的质量。③实践性。专才计划将为二级考生提供相应场景和数据，以考查考生的实践操作能力。④综合性。作为职业考试，考查的不仅仅是知识学习，更侧重考查考生的自主学习能力、团队协作能力、职业操守与伦理道德、风险防控意识等综合素质。⑤持续性。专才计划将通过行业协会为学员提供终身学习的机会。

基于以上共识，工作小组成立了教材编写委员会（简称编委会）和考试命题委员会，分别开展教材编写工作和考试组织工作。编委会根据一级考试的要求，规划了这套“深港澳金融科技师一级考试专用教材”。在教材编写启动时，编委会组织专家、学者对本套教材的内容定位、编写思想、突出特色进行了深入研讨，力求本套教材在确保较高编写水平的基础上，适应深港澳金融科技师一级考试的要求，做到针对性强、适应面广、专业内容丰富。编委会组织了来自北京大学汇丰商学院、哈尔滨工业大学（深圳）、南方科技大学、武汉大学、山东大学、中国信息通信研究院、全国金融标准化技术委员会秘书处、深圳市前海创新研究院、上海交通大学上海高级金融学院、深圳国家高技术产业创新中心等高校、行业组织和科研院所的二十几位专家带领的上百人的团队，进行教材的编撰工作。此外，平安集团、微众银行、微众税银、基石资本、招商金科等企业为本套教材的编写提供了资金支持和大量实践案例，深圳市地方金融监督管理局工作人员为编委会联系专家、汇总资料、协调场地等，承担了大部分组织协调工作。在此衷心地感谢以上单位、组织和个人为本套教材编写及专才计划顺利实施做出的贡献。

2019 年 8 月 18 日，正值本套教材初稿完成之时，传来了中共中央、国务院发布《关于支持深圳建设中国特色社会主义先行示范区的意见》这一令人振奋的消息。该意见中明确指出“支持在深圳开展数字货币研究与移动支付等创新应用”，这为金融科技在深圳未来的发展指明了战略方向。

“长风破浪会有时，直挂云帆济沧海。”在此，我们衷心希望本套教材能够为粤港澳大湾区乃至全国有志于从事金融科技事业的人员提供帮助。

编委会

# 专家指导委员会

刘世锦　哈尔滨工业大学（深圳）经济管理学院院长

　　　　全国政协经济委员会副主任

鞠　芳　德邦证券股份有限公司风险合规部总经理助理

# 前　言

本书以“深港澳金融科技师”专才计划的三级认证体系为基础设计。金融科技师经济通识教材体系重在培养考生对经济领域核心理论和知识的理解能力，希望通过认证考试推动未来的金融科技师掌握经济学的核心概念和原理，使其能够理解和解释外部经济环境和宏观经济相关政策。

基于此定位，本书内容涵盖经济思想史、微观经济学理论、宏观经济学理论与宏观政策（包括经济增长理论、经济周期理论）、马克思主义政治经济学思想和习近平新时代中国特色社会主义经济思想等方面。

本书的特色主要有以下几点：

(1) 内容适合初步接触经济和宏观金融的（非经管类专业）学生学习经济学专业知识，力求做到在逻辑体系清晰的基础上有特色、可读性强。

(2) 本书借鉴了CFA核心知识体系中西方宏观经济学和微观经济学的知识体系，同时融入经济学理论的演变史，并加入了相关经济学家的介绍，以增加内容的吸引力和可读性。

(3) 本书在介绍西方经济学理论的基础上，介绍了中国在经济发展中的实践、探索和思考，重点介绍了习近平新时代中国特色社会主义经济思想，并融入了粤港澳大湾区未来经济发展的特色。

本书由哈尔滨工业大学（深圳）经济管理学院唐杰教授和深圳市地方金融监督管理局何杰局长担任主编，主编提出编写设计、编写框架和编写原则。上篇由哈尔滨工业大学（深圳）经济管理学院郐瑜骏、黄成、冯泓编写，其中郐瑜骏执笔第一～五章、第九章、第十章，黄成执笔第六章、第七章，冯泓执笔第八章；下篇由哈尔滨工业大学（深圳）经济管理学院张猛、彭珂编写，其中张猛执笔第十一～十三章、第十五章、第十六章，彭珂执笔第十四章。全书由唐杰审核统稿。

在本书编写过程中，哈尔滨工业大学（深圳）经济管理学院院长刘世锦教授以及德邦证券股份有限公司鞠芳博士对本书框架和具体内容给出了专业的指导和建议。另外，本书在编写过程中还得到了深圳市地方金融监督管理局、哈尔滨工业大学（深圳）经济管理学院的大力支持，在这里编者团队向提供指导的各位专家和机构表示衷心的感谢。

经济学的理论博大精深、范畴广阔，新的领域不断涌现，由于篇幅限制，本书并没有能包括所有经济学的领域，希望在后续版本中能不断更新。由于作者水平有限，书中难免有不足之处，也恳请各位读者指正。

编　者

# 学习大纲

**1. 学习目的**

本门课程的学习目的包括以下三个：

（1）提升经济领域专业知识的理解能力。考生应当理解经济相关学科领域的基本概念、核心理论及应用。

（2）具备专业知识基本应用能力。考生应当在理解经济学概念和原理的基础上，能在比较简单的经济环境中运用经济分析框架和模型解决实务问题。

（3）在复杂的职业环境中，遵从金融科技师职业道德要求，保持正确的职业态度。

**2. 学习内容及学习目标**

| 学习内容 | 学习目标 |
|---|---|
| 第一章　从古代到现代——经济学思想的演变 | 1. 了解现代经济学的定义、经济学研究的对象<br>2. 掌握希腊哲学家、重商主义经济学家、重农主义经济学家的经济思想及其理论背景<br>3. 熟悉亚当·斯密的经济学思想及其“看不见的手”“社会分工”等观点对现代经济学分析的影响 |
| 第二章　新古典经济学——消费者理论 | 1. 理解边际收益（MB）和边际成本（MC）的含义<br>2. 熟悉需求曲线和供给曲线的图形，以及消费者剩余、生产者剩余的含义<br>3. 熟悉需求弹性，并掌握其计算，了解影响弹性的各种因素<br>4. 了解在直线形需求曲线上各点的需求价格弹性，区别弹性、非弹性、单一弹性区域 |
| 第三章　厂商理论：组织生产 | 1. 熟悉总成本、固定成本、可变成本、边际成本、平均成本的定义，及其之间的区别<br>2. 掌握机会成本的类型和它与经济利润之间的关系<br>3. 理解公司的短期和长期生产函数和生产曲线、短期和长期成本函数和成本曲线，熟悉规模经济和规模不经济的定义 |

（续）

| 学习内容 | 学习目标 |
|---|---|
| 第四章　市场的力量：市场结构与均衡模型 | 1. 掌握完全竞争市场、垄断市场、垄断竞争市场和寡头市场的特征<br>2. 掌握完全竞争市场如何达到均衡，其短期均衡价格、均衡数量、市场效率等方面的关系<br>3. 掌握总需求变化、技术变化对完全竞争市场均衡的影响机制<br>4. 熟悉不完全竞争经济学的定义，掌握垄断竞争市场的均衡价格和均衡产出模型<br>5. 掌握价格制定者与价格接受者之间的区别<br>6. 熟悉垄断市场的均衡模型和垄断市场企业的价格歧视行为<br>7. 熟悉寡头市场的均衡模型，掌握利用囚徒困境的博弈论模型来解释寡头垄断企业的行为 |
| 第五章　总需求（供给）与一般均衡模型 | 1. 理解局部均衡和一般均衡的定义与应用场景的区别<br>2. 掌握总供给和总需求的定义及其曲线表达<br>3. 掌握就业水平低于（高于）充分就业水平时的均衡模型<br>4. 了解马尔萨斯著作《人口论》的主要观点<br>5. 熟悉劳动力市场指标，掌握三种失业类型及自然失业率的定义<br>6. 掌握菲利普斯曲线理论及其图形表达<br>7. 了解和计算居民消费价格指数（CPI），了解 CPI 计算偏差的来源<br>8. 熟悉影响真实 GDP、短期和长期总供给的因素，潜在 GDP 和总供给变化的原因<br>9. 了解需求拉动型通货膨胀与成本推动型通货膨胀的区别，了解这两类通货膨胀产生及演变的过程<br>10. 熟悉经济增长、通货膨胀和失业率如何影响经济周期 |
| 第六章　凯恩斯主义 | 1. 了解宏观经济学中的古典经济学派和凯恩斯学派的观点，掌握萨伊定律的含义<br>2. 了解财政政策的定义，熟悉基于税收及财政支出的两类财政政策工具<br>3. 熟悉拉弗曲线的解释及应用<br>4. 了解政府财政政策的资金来源及其影响总需求的机制<br>5. 熟悉财政政策挤出效应和代际效应，掌握代际不平衡的含义<br>6. 了解如何使用财政政策来稳定经济的总需求，熟悉政府购买乘数、税收乘数和平衡预算乘数以及其对总需求的最终影响<br>7. 了解财政工具中自动稳定器的类型和作用 |
| 第七章　货币理论与货币政策 | 1. 了解 M0、M1 和 M2 的主要组成部分<br>2. 掌握货币基础的概念，熟悉银行的货币扩张功能<br>3. 掌握货币需求和供给的决定因素<br>4. 了解货币数量理论，及其与货币总供给和总需求的关系<br>5. 了解美联储货币政策的目标和美联储达成目标的工具<br>6. 了解美联储货币决策的类型，包括固定规则政策和各种反馈规则政策<br>7. 了解货币主义学派和凯恩斯学派的主要观点及其区别，掌握货币主义学派的政策观点<br>8. 了解哈耶克自由市场理论的主要观点，及其与凯恩斯学派对于政府定位观点的区别 |

（续）

| 学习内容 | 学习目标 |
| --- | --- |
| 第八章　发展经济学 | 1. 了解罗森斯坦·罗丹、罗伯特·索洛、保罗·罗默对经济增长驱动力的不同观点<br>2. 掌握古典经济增长理论、新古典经济增长理论和新经济增长理论的假设及其结论<br>3. 了解促进经济增长的前提条件<br>4. 熟悉创造性破坏理论的核心观点及其与经济增长的关系 |
| 第九章　国际经济学 | 1. 了解李嘉图对于国际自由贸易的理论观点<br>2. 掌握国际收支平衡表的定义，熟悉经常账户、资本账户、储备账户的定义及其组成部分<br>3. 了解影响货币升值（贬值）的因素<br>4. 熟悉贸易保护理论的观点及其政策建议 |
| 第十章　经济学热门理论延展 | 1. 了解信息经济学的假设及其理论观点，掌握道德风险、信号的定义<br>2. 了解福利经济学的假设及其理论观点，掌握外部性、公共商品的定义<br>3. 熟悉经济监管不同理论的观点和政策建议 |
| 第十一章　马克思主义政治经济学的创立与发展 | 1. 了解马克思主义政治经济学的创立过程<br>2. 掌握马克思主义政治经济学的思想来源<br>3. 熟悉列宁与苏联建设时期对马克思主义政治经济学的发展<br>4. 熟悉毛泽东思想对马克思主义政治经济学的贡献<br>5. 熟悉中国特色社会主义理论体系对马克思主义政治经济学的贡献<br>6. 掌握习近平新时代中国特色社会主义经济思想对马克思主义的发展 |
| 第十二章　商品与货币 | 1. 掌握商品二重性，理解使用价值和交换价值的关系<br>2. 熟悉劳动二重性及其与商品二重性的关系<br>3. 掌握货币的五大职能<br>4. 了解货币形式的演化过程 |
| 第十三章　市场经济与市场秩序 | 1. 熟悉自然经济与商品经济的特征<br>2. 掌握市场经济的基本特征<br>3. 了解市场机制的主要内容<br>4. 掌握价值规律及其作用<br>5. 了解市场体系的分类、构成，以及市场秩序的建立和规范 |
| 第十四章　经济增长、经济危机与经济周期 | 1. 了解经济增长的微观基础<br>2. 掌握简单再生产和扩大再生产的特征、资本积累的本质<br>3. 掌握资本有机构成的主要内容<br>4. 掌握社会生产的两大部类<br>5. 熟悉社会资本扩大再生产的两个条件<br>6. 掌握经济危机理论的成因<br>7. 了解经济周期思想的基本原理 |

（续）

| 学习内容 | 学习目标 |
| --- | --- |
| 第十五章　社会主义经济制度与根本任务 | 1. 了解建立社会主义制度的理论依据<br>2. 掌握社会主义的根本任务<br>3. 熟悉中国特色社会主义市场经济的建设历程<br>4. 了解社会主义初级阶段的科学含义<br>5. 掌握社会主义初级阶段的主要矛盾与发展 |
| 第十六章　习近平新时代中国特色社会主义经济思想体系 | 1. 熟悉经济新常态的主要内容<br>2. 掌握五大发展理念的内涵<br>3. 熟悉供给侧结构性改革的逻辑与路径<br>4. 了解脱贫攻坚进程与“精准扶贫”思想的主要内容<br>5. 了解区域协调发展战略与粤港澳大湾区建设的主要内容<br>6. 掌握“一带一路”建设与构建人类命运共同体的意义 |

# 目　录

# 下　篇

# 上　篇

# 第一章

# 从古代到现代——经济学思想的演变

## 【学习目标】

1. 了解现代经济学的定义、经济学研究的对象；

2. 掌握希腊哲学家、重商主义经济学家、重农主义经济学家的经济思想及其理论背景；

3. 熟悉亚当·斯密的经济学思想及其“看不见的手”“社会分工”等观点对现代经济学分析的影响。

## 第一节　资源配置与经济决策：经济学分析框架

欢迎来到经济学的“世界”，本节将向大家介绍：为什么要学习“经济学”、到底什么是“经济学”，以及经济学研究的内容是什么。

从本质上讲，经济学是一门关于在现实中如何选择的科学。这就意味着我们必须选择那些最为重要并且最具持久意义的问题作为探讨的对象。

进一步来说：经济学是对社会以及在社会中生存的个体如何使用资源的研究。经济学（Economics）这个词听起来可能会令大家想到一堆枯燥的数据。但其实经济学讲的是如何帮助人们更好地生活，人们如何满足需求提升效用、获得富足快乐的人生以及为什么有些人生活得不幸福，有些国家发展不起来。很多经济学家深信，如果我们可以解决基本的经济问题，或许就能够帮助周围的人过上更好的生活。

20 世纪 30 年代，英国经济学家莱昂内尔·罗宾斯（Lionel Robbins）将经济学定义为对“稀缺性”的研究。这里的稀缺性意味着商品（和资源）总数是有限的，然而人类的潜在欲望却无穷无尽。只要条件允许（同时没有稀缺性），人们总是希望源源不断地购买新的玩具、汽车，但因为所有的东西都需要付出成本，所以我们不可能将它们全部归为己有，因此这意味着我们必须做出经济选择（也就是经济决策）。

效率（Efficiency）是指最有效地使用社会资源以满足人类的愿望和需要。经济效率（Economics Efficiency）要求在给定技术和稀缺资源的条件下，生产最优质和最多数量的商品或服务。在不会使其他人境况变坏的前提下，如果一项经济活动不再有可能增进任何人的经济福利，则该项经济活动就被认为是有效率的。

我们可以深入思考一下成本这个概念。成本可能不仅是以美元或是人民币这类法定货币为代表来衡量。与在会计学中定义的成本相比较，在经济学中，成本的定义范畴更为广泛。设想一个大学生现在要选择下一年的学习科目，可选课程是历史和地理，但只能二者选一。如果这个学生选择了历史这门课程，那这个选择的成本是什么？那将是他所放弃的学习地理这门课程的机会。同样的思路，建造一个新医院的成本是什么？你可以统计建造医院所用的砖瓦和钢铁的价格（这是会计成本的概念）。但是，如果我们按照因为选择建造医院而放弃了什么的思路来考虑这个问题的话，则成本可能是一座原本能够建造的火车站。经济学家将这类成本称为“机会成本”（Opportunity Cost）。在普通人眼中这一成本往往容易被忽略。但稀缺性和机会成本揭示了一条基本的经济学原理：个体需要在医院和火车站之间、大型购物中心和足球场之间做出（经济）选择。

因此经济学家研究的是“经济体”（The Economy）。经济体是使用资源、制造新产品的地方，也是决定谁能够获得什么产品的地方。例如一家厂商购买布匹，雇用工人生产衬衫。当消费者前往商店，他们就可以购买衬衫（消费商品）。此外，消费者还可以消费“服务”，例如理发。大部分消费者同时又都是工人，因为他们需要通过工作赚钱来支持消费。厂商、工人和消费者是一个经济体的参与者，同时也是经济体的关键因素。

同时银行和股票市场——“金融体系”（Financial System）也是经济体的一部分，它对于如何使用和分配资源也发挥着重要作用。银行向公司借贷——对其“提供资金”，例如银行可以为一家服装厂提供建设新工厂的资金，厂商可以用这些资金来购买水泥，这些水泥最终成为该工厂的组成部分，而不是被用来建造桥梁。为了筹集资金，公司还可以在股票市场上出售“份额”（即股票）。政府也是经济体的一部分，当政府投资建设高速公路或发电厂的时候，就会对资源的使用产生影响。

因此对于经济学的演变过程而言，首先是研究个体（个人）如何利用自身的资源做出经济决策，而今天经济学还包括对公司和产业的研究，也包括对整个国家经济体量和结构的研究。经济学家们试图解释经济环境，进行经济决策，并给出理性的建议。一旦准确的观察和理性的判断结合在一起，经济学便能够成为改变和优化经济环境的力量，创造更富裕、更公平的经济社会，更多的人就可以在这样的社会里更好地生活。那我们接下来来看经济思想（经济学）演变的过程。

在近现代经济学的思想发展史上，曾经产生过三次大的“革命”与三次大的“综合”（蒋自强、张旭昆，1996）。其中，每一次“革命”都提出了与之前的经济学理论完全不同的研究范式，而每一次“综合”则把前后两种不同的研究范式统一在一个更大的理论框架中。这种以范式“革命”与范式“综合”交替形式出现的理论创新模式，事实上是科学发展的一般规律（库恩，1962）。就经济学而言，这种“革命”与“综合”的创新，既反映了人类经济历史不断前进的步伐，也反映了人类思想历史不断深化的过程。

近现代经济学的第一次革命，以亚当·斯密（Adam Smith）的《国富论》（1776）为标志，突破了自古希腊和中世纪以来重商主义和重农主义只注重财富管理分析的前古典经济学研究范式，确立了以财富生产分析为主要目的的古典经济学研究范式。这一范式革命与转换，发生在第一次工业革命的开启（18 世纪 60 年代—70 年代）时期，反映了以机器生产和社会分工为特征的工业文明对家庭经济和自然经济为特征的农业文明的革命性替代。

近现代经济学的第一次综合，以约翰·穆勒（John Mill）的《政治经济学原理》（1848）为标志，对前古典经济学与古典经济学的研究范式进行了理论综合，把财富的管理和财富的生产整合为一个统一的分析框架，使之成为经济学并行不悖、相互补充的两大研究范式。这种范式的综合，发生在第一次工业革命的结束（19 世纪中叶）时期，反映了随着第一次工业革命的完成，包括经济学家在内的社会精英分子可以以更为包容的心态对待人类科学与文化发展的历史遗产。

近现代经济学的第二次革命就是所谓的“边际革命”，其标志性的人物和代表作分别包括赫尔曼·戈森（Hermann Gossen）的《人类交换规律与人类行为准则的发展》（1854）、卡尔·门格尔（Carl Menger）的《国民经济学原理》（1871）、利昂·瓦尔拉斯（Leon Walras）的《纯粹经济学要义》（1874）和威廉·杰文斯（William Jevons）的《政治经济学理论》（1879）。“边际革命”突破了古典经济学此前以生产投入（包括劳动投入）作为分析对象的客观价值理论，提出了以人的心理因素作为分析对象的主观价值理论，即边际效用理论。这一范式革命与转换，发生在第二次工业革命的开启（19 世纪 70 年代）时期，反映了在第一次工业革命极大提升了人类的物质文明以后，经济学家开始更多关注人类自身和人类精神世界的崭新视野。

近现代经济学的第二次综合是新古典经济学的创立，以阿尔弗雷德·马歇尔（Alfred Marshall）的《经济学原理》（1890）为标志，将古典经济学的客观价值论和边际革命的主观价值论整合为一个统一的分析框架。其中，古典经济学的要素投入理论被作为新古典经济学的生产（供给）理论，而边际革命学派的边际效用理论则作为新古典经济学的消费（需求）理论；并以供给函数（供给曲线）和消费函数（消费曲线）的形式，统一于以数学（微积分）形式表达的均衡价格理论中。这种范式的综合，发生在第二次工业革命的结束（19 世纪末和 20 世纪初）时期，反映了人类工业文明鼎盛时期现代科学、技术对人类经济生活极大的促进作用，以及现代科学理论的建构方式，尤其是数学作为一种通用的科学语言对经济学产生的重大影响，从而成为经济学理论从近现代走向现代的标志。

现代经济学的第三次革命，以梅纳德·凯恩斯（Maynard Keynes）的《就业、利息和货币通论》（1936）为标志，被世人称为“凯恩斯革命”。凯恩斯革命突破了新古典经济学将经济分析的基点立足于个人与厂商的微观分析范式，第一次确立了以国民经济作为一个整体对象的宏观分析范式。这一范式革命与转换，发生在整个工业文明由鼎盛转向衰退的时期（20 世纪 20 年代—40 年代），反映了 1929—1933 年在美国爆发、继而席卷整个资本主义世界的大危机对资本主义经济方式产生的深刻影响，它是在资产阶级意识形态内部对亚当·斯密以来“自由放任”的古典资本主义制度，以及马歇尔均衡价格理论的深刻反思与批判，并由此开创了“国家干预”的现代资本主义制度。

现代经济学的第三次综合，以保罗·萨缪尔森（Paul Samuelson）的《经济学分析基础》（1947）为标志，将新古典经济学的微观分析范式与凯恩斯主义的宏观分析范式整合为一个统一的分析框架。该理论以“充分就业”为界，把描述充分就业均衡状态的经济分析称为微观经济分析，把描述未能实现充分就业非均衡状态的经济分析称为宏观经济分析，从而创立了所谓的“新古典综合派”经济理论。这种范式的综合，发生在工业文明日趋式微、而人类新经济形态开启的前夜（20 世纪 50 年代），既反映了第二次世界大战以后世界经济恢复所带来的经济繁荣与文化繁荣，也反映了全球经济中心与政治中心由老牌帝国主义国家——英国向新兴帝国主义国家——美国的转移。以新古典综合派为代表的经济学理论体系，至今仍然是当代西方经济学的主流经济理论。本章先介绍古典经济思想的起步背景及其脉络。

## 第二节　经济学的起源：希腊哲学家的经济思想

从历史上来看，希腊哲学家可能是最早的经济思想家，他们奠定了西方思想的传统，其中也包括经济学思想。著名的希腊三贤苏格拉底、柏拉图和亚里士多德是其中最为杰出的人士。希腊哲学家苏格拉底（Socrates）是哲学思想的前辈，而他的学生柏拉图（Plato）更是经济学的泰斗人物。柏拉图曾幻想建立一个理想的社会，柏拉图的理想国是一个希腊城邦式的城市，它被统治者以一种高度集中的方式管理，其中几乎没有食物和劳动力买卖的市场。在柏拉图的理想国中，人们生来就分为三六九等，包括奴隶在内的大多数人只能毕生在土地上劳动，奴隶属于最底层，比农民高一个等级的阶层是武士，最高阶层由统治者构成，他们是"哲学王"，是拥有哲学思想的君主。

柏拉图的经济思想中对财富的追求持批判态度，在柏拉图的理想国中，武士和国王不能拥有私人财产，以免受到黄金珠宝的腐蚀。相反，在理想国中，所有人住在一起，分享所拥有的一切，包括孩子。在理想国中，孩子由成年人共同抚养，而非自己的父母。柏拉图担忧，如果一个社会中的财富意义过于重要，人们便会开始追名逐利。而最终国家将会被富人统治，穷人则会产生仇富的心理，人类终将自我残杀。

柏拉图的思想衣钵此后被其学生亚里士多德（Aristotle）传承，亚里士多德对柏拉图主张的社会进行了批判。与柏拉图对理想社会进行设想的方式不同，亚里士多德思考的是在不完美的人类基础上能够实现什么。他认为柏拉图取消私人财产的建议是缺失公正的。在亚里士多德看来，虽然人们对物品拥有所有权后，彼此确实会心生妒忌并导致争夺，但是如果人们分享一切，由于分享机制的不透明和不完善则会产生更多的争斗。所以最好的方式是让人们拥有自己的物品，因为那样人们便会更好地照看自己的财产，而在谁对公共财产贡献多少这个问题上导致的纷争也会减少。

如果人们用自己的劳动和工具创造出产品（例如鞋子），那么其他人如果需要这些产品时该怎么办呢？他们会以另一种产品（例如橄榄）来交换。亚里士多德阐述了经济领域里的基本点：以物易物。货币在这个时候开始发挥了作用。他说道，如果没有货币，你就不得不到处背着橄榄去交换你所需要的鞋子，而且还得足够幸运恰好找到需要橄榄的鞋匠，这显然会非常困难。因此为了使交换的程序更为简便，人们指定了一种物品——通常是金银——作为用来买卖的货币。货币成为衡量经济价值的标杆，并使价值在人与人之间传递。货币产生后，人们便不再必须找到需要橄榄的鞋匠，可以先出售橄榄，然后在第二天用得到的钱购买一双鞋。这个时代货币是标准块状的金属硬币。到了公元前5世纪，铸币厂近百家，源源不断的银币推动了商业贸易不断向前发展。

亚里士多德指出由“自然”经济活动（是指满足生存需要的必要经济活动）带来的财富是有限的，因为一旦有足够的商品满足农户的生存需求，更多的需求便不会产生了。而非自然的财富积累是无限的。你可以继续卖更多的橄榄，或者拓宽所出售商品的种类。人们对财富积累开始产生欲望，这也同时促进了经济的发展。

比卖橄榄来积累财富更高效（也许是更糟糕）的方式是钱生钱。货币出现后其正常使用功能是用作交易中介，但是同时可以通过将货币以一定的价格借与他人，获得某种“利息”，这在当时或许是一种新型的经济活动，这类现代并被定义为金融活动的行为在货币出现后不久就产生了。当然亚里士多德对于借贷持抨击的态度，而其观点也影响了之后几个世纪的经济学观点。对于他的哲学思想而言，美德与诚实的农民相伴，而非精明的银行家。

我们可以看到在古希腊的经济学思想中，柏拉图追求的是理想化的基于道德准则的自律国家，亚里士多德的经济思想是将贸易活动、货币创造、金融活动与社会发展结合起来的实用经济主义的指导。继他们之后，由于欧洲各个国家间交通便利性不断提升，同时居民生活需求不断增长，商品贸易的领域变得更为宽广，商业贸易在更为广阔的土地上迈向了繁荣，在促进希腊文明的基础上，促进了其经济思想的传播。

## 第三节　经济思想的启蒙——重商主义

欧洲贵族在中世纪通过分割土地来统治并建立起现代国家。各个国家间彼此为了争夺霸权连年征战，而由于战争的发展对于商品的需求则不断提升。在这一时代商人获得了前所未有的权力和影响力，商人帮助贵族聚敛更多的财富，反过来贵族会资助商人进行航运贸易以获得更多的商品。这种联盟后来被称为“重商主义”（Mercantilism）。在这个时期新的一批经济学家诞生，主要是由商人和王室官员组成，他们主要探讨的主题通常是国王如何更好地管理国家的财富。

### 重商主义学派

重商主义学派（Mercantilism）简述：重商主义也称作“商业本位”，产生并流行于15世纪至17世纪中叶的西欧，19世纪后成长为自由贸易。它建立在这样的信念上：一国的国力基于通过贸易的顺差，即出口额大于进口额，所能获得的财富。它是封建主义解体之后的16世纪—17世纪西欧资本原始积累时期的一种经济理论或经济体系，是反映资本原始积累时期商业资产阶级利益的经济理论和政策体系。该理论认为一国积累的金银越多，就越富强，主张国家干预经济生活，禁止金银输出，增加金银输入。重商主义者认为，要得到这种财富，最好是由政府管制农业、商业和制造业；发展对外贸易垄断；通过高关税率及其他贸易限制来保护国内市场；并利用殖民地为母国的制造业提供原料和市场。

如何定义一个国家是富有的？这个问题成为重商主义基本的关注领域。重商主义的核心观点认为财富即金银，所以一个国家如果拥有足够多的金银就是一个富有的国家，这种观点体现了重商主义者对黄金的痴迷胜过生存所需要的商品。当然在现代社会中，钞票和硬币具有价值是人们共有的认识，然而在重商主义时代，黄金是购买商品的唯一介质。随着商业的发展，人们所需要的更多有用的物品，不论食物、土地还是劳动力，都得依靠黄金进行买卖。

经济学家杰勒德·德·马林斯（Gerald de Malynes）的著作《论英国公共福利衰败的祸根》延续了重商主义的主线，即国家需要健康的黄金储备。马利纳认为英国的经济疾病在于购买外国商品过多而出口商品过少，英国人从法国人那里用金币购买葡萄酒，并通过卖给法国人羊毛来获得金币，如果英国人购买的外国商品多于卖给外国人的商品的话，黄金储备就会减少（也就是国家财富的减少）。他的解决方式是限制黄金外流以保存国家的储备，这就是那个时代的公共政策，当时的一些国家例如西班牙会将携带金银出境的行为判处死刑。

但在另外一位经济学家托马斯·孟（Thomas Mun）最为著名的《英国得自对外贸易的财富》一书中指出，英国获得黄金最好的方式并非限制外流，而是尽可能多地出口本国商品。当一个国家善于制造商品时就能实现这一点，这种政策的目的在于获得有利的贸易平衡即出口大于进口。在重商主义者的支持下，政府进一步鼓励出口，抑制进口，进口商品会被征税从而价格变高，使得居民购买更多的本国商品。

通过帮助商人们出口更多的本国商品，使其免受进口商品的竞争，政府帮助商人致富。重商主义者主张：对商人有利的就是对国家有利的，通过限制进口，重商主义者使商人的地位超过工人，随着对进口商品的征税，由于税金收入的提升，获利的是国家的经济，但普通民众则只能花更多的钱购买食品和衣服，这也是之后的思想家们批判重商主义者的缘由。

重商主义的名称最初是由被称为现代经济学之父的亚当·斯密（Adam Smith）在《国富论》一书中提出来的，他提倡自由贸易和开明的经济政策。在后面的论述中我们可以看到他认为经济学家的任务是揭示经济运转的客观规律，重商主义者未能成功做到这一点，是因为他们主要热衷于鼓吹商人阶级的利益，而实质上有利于商人阶级的经济活动未必有利于国家。重商主义者把进口视为坏事，而今天的经济学家们认为这纯属荒谬。18 世纪末，斯密对重商主义进行了抨击，与此同时重商主义随着英国在美国的殖民地瓦解的过程中受到了冲击。英国对殖民地的统治曾经保证了商人在那里售卖本国商品的利益，但这种保护政策随着殖民地人民对统治者的反抗以及随后纷纷宣布独立而告终。但是，不可否认重商主义者是第一批认为资源和金钱比哲学中的道德更应该被重视的人，为很多后来的经济思想开拓了思路。

## 第四节　农业社会背景下的重农主义

在 18 世纪的欧洲，很多经济学家发现税收是一个棘手的问题，统治者需要向国民征税来满足巨额的宫廷的花销和雇用士兵保护领土。那个时候的贵族需要更多的财富用于享乐，例如奢华的城堡宴会、美酒和珠宝。他们面临的第一个问题是向谁征税，其次是税负的额度。

统治者需要依仗有权势的贵族，因此向他们征税并非易事，但如果农民的税负变得日益沉重，他们就有可能罢工，甚至更糟糕会引发反叛和暴动。当时法国王室和贵族为了满足自身利益，规定贵族和教士不用缴纳任何税费，而向农民征收苛捐杂税的行为被大众所谴责。

法国经济学家弗朗斯瓦·魁奈（Francois Quesnay）认为，农业是有特殊性的，人们利用自然改造出的田野、河流和牧场是一个国家产生财富最终的资源，因此包括魁奈在内的那批思想家的观点，被称为“重农主义”（Physiocracy），即为自然法则。

### 重农主义学派

重农主义学派是 18 世纪 50—70 年代法国资产阶级古典经济学派。弗朗斯瓦·魁奈（Francois Quesnay，1694—1774）是重农主义学派的创始人。安·罗伯特·雅克·杜尔阁（Anne Robert Jacqnes Turgot，1727—1781）进一步发展了重农主义学派的理论，并把重农主义学派的经济纲领付诸实施，是其后期的主要代表。1765—1772 年，杜邦·德·奈穆尔（Pierre Samuel Du Pont de Nemours，1739—

1817）曾主编重农主义学派的杂志。他编辑出版魁奈的著作，就以“重农主义”（Physiocratie）作书名。后来，这一经济学派就称为“重农主义学派”。17世纪末至18世纪中叶，法国处于封建主义过渡到资本主义的转变时期，农业在经济上占有很大优势。但是，国王路易十四和路易十五先后实行牺牲农业发展工商业的重商主义政策，使农业遭到破坏而陷入困境，国家财政枯竭，经济问题甚为严重。于是出现了反对重商主义政策、主张经济自由和重视农业的重农主义经济学说。此学说的理论基础是“自然秩序”论，认为自然界和人类社会存在的客观规律是上帝制定的“自然秩序”，即合乎理性的秩序，政策、法令等是“人为秩序”，只有适应自然秩序，社会才能健康地发展。

重农主义者认为财富是指土地养育出的小麦、玉米和猪等商品，农民以种植粮食或售卖粮食为生，此外他们还能生产出多余的粮食。魁奈相信盈余是经济的生命力，他称其为净产值，即农业生产（总产量）中满足农民自身需求外多余的部分。他认为净产值只能由人类在自然中创造出来，例如在河中捕捞的渔民、草地上放羊的牧民的劳动。

重农主义者认为净产值依据自然法则从经济中孕育出来，这种自然法则是天赋的、始终不变的。而当时的统治者已经将农民榨干，阻碍了农业的发展，更糟糕的是，在农民遭到剥削的同时，城镇里的手工艺人和商人们却得到优待，这是严重的不公平的现象。

魁奈的观点认为工业无法创造盈余，制造商从销售中赚钱，只是因为他们在生产过程中付出了劳动力，但他们所做的无非是将自然中已经创造出的东西进行转变。因此魁奈将制造业本身称为一种“惰性”活动。他批评法国政府为了促进工业将资源从多产的农场转移到许多缺乏活力的工业中的做法，他对银行家和商人更是持批评态度，在他眼中这些人只不过是经济寄生虫，他们到处蚕食他人创造的价值而自己却不做出任何贡献。

魁奈对法国的病灶开出了自己的药方，主旨在于增加经济中剩余的产量。魁奈的净产值曲线揭示了向农民征税的弊端，不断增加的税负阻碍了农民来年的播种量，使他们没有财力改进工具。而如果对拥有土地的贵族征税，农民将会获得更多的耕地资源，这将有助于整个经济剩余的增加，最终因为经济体量的整体增加使贵族也能从中获益。然而这个观点在当时却被置若罔闻。

在苛捐杂税的负重下，谷物出口也遭到禁止，农民必须遵守规定将谷物卖给本国人，这种限制最终导致谷贱伤农，经济剩余进一步减少。魁奈敦促国家将农业从令人窒息的控制中解放出来，并废除商人享有的特权。

重农主义者对此后的政策产生了某些影响，例如18世纪60年代法国政府为农民出售谷物提供了更多便利。重农主义者对今天许多经济学家所兴奋的观点做出了预言，即政府最好不要干预经济，例如征收重税。他们将经济价值的来源归于食物、小麦、猪和鱼而不仅仅是金钱的做法，也是具有革命意义的。但是重农主义经济思想将经济价值局限于农业的观点，导致了重农主义思想的停滞不前，在他们抛出自己的论述后，欧洲很快经历一场具有变革意义的工业革命。工业制造商被证明可以创造价值，他们一方面生产出更多便宜的产品，一方面不断发明创新，生产出很多新的产品。工业革命崛起之后，农业社会逐步向工业社会转变，魁奈的重农主义经济学派也随之日渐式微，但不论怎样，重农主义为之后的经济学家开辟了通向现代经济形式的新道路。

## 第五节 看不见的手——亚当·斯密与《国富论》

英国哲学家亚当·斯密（Adam Smith）被后人称为现代经济学之父，他极具分量的经济学著作于 1776 年面世，名为《国富论》。在这本书中，斯密提出了一个基本的经济问题：个人利益能否和一个良好的社会协调发展？试想社会是由数百万个在一起工作和交易的个体人组成的，如何让这种团队实现良好的运转呢？如果可以把经济学比作足球，那么社会需要的是人们为了整个社会的利益而工作（也就是为了队伍的获胜而努力），它不需要只关心自己利益的人，例如只在乎足球场上个人表现和个人荣誉的球员。

斯密创新的观点颠覆了前人的顾虑，他认为当人们出于自身利益采取行动时，社会才会实现良性运转。人们的友善和大度不是必须的，只要满足追求自身利益，更多的人便会受益。斯密说，你从面包师那里得到面包，不是因为对方的友善，这可能毫不重要，重要的是面包师从卖面包的行为中可以实现自身利益的最大化。而正是因为你购买面包满足了其自身的利益，面包师才得以生存，而经济也得到了发展。你和面包师之间其实互不关心，甚至形同陌路，人们之间的互惠并不是因为他们渴望为陌生人提供帮助，而是因为他们所做的是对自己有利的事情，而最终这种追求个人利益的行为会成就社会的和谐，而非导致混乱。斯密创造了经济学中最为著名的语录：社会似乎被一只“看不见的手”（Invisible Hand）引导着。

斯密所提出的“看不见的手”的观点，看上去很容易被理解为“贪婪是有意义”的，斯密强调这是一种误解，如果人们总是自私自利，例如面包师缺斤短两，酿酒师往啤酒里兑水，商业便会变得不健康，谎言和欺骗如果是常态的话，终将导致混乱，只有当人们诚实守信，个人基于自身利益的行为才会有益于社会。

当正派的人可以自由交换商品、自由买卖时，斯密的“看不见的手”便开始发挥作用。交换物品的需求使人类有别于动物，所有的这些交换导致的一个结果，便是分工的产生：一种劳动力的专业区分。在小村庄或许一开始每个人都是自己烤面包、酿啤酒。慢慢地一些人变得非常善于烤面包，他们烤制面包的数量超过了自己所需，便将多余的面包卖掉换回啤酒，最终他们不再自己酿制啤酒，只专注做面包，并从擅长酿啤酒的人那里买酒喝，人与人之间实现了互惠。

斯密认为分工具有普惠性，即使是社会最底层的穷人也会从中受益，工人的廉价衬衫得益于许多专注于不同工作的人和机器，可以说一件衬衫的制作凝聚了成千上万人的劳动。他们的工作最终组成了一个巨大的社会机制，每个环节犹如钟表中的齿轮紧密衔接，将衬衫最终送到需要的工人手中。

斯密也对财富的意义做出了崭新的诠释，重农主义者认为它是土地中的收获物，重商主义者认为它是黄金，而在斯密看来，一个国家的财富是所有有用商品或服务的价值总和，小麦、啤酒、衬衫、书籍——国家经济为人民制造的全部商品的价值组成了国家财富，这也是当今经济学家所认同的：一个国家的收入（国民收入）等于一个国家经济活动中生产的所有商品或服务的价值总和。

基于劳动力分工和个人利益驱动，斯密随后也创建了一种新经济的观点，他的支持者通常是那些相信市场掌控一切，政府应该减少干预、对经济“放任自由”的人，这些人奉斯密为智者。但是在追求个人利益的行为带来社会和谐的背后，斯密的追随者也觉察到了一丝不安，劳动分工让每个工种的任务变得相对容易。尽管这有助于提高产量，却让工人们变得“愚蠢而无知”。此外新创造出来的财富如何在劳动者和雇主之间进行分配（阶级分裂问题）？矛盾与和谐同时潜藏于新经济的表象下，斯密之后的经济学家开始对这些问题逐一做出自己的论述。

亚当·斯密《国富论》的出现标志着现代经济学思想正式浮出水面，在他之后，经济学的发展进入到了快车道，各类流派，包括微观经济学和宏观经济学思想开始百家争鸣，经济学成为融合社会科学和自然科学的明珠。

## 【本章要点回顾】

本章主要讲述了从柏拉图、亚里士多德开始到近代亚当·斯密提出现代经济学过程中出现的各种经济学理论，从希腊理想国的思想谈起，到重商主义、重农主义，最终过渡到亚当·斯密的经济学思想，特别是介绍其关于“看不见的手”“社会分工”等观点对现代经济学分析的重要影响。本章帮助读者整理古典经济学发展的历史脉络，通过这个视角来理解经济学的理论都是基于某个时代背景下的理论，而在另一个时代背景下就会发生变化，而经济学的发展也就是在时代的变革中不断探索出新的理论。本章内容对以后深入理解西方经济学理论打下基础。

## 【选择题】

1. 下面关于亚当·斯密的经济思想，正确的是（　　）。

A. 个人利益与社会利益无法协调发展，因此需要政府的干预

B. 社会分工具有普惠性，所有阶层、不同职业的人都会从中受益

C. 一个国家的收入（国民收入）等于一个国家经济活动中生产的所有商品或服务的数量总和

D. 政府的指引和调控构成了社会中的“看不见的手”，引领着经济的发展

2. 经济学家研究的“经济体”不包括的是（　　）。

A. 公司　　B. 消费者

C. 金融体系　　D. 研发与知识产权

3. 重商主义经济思想从其内容来看不包括（　　）。

A. 经济疾病在于购买外国商品过多而出口商品过少

B. 对商人有利的就是对国家有利的，通过限制进口，商人的地位超过工人

C. 国家限制黄金外流以保存国家的储备

D. 重商主义者把出口视为坏事

4. 重农主义经济思想从其内容来看不包括（　　）。

A. 国家要积极通过税收政策来解决经济疾病问题

B. 工业无法创造盈余，银行家和商人蚕食他人创造的价值而自己不做出任何贡献

C. 国家需要增加经济中剩余的产量

D. 农业是有特殊性的，人们利用自然改造出的田野、河流和牧场是一个国家产生财富最终的资源

# 第二章

# 新古典经济学——消费者理论

## 【学习目标】

1. 理解边际收益（MB）和边际成本（MC）的含义；

2. 熟悉需求曲线和供给曲线的图形，以及消费者剩余、生产者剩余的含义；

3. 熟悉需求弹性，并掌握其计算，了解影响弹性的各种因素；

4. 了解在直线形需求曲线上各点的需求价格弹性，区别弹性、非弹性、单一弹性区域。

## 第一节　边际效用：稀缺资源的有效配置

英国经济学家威廉·杰文斯（William Jevons）是第一个研究经济学中效用尺度的著名学者，并发展基于“边际效用”（Marginal Utility）的理论。边际的意思是事物的边缘，一颗糖的边际效用就是最后一块糖给人们带来的满足感（效用）。随着个人消费商品数量的增加，边际效用是减少的，这就是“边际效用递减规律”（Principle of Diminishing Marginal Utility）。

边际效用是经济学中最为重要的一个思想，杰文斯通过它来阐述人们的消费行为，也就是关于稀缺性的问题。在现实中每个人拥有的财富有限，而商品却琳琅满目，你无法全部拥有，人们无法像机器人那样计算每个商品给自己带来的效用大小，但是依然可以保证自己用有限的钱获得快乐满足体验。边际效用可以通过模型的方式足够精准地解释人们的消费决策行为。

经济学家阿尔弗雷德·马歇尔（Alfred Marshall）继续深化了杰文斯的理论。马歇尔的观点之一就是需求法则，这个法则关注的是价格如何对商品的购买决定产生影响，产品的高价格导致需求走低，而低价格导致需求提升，不断降低的边际效用阐述了这个法则的来源，而且随处可见。

边际原则不仅用来描述人们的消费行为，还可以阐述企业的生产行为。如果销售汽车获得的额外收入（边际收入）高于制造汽车本身的成本（边际成本），则企业便会多生产一辆汽车。随着汽车产量的增加，每多生产一辆汽车的生产成本便会增加。这是因为，当工厂雇用更多的工人后，每一个额外工人对产量的贡献都要少于最后一个工人。（想象一个工厂只有一个工人，如果多雇用一个工人，产量将会急剧增长，但如果工厂已经有1000个工人，额外雇用一个工人对产量的促进要小很多。）

马歇尔用供给和需求的理论将消费者和企业连接起来，这个观点成为经济学中最为著名的理论之一——供需平衡理论。“需求曲线”（Demand Curve）将价格和人们需要的数量联系起来。将需求曲线想象成图上的一条线，横轴是产品的需求数量，纵轴是价格。需求曲线向下倾斜，当价格降低时人们的需求上升。“供给曲线”（Supply Curve）联系的是价格和产品的生产数量。供给曲线是向上倾斜的：随着价格增加可以抵消增加的生产成本，企业开始愿意生产更多的汽车。哪一条曲线决定汽车的价格呢？这如同问剪刀的哪一个锋面在发挥作用一样，供需两条曲线共同决定均衡价格。汽车的需求和供给完全相等时——需求和供给曲线相交时，市场便达到了平衡。平衡是市场想要达到的状态，当价格达到一个特定的水平时便会产生平衡：这时企业希望生产的汽车数量和消费者需要购买的数量是一致的。

竞争是经济学家一直使用的另一个理论，因为竞争使价格保持在低水平，所以不会有任何人从交易中获得巨额的利润，消费者也可以买到物美价廉的产品。如今经济学家将一种新的角色置于舞台：“理性经济人”（Rational Economic Man，REM），即在衡量边际成本和边际效用后决定自己行为的人。经济领域本身被视为由能够完美计算并头脑冷静的人组成。理性经济人的世界由众多进行买卖的人构成，因此剥削这种现象是不存在的，你甚至可以通过边际效用决定自己的工作量。你会衡量额外一个小时的休闲对自己的边际效用，然后和工资带来的效用相比较，如果你能从休闲（例如踢足球）的一个小时中获得许多边际效用，你会选择不去工作，除非被支付的工资非常高。

马歇尔的经济学被称为新古典经济学，他是斯密经济学的升级版。古典经济学关注市场如何掌控经济并使其繁荣。新古典经济学关注的是理性的个人如何掌控市场。这种经济学放弃了寻找类似劳动力或黄金这样的最终价值测量单位。价值仅仅是供求关系中所产生的价格。“理性经济人”假设实现了边际分析方法，成为经济学家关于人们如何行事的主要理论。有些人批评这种理论不切实际，他们质问经济学家是否了解真实的人性（例如行为金融学所推崇的有限理性）。虽然所有的理论都需要简化，但问题是限度在哪里？后面我们会看到有许多经济学家认为理性经济人假设的步子确实迈得太大。

## 第二节 需求供给平衡模型

### 一、需求和供给曲线

在市场经济中，绝大多数的产品或服务都是通过市场价格来配置的。那些愿意为产品或服务支付市场价格的客户将获得这些产品或服务。当然，也有一些稀缺的产品或服务是通过其他方式来实现资源配置的（例如拍卖市场）。

记住需求曲线（或供给曲线）的移动和沿着曲线的变动之间的区别很重要。随着价格的变化，需求数量将会沿着曲线变动。随着消费者偏好的变化，整条需求曲线将会移动。换句话来说，当整条需求曲线移动时，与所有不同价格水平相对应的需求数量都会变化。从经济学的视角来看，通过市场价格来配置资源、产品或服务有很重要的优势。当市场运行良好的时候，竞争和资源配置能够很好地实现有效的资源配置，也就是说给社会带来的边际收益等于生产最后一个产品或服务的成本即边际成本，在这里首先定义一些专业术语。

边际收益（Marginal Benefit，MB）是指额外消费一单位商品（或者服务）所带来的收益，即单个人从消费更多一单位的商品或者服务中获得的收益。随着商品总消费量的增加，边际收益不断减少（递减的边际效用）。

边际成本（Marginal Cost，MC）是指额外生产一单位的产品所使用的成本，也称为机会成本，因为它代表了除生产木产品以外该资源用于生产次优产品的最好利用情况。

当边际收益大于边际成本时，消费者愿意为额外一单位的产品支付高于其生产成本的价格。从而可以通过生产更多单位的该种产品来创造价值。这就需要将用于生产其他具有更低价值的产品的资源转而用于生产该种产品。

当边际收益小于边际成本时，生产者使用资源生产下一单位产品所花费的成本大于消费者愿意支付的水平。从而可以通过生产更少单位的该种产品来创造价值，把资源转而用于生产其他更具有价值的产品。

当市场有效运作时，产品或服务的需求曲线反映了消费者消费额外单位的产品（或服务）的效用是递减的，而供给曲线反映的是生产者生产额外单位的产品（或服务）的机会成本是递增的。我们用向下倾斜（斜率为负）的需求曲线反映边际效用递减规律，用向上倾斜（斜率为正）的供给曲线反映边际报酬率递减（或机会成本递增）规律。

由上述对需求曲线和供给曲线的阐述，就可以解释为什么任何产品或服务的最佳生产（消费）的数量产生于其需求曲线和供给曲线的交叉点。

图 2-1 展示了需求曲线、供给曲线与均衡的关系。如果一个经济体生产不足 3000t 的钢铁，就没有达到钢铁生产的最大收益，因为消费者赋予额外单位的钢铁的价值超过了为生产这些钢铁所放弃的其他产品或服务的价值。反之，如果一个经济体生产超过 3000t 的钢铁，则超过 3000t 以上的每一额外单位生产所放弃的其他产品或服务的价值多于消费者愿意支付的价格。直到代表边际收益的需求曲线与代表边际成本的供给曲线相交时，这时应该生产的钢铁均衡产量为 3000t。

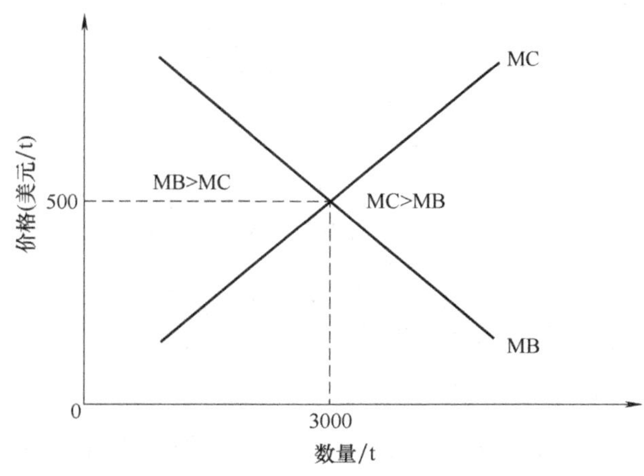


**图 2-1　需求曲线、供给曲线与均衡的关系**

我们将供求曲线相交时的产量称为均衡产量，并且经济学家也用这一产量来衡量一个经济体的生产是否均衡。在市场经济体制中，每一个消费者力求购买价值最大化的商品组合，每一个生产者力求通过生产达到利润最大化，这样就导致了资源的有效配置。资源的有效配置产生于这个经济体的生产资源所产生的所有产品或服务都使消费者的效用最大化。一个社会的资源的有效配置和生产的均衡发生在边际收益等于边际成本时，边际收益等于边际成本的产出水平具有最高的总收益水平，我们称之为有效产量（Efficient Quantity）。

## 二、消费者剩余和生产者剩余

消费者剩余（Consumer Surplus）是指消费者愿意为一个商品或服务支付的数额与他实际为之支付数额之间的差额，如图 2-2 深色阴影三角形部分，消费者为这 3000t 钢铁所愿意支付的总价格超过其实际支付的总价格。

这是因为随着商品总消费量的增加，边际收益不断减少，所以每消费额外一单位的商品，该单位的消费者剩余不断减少。当单位消费者剩余为零时，边际收益等于价格，消费者不会购买任何更多单位的产品。从而，边际收益曲线与消费者需求曲线在该点相交。

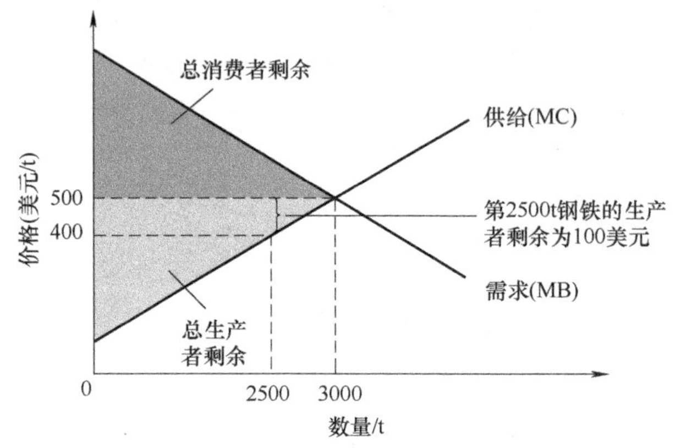


图 2-2　消费者剩余（1）

我们同样也能用消费者剩余解释单个消费者的情况。对于一个消费者来说，消费者剩余就是个人愿意为他消费的每单位产品或服务所支付的价格和他实际支付的价格之间的差异加总。图 2-3 描述了一个消费者每周的汽油消费需求。需求曲线（边际收益曲线）向下倾斜是因为对消费者来说，每一额外加仑[㊀]的汽油价值小于之前的价值，即边际效用递减。当 1 加仑汽油的市场价格为 3 美元时，这个消费者选择每周购买 5 加仑并一共支付 15 美元。然而这个消费者愿意为第 1 加仑支付 5 美元（对第 1 加仑的定价），所以第 1 加仑的消费者剩余为 5 美元 - 3 美元 = 2 美元。如果加总这个消费者愿意为这 5 加仑支付的最高价格，则其结果为 20 美元。那么，这个消费者的总消费剩余为 20 美元 - 15 美元 = 5 美元。

生产额外一单位商品的边际成本，或者机会成本是使生产者愿意提供该额外单位商品所能接受的最低供给价格（Minimum Supply Price）。

在一定的假设条件下（完全竞争市场），行业的供给曲线即其边际成本（机会成本）曲线。生产者剩余（Producer Surplus）是指生产者生产额外一单位产

㊀ 加仑为体积单位，有英制和美制之分，1 加仑（美）= 3.7854L，1 加仑（英）= 4.546L。

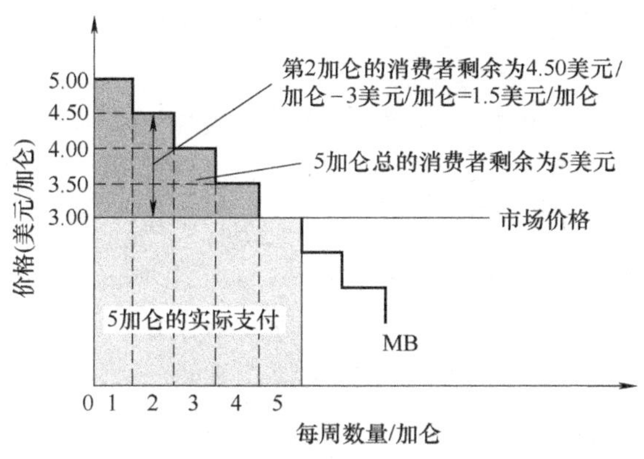


**图 2-3 消费者剩余（2）**

品所接受的价格与该单位的最低供给价格（机会成本）之间的差额。例如在图 2-4 中，钢铁生产者愿意以 400 美元的价格提供生产 2500t 的钢铁。然而，消费者实际支付的价格为 500 美元，则生产和销售这 2500t 钢铁所获得的生产者剩余为 100 美元/t。生产钢铁的总成本或机会成本和购买者的总支付之间的差异在 3000t 产量处达到最大。

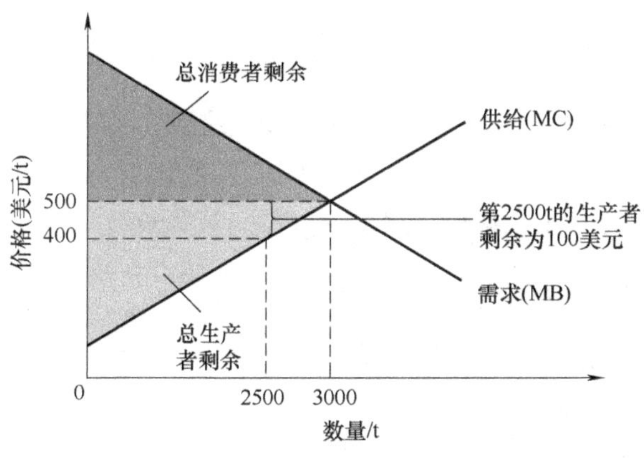


**图 2-4 生产者剩余**

## 三、边际社会收益与边际社会成本

边际社会收益（Marginal Social Benefit，MSB）是指所有消费者从单位产品或服务中获得的边际收益的总和。边际社会收益曲线是该产品或服务的市场需求曲线。

边际社会成本（Marginal Social Cost，MSC）是指所有生产者为提供额外一单位产品（或服务）所产生的边际成本的总和。边际社会成本曲线是产品或服务的市场供给曲线。

产品或服务的均衡的价格与数量（Equilibrium Price and Quantity）是当市场总需求曲线与市场总供给曲线相交时达到的。也就是当边际收益等于边际成本时，即在钢铁的均衡生产数量下，消费者剩余和生产者剩余的总和将达到最大化。从而当商品和服务的产量为均衡数量时，社会的经济收益最大。

消费者追求消费者剩余最大化和生产者追求生产者剩余最大化联合起来导致了生产钢铁的资源的有效配置。因为它使钢铁生产的社会总经济收益最大化（消费者剩余 + 生产者剩余最大化）。于是，给定某种产品的边际社会收益曲线 MSB（市场需求曲线）和边际社会成本曲线 MSC（市场供给曲线）后，均衡的价格与数量将由边际社会收益曲线 MSB 和边际社会成本曲线 MSC 的交点来决定。也就是说在均衡的价格与数量下，所有消费者剩余和生产者剩余的总和将达到最大化。

## 第三节　需求弹性及其决定因素

### 一、需求价格弹性

需求价格弹性（Price Elasticity of Demand）是指商品需求数量变化与商品价格变化之间的关系。它衡量的是某种商品的价格变化引起需求量变化的敏感程度。随着商品价格的上升，商品的需求量减少。其计算公式如下：

$$需求价格弹性 = \frac{需求量变化的百分比}{价格变化的百分比}$$

注意：变化的百分比 $= \frac{变化量}{平均值}$

图 2-5 给出了不同类型的需求价格弹性。

（1）有弹性的需求（Elastic Demand）是指商品价格的少量上升引起商品需求量的大量减少。其需求价格弹性绝对值大于 1，即需求量变动的百分比大于价格变动的百分比。

（2）无弹性的需求（Inelastic Demand）是指商品价格的大量上升引起商品需求量的少量减少。

（3）完全有弹性的需求（Perfectly Elastic Demand）是指商品价格的少量上升使商品的需求量减少到零（水平的需求曲线），即弹性为无穷大。

（4）完全无弹性的需求（Perfectly Inelastic Demand）是指商品价格的变化不会引起商品需求量的变化（竖直的需求曲线），即弹性为零。

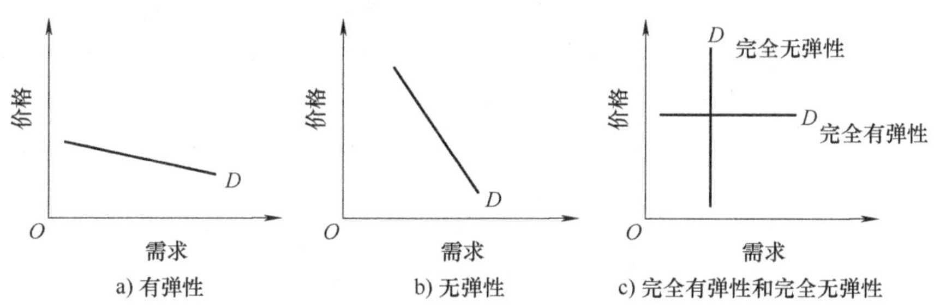


**图 2-5　不同类型的需求价格弹性**

我们根据需求价格弹性能熟练地判断商品价格和销售商品总收入之间的关系。如果需求有弹性，那么价格的减少能使销售商品的总收入增加，因为需求量增加的百分比大于价格减少的百分比。如果需求没有弹性，那么价格和销售总收入将发生同方向的变化。

决定商品需求价格弹性的因素主要有：替代品的可获得性；商品支出占总预算的比重；商品价格变化所经历的时间长短。

（1）替代品的可获得性（Availability of Substitutes）。如果商品存在非常容易获得的替代品，那么当商品价格上升时，消费者将转而使用其替代品。如果商品存在很多替代品，那么商品的需求弹性也将趋于上升。例如，汽油的需求价格是缺乏弹性的（绝对值小于1），正是由于其没有很好获得的替代品（至少在短期内如此）；而牛肉富有需求价格弹性的原因正是由于其拥有众多易获得的可替代品（例如鱼肉、鸡肉）。

（2）商品支出占总支出预算的比重（Share of Budget Spent on Product）。如果商品支出只占总支出预算相对很小的比例，那么该商品需求将趋于对价格无弹性。例如我们考虑牙刷和汽车这两类商品，因为人们在牙刷上的消费在总消费中所占的比重是微乎其微的，当牙刷涨价 10% 时，其对人们消费的影响可以忽略不计；但是反过来，因为人们在汽车上的消费在总消费中所占的比重很大，当汽车涨价 10% 时，当年的汽车需求量将会显著减少。人们将更少驾车而花费更多的费用在汽车修护上以延长其使用寿命，或者将选择其他可替代的交通工具出行（例如乘坐地铁或公交出行）。

（3）商品价格变化所经历的时间长短（Time since the Price Change）。大多数商品长期比短期更富有需求价格弹性。以 20 世纪 70 年代世界石油和天然气的涨价为例来说明。面对石油涨价，短期来看，人们的反应是少开车（选择较近的度假地点，坐公交车或者合伙拼车上班），并且在冬天时将其房屋的室内温度维持在一个相对较低的水平。然而从长期来看，新的替代品将被研发出来，例如人们购买小功率汽车，选择住在距离上班地点较近的地方并且采用木柴来烧火取暖。这是由于在长期，消费者有足够的时间对产品新的价格做出更多的调整和重新选择，所以长期商品的需求价格弹性更大。

同时请注意在需求价格曲线上，不同点的需求价格弹性是不同的，如图 2-6 所示。

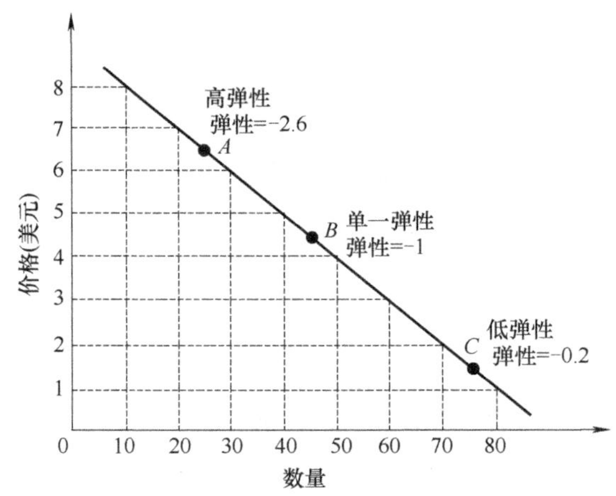


**图 2-6 需求曲线上不同点的需求价格弹性**

在需求曲线上，高价商品（*A* 点）的需求价格弹性要高于低价商品（*B* 点）的需求价格弹性。我们可以来计算一下，商品价格从 6 美元上升到 7 美元时，需求价格弹性为：[(20 - 30)/25]/[(7 美元 - 6 美元)/6. 5 美元] = -2. 6。商品价格从 1 美元上升到 2 美元时，需求价格弹性为[(70 - 80)/75]/[(2 美元 - 1 美元)/1. 5 美元] = -0. 2。同理，在 *B* 点的需求价格弹性是 -1，也就是说价格上升 1% 将引起需求量 1% 的下降。在这个点上销售这个商品将会获得销售总收入最大化（*PQ*）：4. 50 美元 ×45 = 202. 50 美元。

在价格低于 4. 50 美元（缺乏弹性的区间），销售总收入随着价格上升而上升，也就是说随着价格的上升，需求量减少的幅度（百分比）小于价格上升的幅度（百分比）。

在价格高于 4. 50 美元（富有弹性的区间），销售总收入随着价格的上升而下降，因为需求量下降的幅度（百分比）大于价格上升的幅度（百分比）。

要注意：商品的需求价格弹性是沿着商品的需求曲线变化的，而并非简单地表示为需求曲线的斜率（不变）。

总结而言，对于线性需求曲线，曲线上的不同点具有不同的弹性。也就是说，斜率不变的直线形的需求曲线并不代表不变的弹性。在更少的数量（更高的价格）时，数量变化的百分比相对大于价格变化的百分比，在这种情况下，需求价格弹性的绝对值大于1，这时我们称需求具有弹性，价格的上升将会引起总收入（$PQ$）的下降。在更多的数量（更低的价格）时，数量变化的百分比相对小于价格变化的百分比，在这种情况下，需求价格弹性的绝对值小于1，这时我们称需求不具有弹性，价格的上升将会引起总销售收入的上升。需求曲线上使总销售收入最大（即无论价格上升还是下降都会引起总收入的减少）的点的需求弹性等于 -1，我们称该点具有单一弹性，或单一弹性点。

因此，我们可以通过总收入法来估计需求价格弹性，当价格和总收入同时增减（正相关）时，则说明这时的需求是缺乏弹性的。如果总销售收入与价格的变化方向是相反的（负相关），则说明在目前的价格水平上需求是富有弹性的。

## 二、需求收入弹性

需求收入弹性（Income Elasticity of Demand）描述的是消费者需求的变化对于收入变化的敏感性（其中商品的价格保持不变）。其计算公式如下：

$$\text{需求收入弹性}=\frac{\text{需求量变动的百分比}}{\text{收入变动的百分比}}$$

需求收入弹性与被衡量的商品属性有关。

（1）劣等品（Inferior Good）具有负的收入弹性。随着收入的上升（减少），商品的需求反而减少（增加）。劣等品包括公共汽车交通、人造黄油等。

（2）正常品（Normal Good）具有正的收入弹性。随着收入的上升（减少），商品的需求相应地增加（减少）。正常品包括面包、烟草等。

（3）必需品（Necessities）是指收入弹性较低（在 0 到 +1 之间）的正常品。

（4）奢侈品（Luxury Good）是指需求收入弹性大于 1 的正常品。（例如，当收入增加5%时，需求的增加大于5%）

## 三、需求交叉弹性

需求交叉弹性（Cross Elasticity of Demand）衡量的是当一种商品的替代品（或互补品）价格变动时，本商品需求变化的敏感程度。其计算公式如下：

$$\text{需求交叉弹性}=\frac{\text{需求量变动的百分比}}{\text{替代品或互补品价格变动的百分比}}$$

如果两种商品互为替代品，那么其交叉弹性为正，例如冰激凌和冰的酸奶酪。

如果两种商品互为互补品，那么其交叉弹性为负。因为互补品通常是一起使用的，故一种商品涨价将降低对另一种商品的需求量，例如汽车和汽油。

## 【本章要点回顾】

边际效用是经济学中最为重要的一个思想，边际效用分析方法可以通过模型的方式来解释人们的消费决策行为。本章通过介绍边际收益和边际成本，利用边际效用递减规律解释为何当 MB = MC 时对资源的分配最为有效。本章还重点解释了需求弹性的定义，及各类弹性的计算公式和影响需求弹性的各种因素。本章最终讨论了直线形需求曲线上各点的需求价格弹性，区别弹性、非弹性、单一弹性区域，能帮助我们更好地理解需求弹性的特征。

## 【选择题】

在下列（　　）情况下，商品的需求弹性可能更大。

A. 只有收入的一小部分被用于购买该商品

B. 商品是必需品

C. 在商品价格变动调整后经历了更长的时间

D. 价格巨幅变动

# 第三章

# 厂商理论：组织生产

## 【学习目标】

1. 熟悉总成本、固定成本、可变成本、边际成本、平均成本的定义，及其之间的区别；

2. 掌握机会成本的类型和它与经济利润之间的关系；

3. 理解公司的短期和长期生产函数和生产曲线、短期和长期成本函数和成本曲线，熟悉规模经济和规模不经济的定义。

## 第一节 产出和成本

要理解厂商理论，首先要理解成本的概念和成本曲线。关于成本的重要概念包括直接成本和间接成本、经济利润和会计利润、短期成本和长期成本。

### 一、成本的概念及定义

机会成本（Opportunity Costs）是指企业将资源用于其他能最大限度创造价值的方面而可能获得的最大收益。机会成本包括直接成本（显性成本）和间接成本（隐性成本）。

直接成本（也称显性成本）（Explicit Costs）是可以在企业的会计账户中计量的生产经营活动的成本。例如购买生产要素（设备、人力等）所花费的金额和借款的利息成本等。

间接成本（也称隐性成本）（Implicit Costs）包括利用公司资产生产和公司持有者自身所提供服务的机会成本。具体而言分为两类：①公司使用其自有资产的机会成本；②公司持有者所投入的时间资源和金融资源的机会成本。

正常利润（Normal Profit）是企业家个人专业技能的机会成本。它代表这位企业家如果使用他的组织能力、决策能力和其他能力在其他生产或服务活动中所获得的收益，例如开办另外一个企业。

在实际运用中，会计利润（Accounting Profit）只考虑直接成本而忽略间接成本（例如股本权益资金的机会成本）。

经济利润（Economic Profit）同时考虑了企业的直接成本和间接成本。当企业的收益等于其总成本（包括直接成本、间接成本和正常的利润率）时，经济利润为零，企业主仅仅获得竞争性的回报率。

同样，经济成本（Economic Costs）反映了直接成本和间接成本。

会计成本（Accounting Costs）只反映了直接成本。

## 二、短期成本和长期成本

在经济学中的短期定义为某些资源的数量固定不变的一定时期。例如，一家制造型企业如果已经选定了生产方式及其生产设备来生产产品，那么在短期，厂商很难改变其产品的生产方式。对于不同的行业，短期的时间长度是不同的。经济学中的长期是指厂商所需要的用来改变生产方法、经营规模和资源使用方式的时间。在长期，一个企业可以调整其任何资源的投入量、生产方式和厂房规模等。

所以短期内，生产技术是固定的，是公司增加生产的限制性因素。短期内，经济学家通常把劳动力、原材料视为可变成本，而视厂房规模、资本设备和技术是固定不变的。而在长期，所有这些要素都是可变的。

短期经济决策，例如调整劳动力和原材料的数量，相对于长期经济决策而言都是比较容易的。而投资于新技术的长期资本一般都作为沉没成本，不影响企业以后的决策。

如图3-1边际产量曲线所示，边际产量开始是增加的，到达顶峰后开始下降，这种情况是典型的。一种输入要素的边际产量曲线表明边际收益一开始是增加的，在某一点后边际收益开始减少。边际收益递减规律描述了这样一种情形：随着劳动力输入要素的增加，其所产生的边际产量会减少。而总产量会随着投入要素的增加而增加，边际产量会随着投入要素的增加先增加后减少，平均产量先增加后减少。

## 三、成本的类型

为了增加短期的产出，公司要使用更多的劳动力，因此增加了成本。产出和成本的概念可以用三种成本概念来解释：总成本（Total Cost，TC）、边际成本

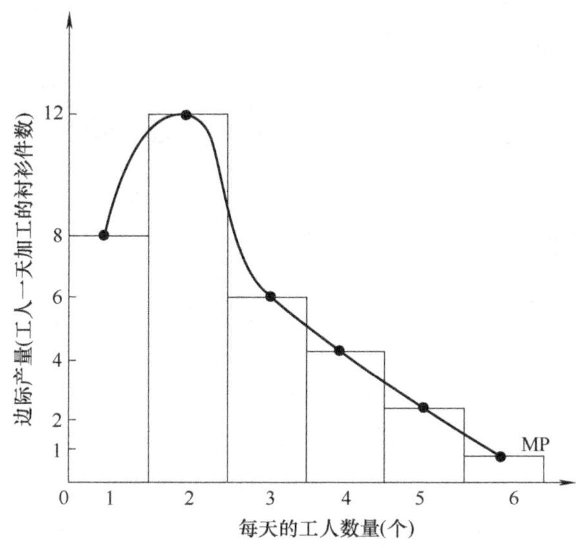


**图 3-1　边际产量曲线**

（Marginal Cost，MC）和平均成本（Average Cost，AC）。总成本 TC 的计算公式为

$$TC = TFC + TVC$$

式中　TC——总成本，是厂商短期内为生产一定数量的产品对全部生产要素所支付的总成本；

TFC——总固定成本，是厂商在短期内生产一定数量的产品对不变生产要素所支付的总成本；

TVC——总可变成本，是厂商在短期内生产一定数量的产品对可变生产要素所支付的总成本。

固定成本（Fixed Cost，FC）有时也被称为沉没成本，在短期不能改变，从而在做短期生产决定时不需要考虑。固定成本与生产的时间段有关，和生产水平无关。

平均固定成本（Average Fixed Cost，AFC）是由总固定成本除以总产量得到的。随着总产量的提高，平均固定成本下降。

可变成本（Variable Cost，VC），如工资和原材料，是当企业开始生产时发生的。可变成本与生产水平有关，和生产的时间段无关。

平均可变成本（Average Variable Cost，AVC）等于总可变成本除以总产量。

平均总成本（Average Total Cost，ATC）等于总成本（包括固定成本和可变成本）除以总产量。

边际成本（Marginal Cost，MC）是指生产额外一单位的产品所需要的成本，可以用总成本变化除以产量的增加来计算。

## 第二节　成本曲线

### 一、短期成本曲线

短期成本曲线如图 3-2 所示，短期成本曲线的要点如下：

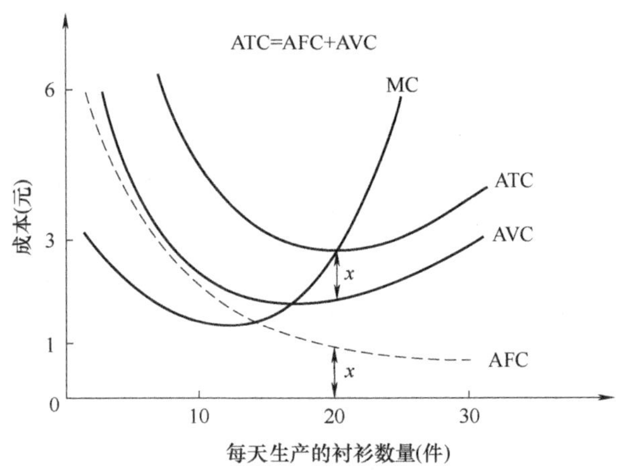


**图 3-2　短期成本曲线**

(1) 平均固定成本曲线（AFC）向下倾斜。因为固定成本 FC 是不变的，随着产量的增加，固定成本被分摊到更多的单位产品中。

(2) 平均总成本曲线（ATC）与平均可变成本曲线（AVC）之间的距离等于平均固定成本（AFC）。

(3) 边际成本曲线（MC）最初递减，然后递增。在低产量的时候，由于劳动的分工实现了高效率，因此边际成本降低。然而随着劳动力的增加，边际成本增加。这是源于劳动力边际收益递减规律的作用，在某一点后每增加一个工人对总产量的贡献小于以前。

(4) 边际成本曲线（MC）分别与平均可变成本曲线（AVC）和平均总成本曲线（ATC）相交于其最低点处。交叉点自下而上，意味着当 MC 小于 ATC 或 AVC 的时候，ATC 和 AVC 是下降的，同样，当 MC 超过 ATC 和 AVC 的时候，ATC 和 AVC 开始上升。

(5) 平均总成本曲线（ATC）和平均可变成本曲线（AVC）都是 U 形的。

AVC 开始下降，但是随着产量增加，边际收益递减使得 AVC 最终向上倾斜，成 U 形。然而由于固定成本分摊到越来越大的产量中，AFC 随着产量的增加而减少，最终趋向平坦。随着产量的增加，叠加 AFC（下降）和 AVC（U 形）曲线，最终 ATV 曲线也成 U 形。其中，

$$\text{AFC} = \text{TFC}/Q$$

$$\text{AVC} = \text{TVC}/Q$$

$$\text{TC}/Q = \text{TFC}/Q + \text{TVC}/Q$$

$$\text{ATC} = \text{AFC} + \text{AVC}$$

图 3-3 具体展示了边际分析方法在边际产量和边际成本上的应用。

图 3-3a 展示的是边际产量 MP 和平均产量 AP 之间的关系，图 3-3b 展示的是边际成本 MC 和平均成本 AC 之间的关系。

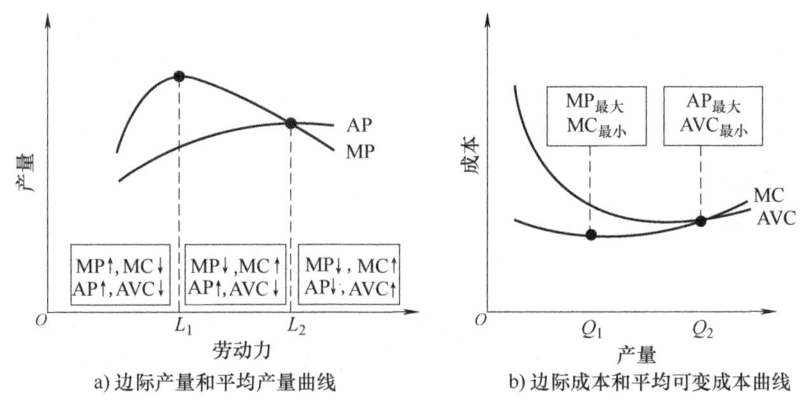


**图 3-3 边际产量和边际成本**

一开始当劳动力投入从 0 增加到 $L_1$ 时，在图 3-3a 中 MP 和 AP 同时增加且 MP 达到最大值。而相应的图 3-3b 中，MC 和 AVC 一直下降，下降至产量 $Q_1$ 水平时 MC 达到最小值。注意 $L_1$ 的劳动力要素投入对应的产量正是 $Q_1$。

当劳动力从 $L_1$ 增加到 $L_2$ 时，同时产量从 $Q_1$ 增加到了 $Q_2$，AP 继续增加直至在 $L_2$ 处达到最大值，同时 AVC 一直减少直至 $Q_2$ 时降到最小值。在同样的产量水平上，MP 下降而 MC 上升。

当劳动力投入要素超过 $L_2$ 同时产量超出了 $Q_2$ 时，MP 和 AP 同时下降，此时 MC 和 AVC 同时上升。

收益递减规律（Law of Diminishing Returns）是指随着越来越多的可变资源与一定固定量的其他资源相结合，可变资源使用单位的增加将最终使产量只能

以递减的比率增加。例如，有一亩[1]的玉米需要收割，额外投入的第二个或第三个劳动力都具有很高的产出水平。但是，如果玉米地里已经有30个劳动力，则额外投入的第31个劳动力的产出水平可能低于原来第30个劳动力的产出水平。

资本的边际产量递减规律（Law of Diminishing Marginal Product of Capital）是指保持劳动力要素投入额不变，每增加的一单位资本投入，产出会增加，意味着劳动力不变的情况下，产出随着资本增加而增加，但在某一点后增加的产出值随着资本的增加开始下降，增加速率下降。当可变成本开始以递增的速度增加时，边际收益递减现象很明显。

## 二、长期成本曲线

短期成本曲线适用于给定规模的工厂。从长期来看，所有的要素都是可变的，包括技术、厂房规模、设备。长期成本曲线被认为是短期成本曲线的包络曲线（Planning Curve），即连接了所有（给定不同生产规模）短期成本曲线的最低点的曲线。在长期中企业规模和长期单位成本之间通常存在权衡关系。

单位成本随着产出或者工厂规模的增加而减少有三种原因：

（1）大规模生产节约成本。

（2）劳动力和设备的分工。

（3）经验。

如图3-4所示，长期平均成本曲线中向下倾斜部分表明规模经济（Economies of Scale）是存在的。在这个范围内，公司规模的增加可以使得平均成本降

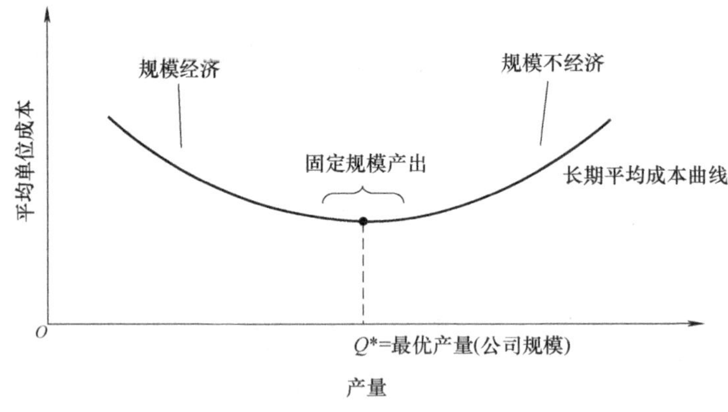


图3-4 长期平均成本曲线

[1] 1亩=667m²。

低。向上倾斜的部分表明的是规模不经济（Diseconomies of Scale），平均成本随着公司规模的增长而增加。长期成本曲线平缓的部分代表了稳定收益的规模。

规模不经济现象可能源于大企业的官僚作风而导致的无效产出，同样也有可能是由员工激励问题、革新的巨大壁垒和企业家活动以及委托代理问题的增加而引起的。

## 【本章要点回顾】

本章从生产者的角度出发，基于成本的相关概念，来介绍成本函数及成本曲线。其中不同类型的成本函数（和成本曲线）是关键知识点，需要熟悉各类成本曲线的图形，并能基于收益递减规律解释图形的变化。

## 【选择题】

如果公司的平均收入大于其平均可变成本，但小于其平均总成本，且预计将持续下去，那公司应该采取的行动是（　　）。

A. 无论是从长期还是短期来看，都应该被关闭

B. 短期来看应该关闭，但长期来看保持运作

C. 短期内保持运作，但长期内应该关闭

D. 短期和长期都保持运作

# 第四章

# 市场的力量：市场结构与均衡模型

## 【学习目标】

1. 掌握完全竞争市场、垄断市场、垄断竞争市场和寡头市场的特征；

2. 掌握完全竞争市场如何达到均衡，其短期均衡价格、均衡数量、市场效率等方面的关系；

3. 掌握总需求变化、技术变化对完全竞争市场均衡的影响机制；

4. 熟悉不完全竞争经济学的定义，掌握垄断竞争市场的均衡价格和均衡产出模型；

5. 掌握价格制定者与价格接受者之间的区别；

6. 熟悉垄断市场的均衡模型和垄断市场企业的价格歧视行为；

7. 熟悉寡头市场的均衡模型，掌握利用囚徒困境的博弈论模型来解释寡头垄断企业的行为。

## 第一节　市场结构类型

市场结构通常被认为有以下四种类型：

1. 完全竞争市场

完全竞争（Perfect Competition）市场体现以下特征：

（1）市场上的所有企业生产同样的产品。

（2）有大量相互独立的企业，相对于整个市场规模来说每个企业规模都很小。

（3）不存在任何进入或退出壁垒。

（4）生产厂商在完全竞争市场对市场价格无法施加任何影响，市场供给和需求决定价格，单个厂商需求曲线是完全有弹性，也就是水平的需求曲线。

在某些特定商品市场，例如玉米和小麦，是接近于完全竞争市场的，而其他大多数市场都相对于完全竞争市场有一定程度的偏离。

2. 垄断竞争市场

垄断竞争（Monopolistic Competition）市场体现以下特征：

（1）许多竞争者出售相似而不相同的产品，产品的差异给了垄断竞争市场中的企业一定的市场力量。

（2）企业具有向下倾斜的需求曲线。

洗发水和罐装洗衣粉是垄断竞争市场下的例子。这里的差异化甚至可以只包括广告、名称和包装。

3. 寡头（Oligopoly）市场

寡头市场体现以下特征：

（1）寡头市场是指只有少数几个提供相似或相同产品的竞争者。

（2）竞争者之间相互依赖，竞争者之间的决策是相互影响的，一个企业的决策会影响到市场的需求、价格和行业内其他企业的利润等；对任何一个进入该产品市场的其他企业存在显著的进入壁垒。

美国的汽车和软饮料行业是寡头垄断市场的典型例子。

4. 垄断（Monopoly）市场

垄断市场体现以下特征：

（1）垄断市场中存在无近似替代品的产品的唯一卖者。

（2）对任何一个进入该产品市场的其他企业有很高的进入壁垒。

垄断是否存在取决于我们怎样定义市场。微软在 Windows 操作系统和相关软件方面是垄断的。但如果我们定义的市场更广，例如包括文字处理程序和表格处理程序等时，则微软在这个市场上又不是垄断的。

从完全竞争市场到垄断市场，进入的障碍和企业相互依存度逐渐增加，而同时需求价格弹性和企业数量则不断减少。

这里需要先介绍一下市场集中度的概念。市场集中度（the Concentration of a Market）是指在一个特定市场中企业所占的市场份额的集中程度高低。仅有少数大企业的市场比有很多小企业的市场更为集中。测算市场集中度的方法主要有以下两种：

（1）四企业集中度（Four-Firm Concentration Ratio）是指在某一市场（行业）中，四家最大企业的产出市场占有率占该行业总产出的百分比。在高度竞争的行业中，这个集中度接近零；在完全垄断的行业中，这个集中度为100%。当这个指标的集中度低于40%时，这个市场是竞争的市场；而当这个指标的集中度高于60%时，这个市场是垄断的市场。

（2）赫芬德-赫斯曼指数（Herfindahl-Hirschman index）是指某一市场（行业）内50家最大竞争企业各自市场份额（去除百分号）的平方和。在高度竞争的行业中，这个指数很低；在完全垄断的行业中，这个指数接近10000。当这个指数高于1800时，说明这个市场不具有竞争性，更接近于垄断。

这些衡量方法的用处也有一定的限制，因为它们没有考虑市场的地理范围、市场进入壁垒与市场中的企业数量，以及行业（Industry）与市场（Market）的关系。

（1）市场的地理范围（the Geographical Scope of Market）。市场的地理范围是指产品的市场划分是区域性的、当地的，还是全球化市场。例如，如果全球的报纸市场集中度是非常低的，这意味着市场是高度竞争的。但是如果测算的是一个城市的报纸市场集中度，则会非常高，这意味着报纸在本地市场上是缺乏竞争的。

（2）市场进入壁垒与市场中的企业数量（Barriers to Entry and Firm Turnover in the Market）。市场进入壁垒和市场中的企业数量没有在集中度指标中体现。例如，一个小镇上的杂货店通常很少，这意味着是缺乏竞争的，但是新开一家杂货店不存在任何障碍，这将增加市场的竞争度。

（3）行业与市场的关系（the Relationship between a Market and an Industry）。行业和市场的关系并不密切，即使集中度测算假设每一企业适合于一个特定行业。企业通常并不是纯粹适合一个特定行业，原因有三：①市场范围经常是小于行业的。企业可能会在同一个行业内，但是其销售的产品并不是相互竞争的。②许多大企业生产很多不同的产品，因此每一个产品都面临着不同程度的竞争。市场集中度是假设一个市场对应一个企业。③企业出于利润最大化的目的会从一个市场转到另一个市场，从一个市场中进入和退出的容易程度增加了该市场的竞争性。

## 第二节　完全竞争市场

### 一、价格接受者

竞争市场的价格接受者（Price Takers）是指那些面临着水平（完全有弹性）

需求曲线的企业。价格接受者的产量相对于整个市场而言是很小的。他们可以在目前的价格上销售所有（任意数量）的商品，但是如果他们的价格高于市场价格，那么就什么也卖不出去。他们是价格的接受者是因为在这个市场中价格作为给定的，生产者并不需要投入任何资源就能获得最优价格。一个价格接受者市场等同于完全竞争市场。

"为了使利润最大化，我们应该在边际收益等于边际成本的地方开始生产"。这对各种市场类型的生产者都适用。在完全竞争市场，生产者是价格接受者，他们所面临的边际收益曲线是水平的，边际收益等于价格。当生产者是价格制定者时，不管这时的市场类型是垄断、垄断竞争还是寡头，边际收益曲线都向下倾斜，且在需求曲线的下方。

在完全竞争市场中，一个厂商会持续扩大生产，直到其边际收益等于边际成本。边际收益是指厂商多销售一单位商品带来的总收益增加的部分。对于价格接受者来说，他们可以将价格简单地定为边际收益。因为所有增加的销售单位都将以市场价格卖出。在完全竞争市场中，一个企业的边际收益等于市场价格，而企业的边际收益曲线就是市场的需求曲线。一个追求利润最大化的企业将生产边际收益等于边际成本（MR = MC）时的产量。

## 二、完全竞争市场的均衡

### 1. 完全竞争市场的短期均衡

在市场交易中，所有厂商都会在生产和销售数量为边际收益等于边际成本（MR = MC）处达到利润最大化（经济利润）。经济利润等于总收益减去产品的机会成本，包括所有投入要素（包括资本金）的正常收益或成本。

完全竞争市场的短期均衡如图 4-1 所示，短期内，经济利润在 MR = MC 处达到最大化，利润最大化发生在总收益 TR 超过总成本 TC 的最大数量处。当企业的边际收益小于边际成本时，企业遭到经济亏损。此时企业会减少产量直至其边际收益等于边际成本（MR = MC）。

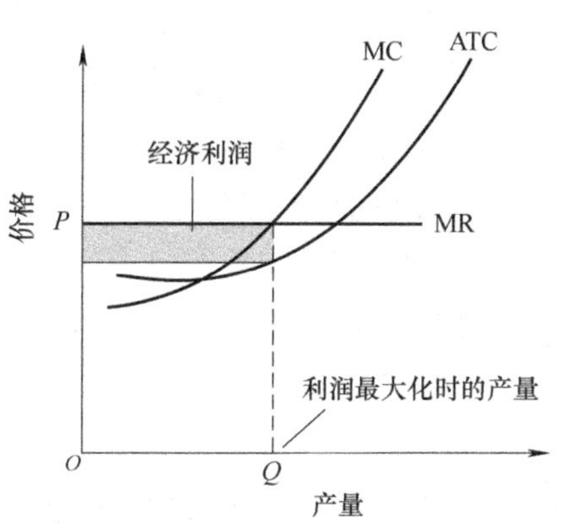


图 4-1　完全竞争市场的短期均衡

### 2. 完全竞争市场的长期均衡

在完全竞争市场中，一个厂商在任何特定的时期内都不会获得经济利润。假定存在经济利润，此时新的厂商（和现有厂商有同样的平均成本 AC 和边际成本 MC）会进入这个行业来获得利润，增加市场的供给，最终降低市场价格到正好等于企业的平均成本 ATC，达到均衡。

每一个企业在 $P$ = MR = MC = ATC 处生产，因此没有企业获得经济利润，每一个企业生产数量在 ATC 最小处。当企业遭受经济损失即价格低于平均总成本 ATC 的时候，企业必须决定是否继续生产。一个企业短期内会通过持续生产使得损失最小化，因为只要价格能够覆盖它的可变成本和部分固定成本，它的损失会小于停产带来的固定成本的全部损失。如果价格不能够覆盖它的可变成本，企业继续生产的损失将会大于固定成本。但如果企业不相信在将来价格最终会超过平均总成本 ATC，那么从市场中退出是最终的唯一选择。

完全竞争市场的长期均衡如图 4-2 所示。

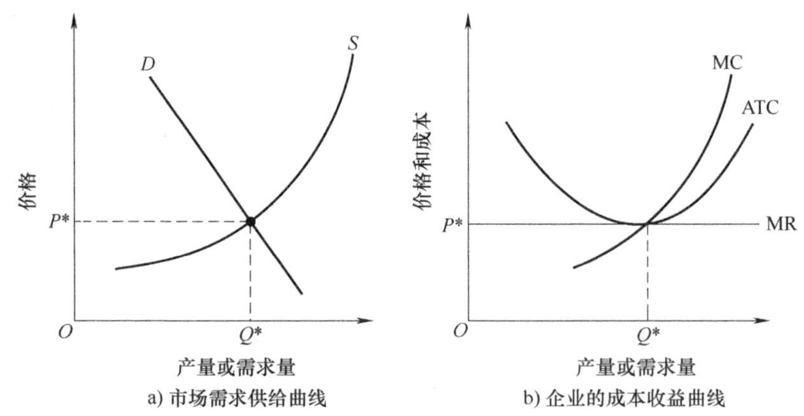

a) 市场需求供给曲线　　b) 企业的成本收益曲线

**图 4-2　完全竞争市场的长期均衡**

回忆一下，价格接受者应该在价格等于边际收益（$P$ = MC）处生产，企业在价格低于平均可变成本的时候应该解散，价格在平均可变成本和平均总成本之间时短期内企业会继续生产。而价格在平均总成本处，企业会获得正常利润即经济利润等于零。当价格高于平均总成本的时候，企业获得经济利润，会沿着边际成本曲线（MC）扩大生产。因此，一个企业的短期供给曲线是它的边际成本曲线高于平均可变成本曲线的部分。市场的短期供给曲线是在给定行业中所有企业的供给曲线的加总（在每个价格上的所有企业的产量的加总）。因为企业在较高的价格上会供给更多单位，所以市场的短期供给曲线向上倾斜，如图 4-3 所示。

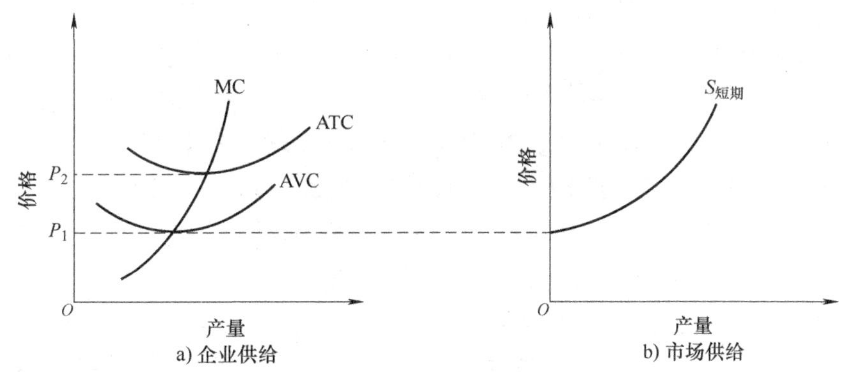


图 4-3 市场的短期供给曲线

## 三、市场均衡的影响因素

1. 需求变化对市场均衡的影响

（1）短期调整。短期内需求的增加（需求曲线向右移动）会增加均衡的价格和产量，需求的减少会降低价格和产量。均衡价格的变化使得每一家企业面临的水平需求曲线都发生变化。如图 4-4a 所示，当市场需求增加时，均衡价格和均衡产量也上升。而在图 4-4b 中，表述的是企业面对价格变化所做出的应对：短期内增加的价格使得企业生产更多的产品。在长期，一些企业增加生产规模，还有一些企业进入该行业。而当企业面临着需求减少的时候，短期的均衡价格和产量会降低，企业会减少生产规模或者退出市场。

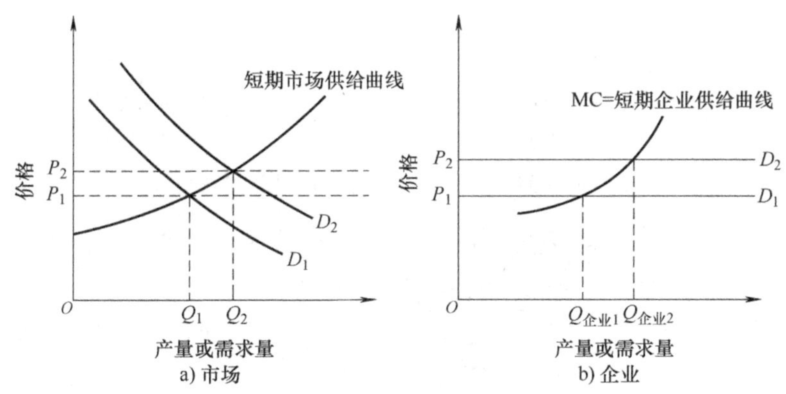


图 4-4 需求短期变化对市场均衡的影响

（2）长期调整。对于行业需求的变动和价格变化，企业做出的长期调整可以是改变厂房的规模或者彻底退出该市场。市场需求增加时企业增大厂房规模（或者增加生产设备）来增加产量的案例随处可见。某些企业如福特汽车或者通用汽车利用减少厂房规模来减少经济损失。这种战略通常被称为缩减规模。

如果一个行业的企业可以获得经济利润，那么新企业会进入市场，这使得行业的供给增加（供给曲线向右下方移动），增加了均衡产量并减少了均衡价格，即便是行业产量增加了，因为价格下降的原因，单个企业会比以前生产得更少。每个企业的供给曲线都会向下移动，最终结果是企业的总收益和经济利润会减少（回归到经济利润为零的状态）。

如果一个行业里的企业遭受经济损失，则其中的一些企业会退出市场，这会减少该行业的供给而提高均衡价格。在更高的市场价格水平上，留下的企业将增加其供给量，这将使得总收益增加，减少留下的企业曾遭受的经济损失。

需求的永久变化导致企业进入或者退出该行业（见图 4-5），假设永久需求增加，原来的均衡产量、均衡价格和需求、供给曲线分别是 $Q_0$、$P_0$、$D_0$、$S_0$，在初始均衡的情况下，企业会在 MR = MC = $P$ 和 ATC 处来决定产量，需求增加，使得均衡价格和均衡产量增加。

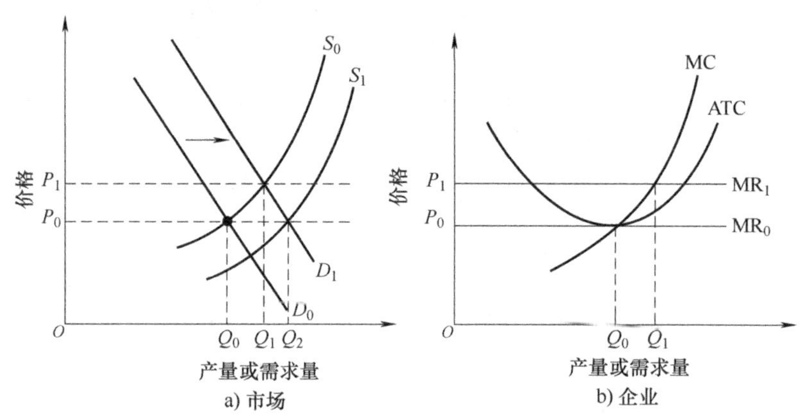


**图 4-5　需求的永久变化对市场均衡的影响**

新均衡的价格为 $P_1$，存在的企业会生产 $Q_1$ 的产量，$P_1$ 大于 $P_0$，$Q_1$ 大于 $Q_0$，企业实现经济利润，因为 $P_1$ 大于 ATC。正的经济利润会引起新的企业进入该行业，随着新企业的进入，增加了行业的总供给。行业供给曲线会逐渐向右移动到 $S_1$ 上，市场价格会减少到 $P_0$，其原因是只有经济利润为零的时候，外部的新企业才会停止进入该行业。在市场价格为 $P_0$ 的时候，行业现有产量为 $Q_2$，随着在该行业中企业的增加，每个企业在原来的 $Q_0$ 处决定产量，企业总数增加，导致行业的总产量增加，单个企业不会再享受经济利润，因为 ATC = $P_0$ 在 $Q_0$ 处。

需求的长期增长使长期均衡价格高于或者低于原先的价格，是由采购其他原材料价格的变化决定的。这里说明一下采购材料的规模经济与规模不经济。

外部规模经济是指由于需求量的增加而减少了原材料的单位采购成本。例如，当计算机的需求增加时，生产中央处理器的规模效应使得价格下降，产出增加。这些例子在技术变化的制造业中更显著。在这个行业里产量增加导致外部规模效应，供给曲线不断下降。

外部规模不经济是指当对原材料的需求增加时，反而导致了其价格的上升。在这种情况下，对产成品（商品）需求的持续性增加会同时增加均衡价格和均衡产量。例如，对铝需求量的增大就会导致长期均衡价格和产量的上涨，因为铝土矿的长期供给曲线是向上倾斜的。在规模不经济的情况下，随着产量的扩大会导致成本也随着增大。

总的来说，长期供给曲线的斜率是由产成品生产规模扩大而导致原材料价格的变化决定的。也就是说，对于长期而言，规模经济会使得厂商的长期供给曲线向下倾斜，而规模不经济则导致长期供给曲线向上倾斜。

2. 技术变化对市场均衡的影响

接下来介绍技术变化如何对市场均衡产生影响。例如，在一个低成本生产过程中，企业会投资额外的固定资产（如厂房和设备）来扩张产能。结果，技术进步经过一段时间在整个行业中变得普遍。一旦单个企业实现了技术更新，其成本下降，供给曲线向右移动，在较低成本下，企业会愿意在降低的价格下供给给定的数量，或者在更高的价格上提供更多的产品。在任何情况下，较低成本结构的行业内企业使得供给曲线向右移动，在给定的需求下，重新定位的行业供给曲线会在较低的价格水平下供应更多的产品。

第一个在行业内采用低成本技术的企业会获得经济利润，新企业会在利润的吸引下使用这些新技术。现存的使用老技术（高成本）的企业会遭受经济损失并被迫接受新技术或者退出该行业。最终的结果是经过一段时间技术进步在整个行业变得普遍。在行业内所有的企业都采用新技术后，价格等于最低平均总成本（ATC）的长期均衡就会建立起来。在长期均衡中，随着行业内的企业生产数量等于使得整个行业中每个企业均衡价格等于最低平均成本（和 MC）的供给数量的时候，企业会再次获得零经济利润。

## 第三节 垄断竞争市场

20 世纪 30 年代经济学家琼·罗宾逊（Joan Robinson）推出了《不完全竞争

经济学》一书。这本书对企业行为进行了全新的分析，在它出版后的数月里，美国经济学家爱德华·张伯伦（Edward Chamberlin）也创作了涉及同一领域的研究著作《垄断竞争理论》。这两本书引发了这个时代的讨论，事实上这两本书可谓不谋而合，它们都认为在市场中每一类基本产品都有许多不同的种类。在罗宾逊和张伯伦的时代前，经济学家都抱持着完美竞争的理论，这个理论的出发点是市场中存在许多买家和企业，每个企业售卖的产品都是一样的，它们之间存在着竞争，每一方与整个市场相比都是微不足道的。企业希望实现利润的最大化，但是不能仅靠提高价格，如果这样的话将会使顾客流失。但是随着企业的精细化程度越来越高，世界与完全竞争模式的差异就越大。

取代完全竞争的是其反面，即垄断理论，它检验了当市场由一个单独的企业供货时是如何运转的。但这一理论在它自己的方向上走得太远，因为一个纯粹的垄断企业是不存在的。这两位经济学家的观点结合了垄断和竞争的各个方面，与完全竞争市场一样，新的企业在这样一个市场中不断涌现，与现存的企业展开竞争，从而使价格保持着低位。张伯伦认为广告有助于企业产品从同类竞争产品中脱颖而出，甚至有时广告并不是向消费者宣传产品的实际性能，广告可以向消费者传达企业产品与众不同的特质，通过这种差异性，企业在同类品牌的竞争中得到了一小部分的垄断权。

罗宾逊和张伯伦的理论因为混合了竞争和垄断，因此被称为“垄断竞争”（Monopolistic Competition）。其另一个名称是“不完全竞争”（Imperfect Competition），不完全是因为即便在企业间存在竞争也并不等同于在完全竞争行业中的那种情况。罗宾逊和张伯伦的观点更像是一种灰色地带。一方面，消费者在垄断竞争行业中衡量不同种类的品牌，例如，消费者可以在可口可乐、百事可乐或其他软饮料厂商生产的饮料中进行选择；另一方面，这些行业充斥着试图通过推陈出新吸引消费者的企业。但我们是否真的需要只是瓶子略微比其他品牌精美一些并通过昂贵的广告营销的香水？当然不需要，一些人认为，这种意义上的垄断竞争并没有充分利用社会资源。

## 一、垄断竞争的市场特点

（1）有大量的独立销售者。每个企业拥有相对较小的市场份额，因此没有一个企业能够明显地影响市场价格。企业只需要注意市场的平均价格，而不是每个竞争者的价格。在行业内有很多企业使得共谋成为可能。

（2）每一个生产者生产不同的产品。因此每个企业的产品和其竞争者有着轻微的差别（至少在消费者的心理上），竞争的产品之间是可以互相替代的。

（3）企业在价格、质量和营销方面竞争。质量作为产品细分的结果是一个明显的产品差异特点。价格和产量可以由企业来设定，因为它们面临着向下的需求曲线。但是通常来说，企业所要的价格和质量之间有着非常强的相关性。为了让市场了解各个产品的不同特点，市场营销是必要的（竞争手段）。

（4）低的进入壁垒。所有企业都可以自由进入或退出市场。如果企业在行业内获得经济利润，预期就会有新的企业进入该市场。

（5）垄断竞争市场中的企业面临的是向下倾斜的需求曲线，也就是说每一个厂商都是价格寻求者，但是由于产品的可替代性强，其需求曲线具有非常大的弹性。以牙膏为例，大多数牙膏都是很相似的，只是它们有不同的香味、广告和消费者信誉，当你所喜欢的牙膏价格大幅度增加时，你很可能就会选择其他牙膏来替代。

## 二、价格制定者

价格制定者（Price Searchers，或称价格寻求者）具有向下倾斜的需求曲线，需要为利润最大化制定合适的价格与产量水平。为销售出额外单位的产品，生产者必须索要更低的价格。由于我们假定所有产品都是按同样的价格水平卖出的，因此边际收益曲线在需求曲线的下方。

为了使利润最大化，一个垄断企业将会制定高于完全竞争市场的价格，相应地生产更少的产量。如果可以实施价格歧视（Price Discrimination），向不同的购买群体索要不同的价格，相对于单一价格的垄断者，实施价格歧视的垄断者可以获得更高的经济利润，生产更多的产量。实施价格歧视必须满足以下几个条件：

（1）企业必须面临一条向下倾斜的需求曲线。

（2）被索要不同价格的消费者群体必须具有不同的需求价格弹性。

（3）企业必须能够阻止不同群体消费者之间重新买卖。

（4）存在大量相互独立的厂商。

（5）不同厂商生产至少有细微差别的产品。

（6）市场进入壁垒较低。

（7）虽然需求具有弹性，但是厂商面临的市场需求曲线仍然是向下倾斜的。

在垄断竞争的市场中，企业要不断创新，因为通过最先在市场上出售新的或经过改良的产品，它们在短期可获得经济利润。但竞争者会很快地模仿这些创新的产品，在这过程中，导致经济利润不断减少甚至消失。

随着企业增加消费者对产品差异化的认同，企业需要花费很高的广告费。

品牌是企业向消费者表明自己产品质量的一个重要工具。有些人不认为花在广告宣传、品牌建立和产品差异化上的费用是最理想的，有效地利用了资源。然而，消费者的确从广告中的产品介绍的更多的信息和多样化的产品组合中受益。

## 三、垄断竞争市场均衡价格和均衡产出

垄断竞争市场均衡价格和均衡产出如图 4-6 所示。

图 4-6a 展示了一个垄断竞争者短期内的价格/产量特点。和完全竞争市场相同，垄断竞争者会在 MR = MC 点对应的产量生产从而实现利润最大化，并按照需求曲线上对应的价格来定价。企业获得正的经济利润因为价格 $P$ 高于 ATC，由于低的进入壁垒，竞争者会进入市场来寻求这些经济利润。

图 4-6b 展示了在新企业进入市场后某个代表性企业的长期均衡状态。新进入的企业使得每个企业面临的需求曲线向下移动，需求曲线最终移动到价格等于平均总成本（$P$ = ATC）处，这时经济利润为零。在这点上就没有让新企业进入市场的动力，长期均衡从此建立。企业仍然在 MR = MC 处决定生产数量，但是不再获得正的经济利润。

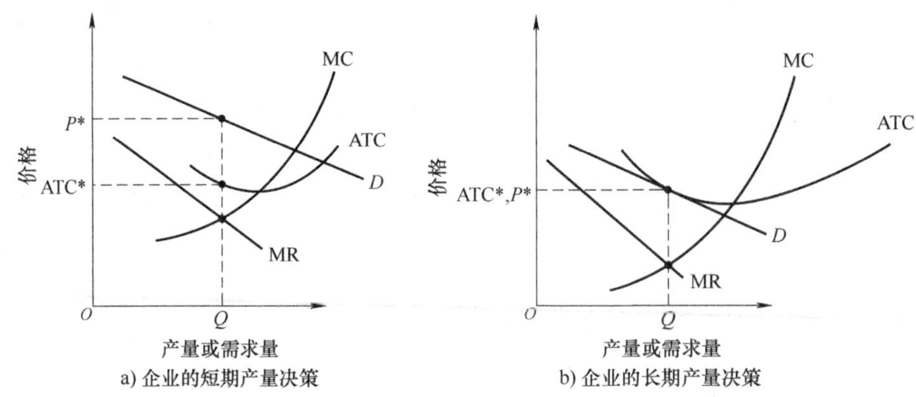


**图 4-6　垄断竞争市场均衡价格和均衡产出**

图 4-6 也展示了垄断竞争市场和完全竞争市场的长期均衡之间的差异。我们注意到：在垄断竞争市场中，价格高于边际成本，生产数量所对应的平均总成本并不是在最低点，价格相对于完全竞争时要略微高一点。这里的观点是：完全竞争市场的特点是产品没有差异。垄断竞争的效率问题变成：在产品有差异的情况下，经济最大效率的生产数量是否存在？

例如，在只有一种品牌牙膏的世界里，很明显平均生产成本会比较低，事实是这并不意味着一个只有一种品牌/类型牙膏的世界会是一个更好的世界。但

是生产有差异的产品需要成本，但这同样对消费者有利。品牌效应以更好的产品特性和质量信息的形式传递给消费者的收益，同样会冲抵垄断竞争市场明显缺乏效率这一特点。

垄断竞争市场的有效性是不确定的。一方面，消费者确实从消费品的广告和推销中得知产品的特性而受益，因为它使得消费者能够做出更好的决定；另一方面，劝说消费者某种除臭剂能够使得他增加自信、赢得异性的成本是很高的，这些成本很可能转移到了消费者身上，所以有人说这些增加的广告成本与收益是不符合的。

产品革新是垄断竞争企业追求经济利润会采取的必然行动。那些为市场提供创新性的企业会面临更小弹性的需求曲线，这使得它们能够提高价格获得经济利润，然而，企业在垄断竞争中必须持续产出创新性产品，这样才能使得它们的产品和竞争对手相比对消费者来说更加有吸引力。

创新不是没有成本的，这些生产创新成本必须和其产生的额外收益做权衡，一个企业在创新上的最佳投入是当创新产生的边际成本等于其带来的边际收益时。

广告费用在垄断竞争中是很高的，这不仅仅是因为企业需要告知消费者其产品的独有特点，同时能使其对不同产品之间的差异有所觉察（虽然实际上是非常相似的）。这里提醒大家注意，在垄断竞争市场中的企业的广告成本要比在完全竞争（和垄断）市场中高出很多。

就如预期一样，广告成本增加了一个垄断竞争型企业的平均总成本曲线。因为广告费用引起的平均总成本（ATC）的增加会随着产出的增加而减少，这是因为广告引起的固定成本被分摊到更多数量的产品中。实际上，如果广告能够导致产量（销售量）的增加，它事实上会降低企业的平均总成本（ATC）。品牌名称为消费者提供关于该商标产品质量的信号。许多企业把广告预算中很大一部分花费在品牌名称和推广上。例如，丰田汽车的品牌名称告诉消费者更多关于新引进汽车的质量，同时，丰田的品牌声誉有很高的价值，这样企业有更大的激励不生产低质量的汽车，以免损害其声誉。

## 第四节　垄断市场

垄断市场是指由单个厂商销售设计良好的不存在很好的替代的产品，且具有高进入壁垒的市场结构。垄断厂商是价格制定者，可以在长期获得正的经济利润。

## 一、垄断市场的进入壁垒

一个垄断市场的特点为：对某种特定的产品只有一个卖方且该产品没有替代品。一个企业保持垄断的地位，必须要有很高的市场进入壁垒。

存在很高进入壁垒的市场使得竞争企业进入一个市场很难，甚至在长期现有企业也有可能获得经济利润。进入壁垒的形式主要有以下几种：

1. 规模经济

一些行业中，生产的规模经济导致只有一个企业向市场供应这个产品。当存在规模经济的时候，它意味着随着单个企业的产品生产得越来越多，平均成本会越来越少。进入这个行业的另一家企业会使自己和原有企业分割生产，和单个企业相比会导致生产的高成本，因此，一个行业内大的规模经济体现了明显的进入壁垒。

2. 政府许可证和法律壁垒

绝大多数政府许可证和法律壁垒并不能导致实际的垄断。例如，广播和广播电台的许可证限制体现了明显的法律进入壁垒，然而在每一个市场内，都有少数许可证被授予，因此没有一个国家在广播或电台方面垄断。随着可替代产品的发展，这种通过法律限制使得企业市场力量从竞争中获得保护的优势逐渐被腐蚀。光缆电视、卫星电视还有卫星广播明显地侵蚀了持有当地广播许可证所提供给的保护。

3. 专利或特许经营

专利或特许经营是导致某种产品的市场产生垄断的进入壁垒。专利权在一定的时期内给予它们的所有者一种产品的排他性权利，就像著作权保护原著的作者一样。制药、半导体企业和软件发明者是少数享受从竞争中获得保护的这类企业。例如，美国的法律给美国的邮政系统排他性的递送和分发邮件权利（尽管替代产品已经引进），当地法律给予对水、电力等其他公用设施排他性的权利。

4. 资源的控制

垄断厂商的产品面临着向下倾斜的需求曲线。所以利润最大化涉及价格和销售量之间的相互替代，一个垄断企业必须降低其售价以便卖出更多的产品。与完全竞争企业不同，一个面临向下倾斜需求曲线的企业必须决定如何定价，以期找到能够带来企业利润最大化的价格和产量。

## 二、垄断市场的定价策略

垄断市场的两个定价策略分别为：单一价格和价格歧视。如果一个垄断厂商的消费者不能就所购买的产品再次交易，那么这个垄断者能通过为不同类型的消费者制定不同价格来达到利润最大化，这种策略被称为价格歧视。当价格歧视受管制时，垄断者只能定单一价格，因此，垄断市场中生产者是最典型的价格制定者。

在价格制定者的市场中，为了使得利润最大化，垄断企业会一直扩大生产到 MR = MC。由于高的进入壁垒，垄断者的利润不会吸引新的市场进入者，因此会存在长期为正的经济利润。垄断者所定的是最高的价格吗？回答是：不。因为垄断者想要最大化利润而非价格。所以来看一下垄断企业面临的成本收益结构。

垄断市场的均衡模型如图 4-7 所示，垄断企业的生产会一直扩张到 MR = MC 处，在最佳的产量处，这个时候的价格是产量对应需求曲线的点。需求曲线本身并不能决定垄断者的最优行为。就像完全竞争市场模型，对于垄断者来说最大化利润产量是 MR = MC，为保证利润，需求曲线高于企业平均总成本曲线，所以在最优的产量处 $P >$ ATC。

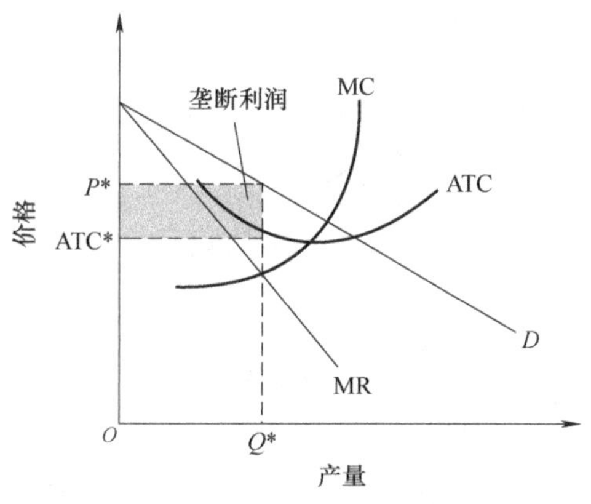

图 4-7　垄断市场的均衡模型

重复一次，在垄断企业利润最大化产量是在 MR = MC 的地方。利润最大化的产量为 $Q^*$，价格为 $P^*$，经济利润等于（$P^*-$ATC$^*$）$Q^*$。垄断企业是价格寻求者，对于市场需求有不完全信息，它们会试探不同的价格来发现一个使其利润最大化时的产品定价。

## 三、价格歧视

价格歧视是将同一产品或服务对不同的消费者索要不同的价格。生活中价格歧视的例子很多，例如，航空公司将飞机票分为工作日票和周末票（分商务旅行和闲暇旅行），对不同年龄的人收取不同的电影票价（学生票）等。进行价格歧视的目的是获取更多的消费者剩余作为其本身的经济利润（与用单一价格来定价的机制相比）。

为了使价格歧视起作用，垄断企业必须：

（1）面临向下倾斜的需求曲线。

（2）对于产品或服务至少有两个不同价格需求弹性的消费者群体。

（3）能够防止两个不同消费群体之间的交易。

只要上面的条件达到，企业的利润就可以通过价格歧视来增加。

价格歧视怎样增加总的供给数量和增加经济利润呢？如图 4-8 所示，简单起见，我们假定没有固定成本并且边际成本等于平均总成本 MC = ATC。和完全竞争下的生产数量比较，垄断市场中的生产数量减少了消费者与生产者剩余之和，图 4-8 中是由三角形面积所代表的净损失——无谓损失（Deadweight Loss，DWL）。消费者剩余的减少不仅是因为产量的减少，还因为价格的增加（和竞争市场比较）。垄断被认为是低效的，这是因为和完全竞争市场比较其产量减少，同时减少了消费者、生产者剩余之和。

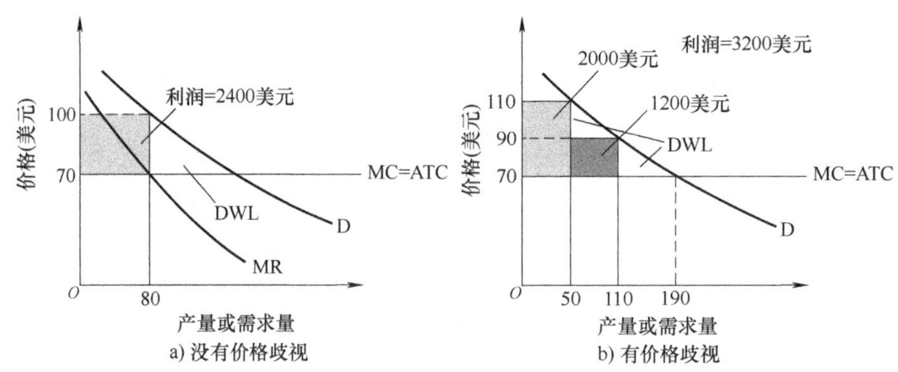


**图 4-8　价格歧视与市场定价**

一个极端的（理论上）的价格歧视的例子是完全价格歧视，如果垄断者可以对每一个消费者索取他们所愿意支付的最大价格，将没有净损失。因为垄断者会像在完全竞争市场中一样生产相同的数量。在完全价格歧视下，消费者没有剩余，所有的剩余都由垄断者获得。

图 4-9 展示了在垄断市场和完全竞争市场之间不同的分配效率。在完全竞争市场下，行业的供给曲线为 $S$，是在该行业内所有竞争企业的供给曲线之和。完全竞争市场的均衡价格和均衡产量是在行业供给曲线和市场需求曲线的交叉点上，企业生产均衡价格对应的产量，因为每一个企业对市场来说是微不足道的，试图减少产量以提高价格是没有作用的。

垄断者面临同样的需求曲线和同样的边际成本曲线 MC，会在 MR = MC 的产量处进行生产并索要其对应的价格。这里需要强调的是，与完全竞争市场相比，

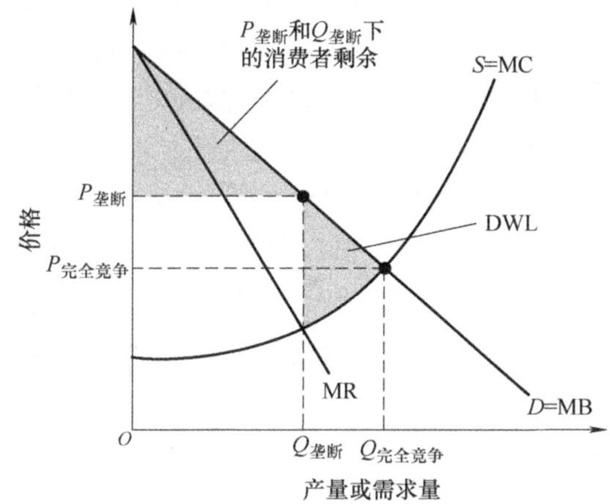


**图 4-9 垄断和完全竞争市场不同的分配效率**

垄断企业可以减少产量并且索要更高的价格。回忆我们在完全竞争中提到的观点，有效的产量是在消费者剩余和生产者剩余之和最大化的地方。这里的产量应该是 $S=D$ 的产量，或者当边际成本 MC 等于边际收益 MR 时的产量。垄断相对于完全竞争被认为是低效的，因为垄断企业对应生产的产量并没有最大化消费者剩余和生产者剩余之和。同时由于为了获得垄断地位而花费的时间和资源，也就是寻租行为也会导致效率的损失。

一个行业出现自然垄断是因为整个行业的平均总成本 ATC 在只有一个企业的时候是最小的。这家企业的 ATC 在整个相关的产出范围内都是下降的，边际成本非常低。在给定的规模经济下，市场中存在另一家企业会明显地增加 ATC，如果两个企业每个生产大约一半的产量，每个企业的平均成本会比单个企业生产的成本高出许多。因此只有垄断企业能够获得更小的成本，由于规模经济的原因市场最终选择一个供给者，形成自然垄断。

范围经济同样会导致自然垄断，特别是在一个行业中规模经济存在时。范围经济发生在当企业扩大产品范围的时候，它的平均总成本是减少的。例如波音这种企业，使用特殊的设备和计算机程序来设计飞机的各个部位，这意味着它可以用比单个供应商更低的成本来生产部件。

管理者经常试图通过努力减少像特许证要求、定额和关税等这样的人为交易壁垒来增加竞争和效率。因为垄断企业的生产量小于最优产量（没有达到有效的资源配置），政府管理者会出于提高资源配置效率的目的，规定垄断厂商的可能索要价格。政府往往可能采用平均成本定价和边际成本定价来对垄断企业进行限制并形成监管。

（1）平均成本定价是最普通的监管形式。这强迫垄断者降低其对产品的定价使其等于企业的平均总成本曲线（ATC）和需求曲线相交处的价格。这种方式增加了产量并降低了价格，增加了社会福利，同时保证垄断企业获得正常利润因为其价格等于平均总成本（ATC）。

（2）边际成本定价被认为是最有效的监管形式。它迫使垄断者减少价格使其等于企业的边际成本（MC）曲线和需求曲线相交处的价格。这同样增加了产量并降低了价格，但是会引起垄断者发生亏损，因为价格低于其平均总成本（ATC）。这种方法要求政府对垄断企业进行补贴，来向企业提供正常利润，防止它退出市场。

监管者有时会在处理有高进入壁垒的市场问题时陷入困境，其原因如下：

（1）缺乏信息。监管者可能不知道企业的平均总成本（ATC）曲线、边际成本（MC）曲线或者需求曲线。

（2）成本转移。企业没有动力去减少成本，因为这会引起监管者要求降低价格，如果企业让成本上升，监管者会允许价格上涨。

（3）质量管理。价格管理比质量管理要容易，如果企业面临着由于成本挤压而造成的利润下降，它可能降低产品或服务的质量。

（4）特殊利益效果。企业会努力通过政治操纵来影响监管机构的组成和决策进而影响监管规则。

## 第五节　寡头市场

继罗宾逊和张伯伦之后，经济学家们开始研究“寡头”，即由少数大企业所控制的市场的运作方式。这些巨型企业在20世纪初控制了整个市场利益群体，它们并不像垄断竞争企业那样通过推出极具竞争力的产品线获得利润，有时候它们会设立企业协会，通过共同瓜分市场来提升利润。有时候会在价格战中彼此厮杀，通过价格竞争把对方挤出市场。罗宾逊的理论并没有捕捉到这些策略类型。

寡头市场（Oligopoly）是指由少数几家厂商构成的市场。在寡头市场上，单个厂商所做出的决定影响行业的需求、价格以及行业内其他厂商的利润水平。

和垄断市场相比较，当做出企业决策的时候，寡头厂商高度依赖于竞争对手的行为，一个生产者的行为会对其他人有很大的影响。例如汽车行业，汽车制造商倾向于跟随领导者，其宣布提高价格或降低价格的时间近乎同步。另外，寡头垄断市场的进入壁垒很高，建立一个新的汽车制造企业或飞机制造企业需要巨额的投资，因为这些行业中有大的规模经济，显示了明显的进入壁垒。

如果几个寡头企业可以达成一致，为了寡头企业利益的最大化，它们将会制定同样的价格和产量，获得同样的利润。为了分配寡头利润，它们需要在产品的价格和各自的市场销售份额上达成共识。在现实生活中，寡头市场结构存在很多障碍从而影响企业的经济利润。

## 一、寡头市场模型：弯曲需求曲线模型

斯威齐模型也称弯曲需求曲线模型（Kinked Demand Curve Model），它是基于这样的假设：每一个企业都认为当自己降低价格时竞争者也会跟着降低价格，但当自己提高价格时竞争者却不会跟着提高价格。根据这一模型，每个企业都相信它们面临着这样一条需求曲线，在某个特定价格（需求曲线的拐点）以上的部分更有弹性，而在其之下的部分更缺乏弹性。

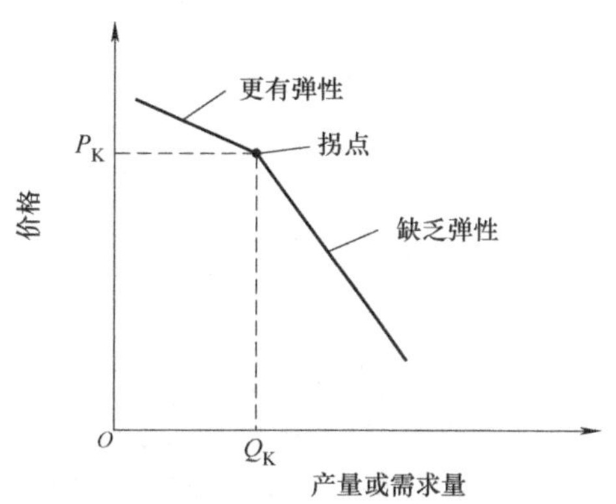


**图 4-10　弯曲需求曲线模型**

图 4-10 所展示的正是这种情况。拐点处价格为 $P_K$ 而产量为 $Q_K$，企业相信如果自己提高产品的价格大于 $P_K$ 而竞争者价格仍是 $P_K$ 时，该企业将因为自己的价格最高而失去市场份额。因此当价格在 $P_K$ 以上时，需求曲线更有弹性，一个小的价格下降将导致一个较大的需求量增加。从另一方面来说，如果一个企业将其价格降至 $P_K$ 以下，这时其他企业将竞相降价，每个企业都仅会有一个相对较少的销售额增加。

另一寡头市场模型是领导者厂商模型（Dominant Firm Oligopoly）。该模型假定某个厂商由于具有绝对的成本优势以及很大的市场份额，因此它可以有效地制定产品的市场价格，而行业内的其他厂商是价格接受者，几乎没有定价权。

## 二、寡头博弈——囚徒困境

博弈论可以用来检测寡头企业的战略行为。在博弈论的观点中，每一方都需要决定自己的行为，同时将敌人的行为考虑进来。博弈理论家将其称为“策略互动”（Strategic Interaction）：我们互相影响，因此我们会根据敌人的行为决定自己的行为。

1950 年，数学家约翰·纳什（John Nash）推出了一个后来成为博弈论中最

重要的部分的想法，并在今天被广泛运用。他认为博弈的结果——“均衡”——是每个参与者的策略，是对其他参与者策略的最优反映。当每个人都这样做时，没有人有理由改变自己采取的行动，这便是博弈中的均衡。纳什证明大多数博弈都有均衡。以我和我的敌人而言，鉴于敌人购买了导弹，我最好的回应便是采取同样的行动，最糟糕的是，面对敌人的威胁而没有武器。同样的推理也适用于敌方，如果我购买了武器，他们也必定会做同样的事情。我们双方建立起导弹储备，这便是博弈的均衡，这也是博弈论中著名的囚徒困境（Prisoners' Dilemma）的均衡结论。

囚徒困境是一个简单的博弈，可以用来描述寡头企业在面临竞争所做的决定。囚徒困境可以简单描述为：

两个嫌疑人 A 和 B 被认为有重大的犯罪行为，然而检察官觉得警方并没有足够的证据证明他们犯罪了，于是两个囚徒被分开并且警方提供了以下的交易：

（1）如果 A 招供，B 保持沉默，A 会得到自由，而 B 会受到 10 年的入狱判决。

（2）如果 B 招供，A 保持沉默，B 会得到自由，而 A 会受到 10 年的入狱判决。

（3）如果两个囚徒都保持沉默，他们会获得 6 个月的判刑。

（4）如果两个囚徒都招供，每人获得 2 年的判刑。

每一个囚徒必须选择：或者背叛另一个而招供，或者保持沉默。任何一方都不知道对方会选择怎样的方式。

那囚徒会怎样做呢？对于囚徒困境来说，在给定一方行为的情况下另一方都会采用对自己最有利的行动。这意味着两个囚徒都会招供：为什么呢？

考虑 B 的选择：

（1）如果 A 保持沉默，B 的最佳选择是招供，并获得自由。

（2）如果 A 招供，B 的最佳选择还是招供，并获得 2 年而不是 10 年的刑期。

所以任何情况下，B 的最佳选择都是招供。

同样的分析也适用于 A。

这里的两难是两个囚徒知道如果他们都保持沉默的话，他们会获得仅仅 6 个月的刑期，但是任何一方都不知道对方会怎样做。

寡头企业就是处于囚徒困境中。因为如果他们同意一同限制产量，他们每个企业都获得更大的利润，但是这只有在他们任何一个都不违背协议的前提下。寡头们通过联合在一起来最大化其总利润，就像只有一个单一的销售者那样

（以垄断的形态存在）。

共谋是指企业之间达成协议避免各种竞争的行为，尤其是价格竞争。假设企业 A 和 B 是寡头垄断行业内仅有的两家企业。两家企业都生产行业产量的一半（相同的产品），即每个企业生产 $Q/2$ 的产量，此时在价格 $P$ 上，MC 等于最低的 ATC，如图 4-11 所示。

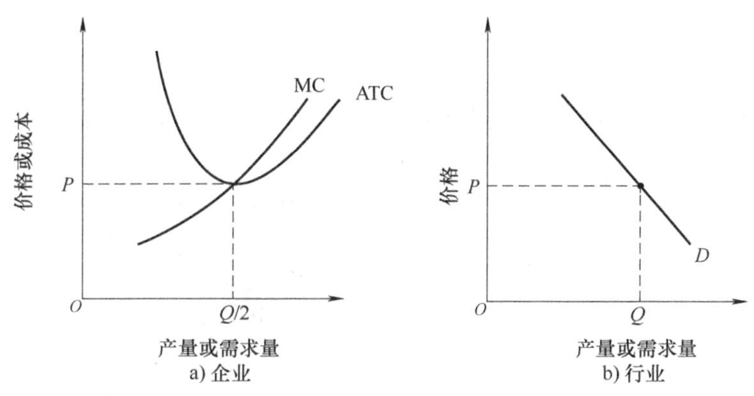


**图 4-11　寡头企业共谋的均衡（一）**

现在我们假设企业 A 和 B 达成协议通过减少产量来获得增加的利润（例如石油输出国组织（OPEC））。利用前面提到的囚徒困境模型，这些企业有两种可能的战略——履行协议或者欺骗（违反协议），因此有四种结果：

（1）两个企业都履约。

（2）两个企业都违约

（3）A 企业履约，B 企业违约。

（4）B 企业履约，A 企业违约。

我们考察每一种结果的经济含义。如果 A 和 B 合谋并且统一行动，就如同一个垄断企业，就能实现利润最大化。

如果每个企业履约共谋协议，整个垄断经济利润会最大，两个企业平均分享利润。为了获得最大化的垄断利润，两个企业联合的产量应该在行业的边际收益和行业的边际成本相等的地方（MR = MC），这时产量是 $Q_M$，在 $Q_M$ 处，价格为 $P_M$，这是企业达成协议的固定价格。因为在这个价格上，行业的需求被限制在垄断利润最大化的产量 $Q_M$ 处，假设每个企业同意生产利润最大化产量的一半 $Q_M/2$，在价格 $P_M$ 上，则获得阴影部分的利润，如图 4-12 所示。

如果一个企业选择违约（欺骗协议），增加自己的产量高于协议的份额，则整个行业的经济利润会小于垄断行业，但是违约企业的经济利润会大于它在履

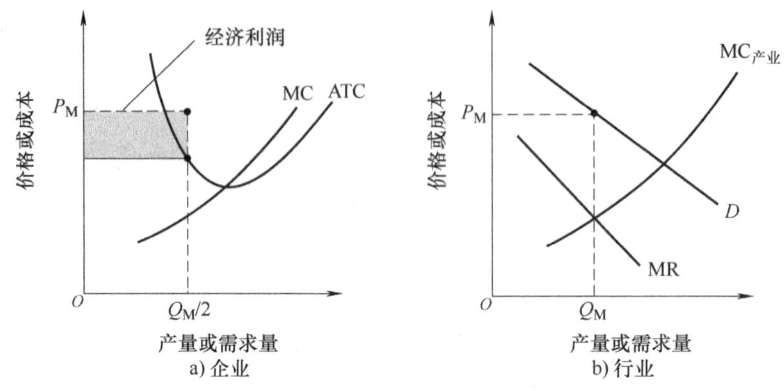


**图 4-12　寡头企业共谋的均衡（二）**

约协议下的经济利润。履约企业现在在同样的 ATC 处以协议的产量生产，但是卖出的价格要小于预期的价格。这个企业可能会相信是需求下降，故协议的总产量对应的均衡价格下降。这个企业会面临经济损失。然而违约企业会实现经济利润的增加，因为它可以以较低的平均总成本 ATC 在较低的价格卖出更多的产品，整个行业的经济利润都会减少。

如果两个企业都违约增加产量，每个企业会增加产量到当价格 $P$ 等于边际成本和平均成本处。这个结果下的价格和产量会接近完全竞争的行业。

在囚徒困境的情况下，A 和 B 都会选择违约，为什么？

考虑对企业 A 的协议：

（1）在企业 B 履约的前提下，如果企业 A 也履约，企业 A 会获得经济利润，但是企业 A 如果违约，会获得更大的经济利润，所以企业 A 的最优战略是应该违约。

（2）在企业 B 违约的前提下，如果 A 履约的话，企业 A 会经历经济损失。如果 A 同样违约，会获得为零的经济利润，所以，最优战略同样是违约。

因此根据同样的逻辑，企业 B 最终也会选择违约（这在博弈论中称为纳什均衡，即每个企业都做出了给定其他企业决策后的最优选择）。

共谋成功的可能性在以下几种情况下比较大：

（1）欺骗容易被察觉。

（2）在一个市场内只有少数寡头企业。

（3）新进入市场的威胁少。

（4）反共谋的法律效力和惩罚力度小。

因此囚徒困境模型是用来分析寡头企业产量约束的很有价值的模型。它揭示了每个企业在集体约定中为防止其他企业的欺骗行为而采取的最优行动集，无论其他企业是否遵守约定。

## 【本章要点回顾】

本章重点介绍了四种类型的市场结构，包括完全竞争市场、垄断市场、垄断竞争市场和寡头市场。首先需要对这四种类型的市场结构进行区分，掌握其各自在竞争强度、进入壁垒、产品特征等方面的差异性。本章的重点是解析这四种不同类型的市场的市场均衡模型，特别是其均衡价格和均衡产量是如何决定的，以及对市场均衡模型的影响机制。

## 【选择题】

1. 当一家企业在完全竞争市场条件中运营时，它的边际收益总是等于（　　）。

A. 价格　　B. 平均成本

C. 边际成本　　D. 平均可变成本

2. 在垄断竞争市场中，客户对产品的需求相对具有弹性，其原因是（　　）。

A. 进入壁垒高

B. 有许多相近的替代品

C. 有许多互补品的供应

D. 产品的价格普遍偏低

3. 寡头垄断行业的特征有（　　）。

A. 进入的障碍很少

B. 规模经济很少

C. 竞争企业之间有很大的相互依赖性

D. 企业之间的竞争主要在广告费用上面

4. 寡头垄断定价策略很可能导致需求曲线（　　）。

A. 变得扭曲　　B. 更加垂直

C. 更加水平　　D. 没有变化

# 第五章

# 总需求（供给）与一般均衡模型

## 【学习目标】

1. 理解局部均衡和一般均衡的定义与应用场景的区别；
2. 掌握总供给和总需求的定义及其曲线表达；
3. 掌握就业水平低于（高于）充分就业水平时的均衡模型；
4. 了解马尔萨斯著作《人口论》的主要观点；
5. 熟悉劳动力市场指标，掌握三种失业类型及自然失业率的定义；
6. 掌握菲利普斯曲线理论及其图形表达；
7. 了解和计算居民消费价格指数（CPI），了解 CPI 计算偏差的来源；
8. 熟悉影响真实 GDP、短期和长期总供给的因素，潜在 GDP 和总供给变化的原因；
9. 了解需求拉动型通货膨胀与成本推动型通货膨胀的区别，了解这两类通货膨胀产生及演变的过程；
10. 熟悉经济增长、通货膨胀和失业率如何影响经济周期。

19 世纪，阿尔弗雷德・马歇尔（Alfred Marshall）的市场完备基本理论研究单个市场的供给和需求。如前面篇幅所述，单个商品的供给和需求有赖于商品的价格，例如石油的供给和需求，当石油的需求大于供给时，石油的价格会上涨，鼓励人们减少需求，而石油公司增加供应，最终供给和需求会回到平衡状态，实现均衡。在均衡状态下，石油的价格处在生产商供应等于购买者需求的水平。如果供给和需求是一张跷跷板的两端，均衡状态就是跷跷板恰好平衡并且保持静止的时刻。

但其中的问题是，石油价格的变化影响的不仅仅是石油市场。当石油价格降低时，其影响是方方面面的。例如人们开始用石油取暖，而不是用煤炭取暖，这将导致煤矿雇用人数下降，而炼油厂的规模越来越大，刺激了对钢铁的需求。便宜的油价也可能鼓励人们购买更多的汽车，这导致铁路运输的衰退。就这样，一个市场的变动，在许多市场中掀起了涟漪。马歇尔对于单个商品的需求和供给是“局部均衡”（Partial Equilibrium）的理论，忽略了那些涟漪。

20世纪50年代，由美国经济学家肯尼斯·阿罗（Kenneth Arrow）和美国法裔经济学家吉拉德·德布鲁（Gerard Debreu）带领团队研究“一般均衡”（General Equilibrium）。一般均衡是研究这些跷跷板连接运动（不同商品市场间）的理论。如果单一市场的均衡可以简单写成一个方程式：供给 = 需求，那么一般均衡就是几百万个（商品）方程式，只有当所有的方程式都同时成立的时候，才有可能有均衡结果。

阿罗和德布鲁从假设人的行为出发，然后利用严谨的数字推理论证其经济上的意义，其中重要的假设是人是“理性的”或者始终坚持自己的选择。他们发现，当人们的偏好是理性的时候，那么一个经济体当中的各类商品市场最终就可能趋于平静。用经济学的术语来说，一般均衡是存在的。这一发现非常重要，因为如果一般均衡不能实现，那么就不存在一套通过经济的运行让所有人都满足的价格。用数学语言表述就是：经济体“无法自洽”（Inconsistent）。那么相互连接的商品跷跷板就无法停止摆动，导致的结果就是经济陷入混乱。

不过市场是否有效？这个问题不仅仅有关市场是否“自洽”，经济学家还想知道这种状态在满足社会整体需求上的效果如何。20世纪初意大利经济学家维弗雷多·帕累托（Vilfredo Pareto）设计了一个判断方法。他说，如果能够在不减少一个人福利的情况下，增加另外一个人的福利，那么这个经济体就不是最好的，或者说是“低效的”（Inefficient）。

经济学上的“帕累托最优”（Pareto Efficient）是指所有的交换都“完美”完成后的状态。一旦实现了帕累托最优，就不可能在增加我的福利的情况下，不损害其他人的福利。这个意思就是说，经济体内不应该包含“被浪费”的资源。

阿罗和德布鲁证实了，如果经济体存在一般均衡，那么一定是帕累托最优的。经济学家为这个结论取了一个特别的名字：“第一福利定理”（First Welfare Theorem）。它的意思是：当经济体处于一般均衡时，就不会有喜欢的商品被浪费的情况。

一般均衡下的状态就是我可以卖掉我的梨，并且用这笔钱购买香蕉，而你可以卖掉你的香蕉，并用这笔钱来购买梨。一旦交易达成，没有人可以进一步获得任何的福利，因为不再存在被浪费的资源。阿罗和德布鲁证明了，尽管没有人组织，但是经济体中的各类市场就好像是管理良好的学校，其结果是和谐的——人们的欲望在其中获得了平衡，并没有什么被浪费。

但值得注意的是，阿罗和德布鲁理论的假想基础和现实世界当中市场真实运行的方式相去甚远。他们要求市场是竞争性的，买卖双方都不能单独地影响价格，但是在实践中，有些强大的企业往往因为“规模经济”而影响市场价格(例如之前讨论过的垄断市场)。这个时候市场就不再具有充分的竞争性，而第一福利定理也不再适用。但当一个人的消费或生产不是以价格的方式影响其他人的消费和生产的时候，这种情况就不会发生。

阿罗和德布鲁的研究对一个古老的经济学问题进行了现代化的转变：为什么上百万人各司其职，就可以让经济趋于和谐。在古代，亚当·斯密称之为看不见的手；在现代，经济学家将第一福利定理视为对亚当·斯密观点的佐证。

但是由于用于证明该定律的假设和现实差距较大，你也可以这么理解该定理——在实践中，市场总是无法保持最优。或许正因为如此，才需要政府的介入，帮助提升经济体的效率。例如，有时候政府会打破垄断，让市场变得更具竞争性；或者向污染征税，以更好地反映全社会对清洁空气的渴望。一般均衡理论传递了一个基本且重要的信息：孤立地审视一个市场或许是危险的，一个市场的改变可以引发其他市场的变化。按照经济学的说法，所有的事物都是相互关联的。

## 第一节　总供给与总需求

### 一、总供给曲线

总供给（Aggregate Supply，AS）是指经济中所产生的全部产品或服务。总供给是价格水平的函数。正如产品市场，高价格会在短期内带来更多的供给量，短期供给曲线（SAS 曲线）是向右上方倾斜的，而长期供给曲线（LAS 曲线）是垂直的，如图 5-1 所示。

短期总供给曲线主要是由价格水平决定的，因为在短期，我们假定工人对通货膨胀预期保持不变，所以价格上升时，企业收入增加而其工资性支出并没有发生显著变化，因此企业将扩大供给。长期总供给曲线是潜在的 GDP 水平，是经济中潜在的真实产出（Real Output），即当经济处于充分就业状态时的产出水平。

首先我们解释为什么 LAS 曲线是垂直的，而 SAS 曲线是向上倾斜的；然后我们讨论当时间变化时哪些因素会使得这些曲线移动。

首先 LAS 曲线不受价格水平的影响，LAS 是经济中潜在的真实产出，是指在充分就业（Full Employment）情况下的产出水平。经济的潜在产出主要依赖以下三种因素，并与这些因素同方向变化：

（1）经济中的劳动者数量。

（2）经济中的资本数量（生产性资源）。

（3）经济中的技术水平。

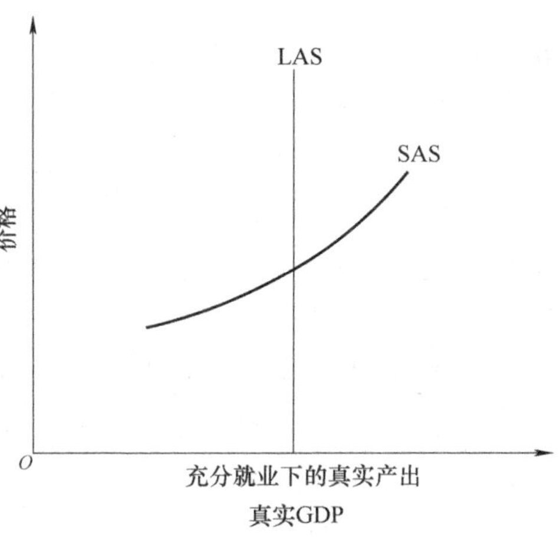


**图 5-1 总供给曲线**

在经济衰退的时候，经济会在小于充分就业的 GDP 处运行，这时候周期性失业会很高。在经济增长迅速的时候，会出现暂时的高于充分就业率水平的 GDP。随着时间的变化，LAS 会随着充分就业下的劳动者数量的变化，经济中可获得性资本数量的变化，技术进步提高的劳动、资本或两者的生产效率而移动。

在短期，企业会对产品或服务的价格做出反应，理解沿着 SAS 曲线移动的关键，是我们假设允许最终产品或服务的价格发生变化而保持工资率和其他生产性资源的价格短期内不变，当产品或服务的价格上升（下降）的时候，企业会有动力去扩大（缩小）生产，真实 GDP 会增加（减少）到高于（低于）LAS 表示的充分就业水平。这就是为什么我们会看到沿着 SAS，真实 GDP 会随着价格向上倾斜。同样，在短期的宏观经济中我们保持货币工资和其他资源价格以及潜在 GDP 恒定。

## 二、总需求曲线

总需求（Aggregate Demand，AD）曲线反映了价格水平与最终产品或服务的实际需求量之间的关系。总需求由四个部分组成：$AD = C + I + G + X$（支出法的总需求计算方法）。

（1）消费（Consumption，C）。

（2）投资（Investment，I）。

（3）政府购买（Government Purchase，G）。

（4）进出口净值或净出口（出口减去进口）（Net Export，X）。

AD 曲线是向下倾斜的（对于需求曲线是好事情），因为在更高的价格上，消费、投资和净出口会减少，这是因为在这个过程中有两个影响因素需要考虑：

（1）物价水平和财富效应（Wealth Effect）。当价格上升的时候，个人的真实财富（Real Accumulated Wealth）减少，个人会相应地减少支出。同样，当物价下降的时候，货币更值钱了，可以用这些钱买到更多的劳务和产品，因而物价水平的下降使消费者感到更富裕，鼓励他们更多支出。消费者支出的增加意味着产品或服务的需求量更大。需求增加产出增加，这就是“财富效应”。

（2）利率效应（Interest Effect）。当价格水平上升的时候，利率会上升。利率上升会降低企业的投资规模（投资规模是利率的递减函数）和消费水平。因为消费者由于融资成本增加延迟或放弃购买耐用品，如汽车、设备或者房子维修等。这个是替代效应（Substitute Effect），消费者用以后的消费来替代当前的消费，因为当前的消费会导致消费产品成本的增加（利率增加）。这被称为代际替代效应（Intertemporal Substitute Effect），也就是说消费在不同时间之间的替代。

所以价格水平的变化会引起总需求量的变化。使得总需求移动的因素是什么呢？在众多影响总需求的因素中，主要有以下三种因素：

（1）收入、通货膨胀和利润的预期（Expectation about Future Incomes，Inflation and Profit）。增加的通货膨胀预期会增加总需求，因为消费者会加速购买商品来避免将来更高的价格。更高收入的预期会引起消费者增加当期购买，在预期到这些高收入后，预期利润的增加会使企业增加其在工厂和设备上的投资。

（2）财政政策和货币政策。财政政策（Fiscal Policy）是指政府关于支出（Spending）、税收（Tax）和转移支付（Transfer Payment）的政策。增加政府支出会增加 $G$，减税和增加转移支付（例如社会保险和事业补偿）增加消费者的支出（由于可支配收入增加），增加 AD 中的 $C$。

货币政策（Monetary Policy）是指央行决定增加或减少货币供给（Money Supply）的政策。货币供给的增加会降低利率，增加消费和投资，从而增加总需求。

（3）世界经济（World Economy）的增长率。世界经济的状态会影响总需求，其机制是通过净出口（Net Export，X）来影响总需求 AD。如果外国收入增加，国外对本国商品的出口需求量增加，即增加 $X$；如果一国的汇率（Exchange Rate）增加（升值），商品会相对国外更贵，出口商品减少，同时进口商品会便宜，进口商品需求增加。两种效果都会减少净出口 $X$，并进而影响到 AD。

## 三、短期均衡和长期均衡

当价格水平等于总需求曲线与长期总供给曲线相交时的价格水平时，经济处于长期均衡状态。当价格高于均衡价格时，总供给大于总需求，产出和价格面临着下降的压力；当价格低于均衡价格时，总需求大于总供给，产出和价格面临着上涨的压力。

当产出水平低于或高于充分就业时的 GDP 时，经济都有可能处于短期均衡状态。如果短期均衡状态是在产出水平低于充分就业时的 GDP 时达到的，那么经济处于萧条状态，经济将面临降低工资和价格的压力；如果短期均衡状态是在产出水平高于充分就业时的 GDP 时达到的，那么实际产出水平将暂时高于充分就业时的 GDP，经济将面临工资和价格通货膨胀的压力。货币工资水平（以及其他资源价格水平）的变化将导致 SAS 移动，从而将经济带回长期均衡状态。

我们现在扩大分析，把短期的总供给移动作为长期趋向均衡产量和价格水平过程的一部分。回忆在构建 SAS 曲线的时候，我们保持工资水平和其他资源价格不变。如果经济在短期均衡，但是低于或高于充分就业的 GDP 的产出水平上，这是长期非均衡的。图 5-2 中，我们分析了经济在短期内均衡但是长期不均衡的两种情况。在图 5-2a 中，短期均衡的真实 $GDP_1$ 小于充分就业的 GDP（沿着 LAS 曲线），我们解释为一种衰退（Recession）。这会给工资水平和资源价格带来下行压力，使得均衡的价格水平从 $P_1$ 减到 $P^*$。相反，如图 5-2b 所示，短期均衡的真实 $GDP_1$ 高于充分就业的水平，这是经济扩张的一种形式，总需求增长快于 LAS，结果会给价格水平带来上行压力导致通货膨胀，价格会从 $P_1$ 上升到 $P^*$。

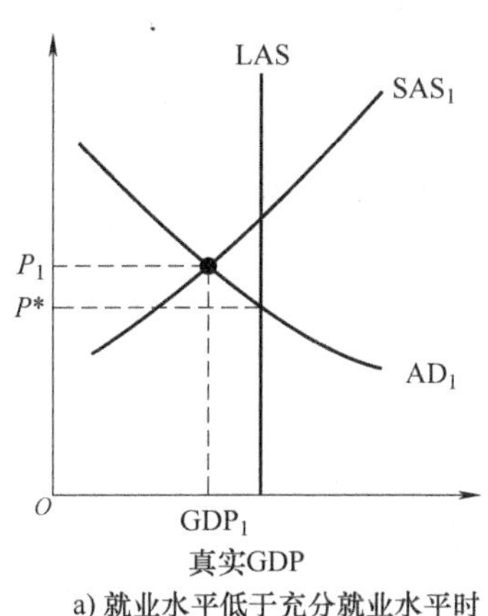

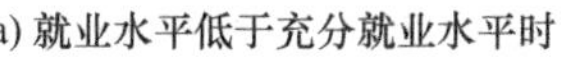
a) 就业水平低于充分就业水平时

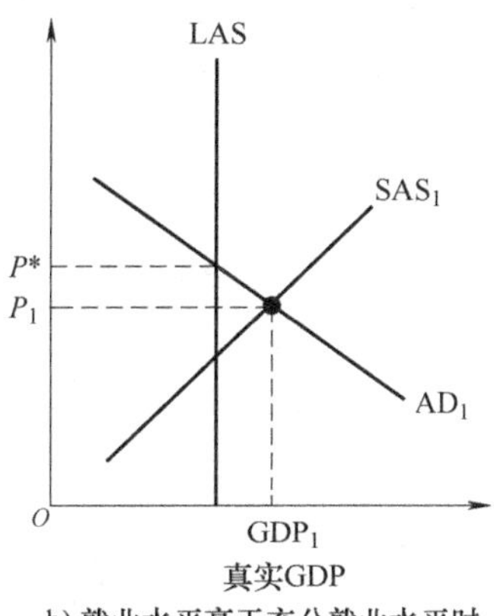

b) 就业水平高于充分就业水平时

**图 5-2　长期非均衡市场**

实际上我们描述了经济周期的两个阶段（处于短期均衡的真实 GDP 偏离的状态）：低于充分就业 GDP（衰退）；高于充分就业 GDP（扩张导致通货膨胀）。这是怎么发生的？总需求的变化会如何导致这些经济周期（Business Cycle）的变化？

总需求增加的短期和长期调整可以通过图 5-3 表示。最初长期均衡是 $AD_0$ 和 LAS 的交点，假设总需求增加至 $AD_1$，短期的均衡会超过充分就业的真实 GDP，到 $GDP_1$，高于充分就业的 $GDP^*$，价格水平上升（$P_0$ 到 $P_{SR}$）。新均衡水平意味着工人的真实工资已经减少（我们假设工资水平短期内不变，价格水平上升，真实工资降低）。同时，增加的需求会使得企业试图增加生产，这要求雇用更多工人。这两个因素都会导致增加货币工资的需求，随着这些要求达到，供给曲线从 $SAS_0$ 移动到 $SAS_1$，即供应下降，从而使其恢复到充分就业水平上的长期宏观均衡。在新的价格水平 $P_{LR}$ 上，注意增加的真实工资水平和其他资源价格意味着企业会减少在每一个价格水平上的供给（最终产品或服务的价格），也就是说上涨的资源价格引起 SAS 的减少。

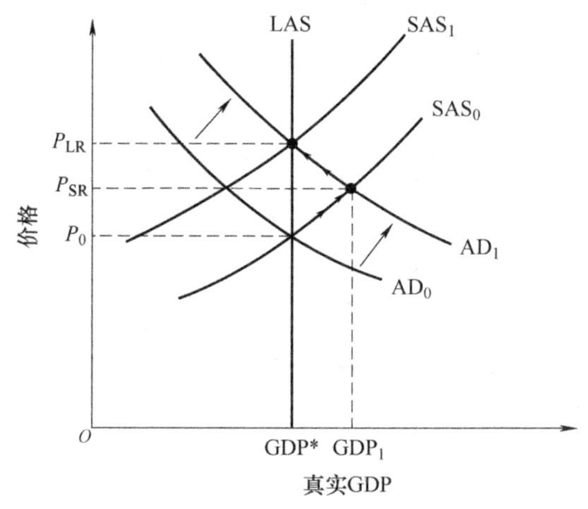


**图 5-3 总需求增加的短期和长期调整**

图 5-4 说明，总需求从 $AD_0$ 减少到 $AD_1$ 会导致新的短期均衡，价格在 $P_{SR}$ 上，真实 GDP 在 $GDP_1$ 上，$GDP_1$ 小于充分就业的 GDP（衰退）。这导致过量劳动力供给（工人寻找工作），会产生对工资水平和其他资源价格的下行压力，进而导致 SAS 移动到 $SAS_1$（增加供给），沿着 LAS 曲线，恢复到长期均衡在充分就业时的 GDP，也就是在一个较低 $P_{LR}$ 上。记住，降低的工资水平和其他要素的价格增加了短期的供给。所有低于（或高于）长期充分就业的短期均衡，最终导致资源价格和工资水平的下降或者上升，从而回归到长期充分就业均衡上。

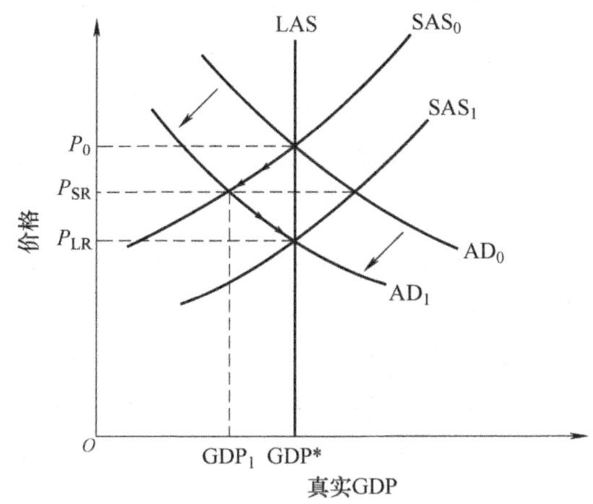


**图 5-4　总需求减少的短期和长期调整**

# 第二节　《人口论》与劳动力市场

托马斯·马尔萨斯（Thomas Malthus）因擅长经济理论的分析而受人瞩目。马尔萨斯惧怕不停增长的人口，他声称更多的人口意味着更多的贫穷，人口增长只能迫使更多的人陷入悲惨的生活，试图帮助穷人是没有意义的，只能是雪上加霜。

马尔萨斯将他的观点集成一本小册子并于 1798 年出版，这就是使其声名鹊起的《人口论》，这本书全称为《论影响社会改良前途的人口原则》。

## 一、《人口论》的核心观点

马尔萨斯就人口对经济的影响进行了系统的阐述。他的论述从人口基本需求的假设出发：①人类的生存需要食物；②他们必定会完成繁衍，在几十年后，今天的孩子将可能会繁育出 12 个孩子，而这些孩子也会生育更多的孩子，人口会随着时间推移呈几何级数增长。他认为，如果放任人口无序增长的话，经历两代人之后，1000 人将会增长为 4000 人，而在经历六代人之后，人口将增至 64000 人。那么用来养活多余人口的食物呢？我们当然可以增加食物产量，但增加食物产量的过程并不像人口翻倍那么容易。首先，不可能是土地面积翻倍；再者，马尔萨斯认为食物产量在每一代都以一种固定的产量增长，要比人口的增长速度缓慢得多，人口数量会迅速超过食品的供给能力。

抑制人口会使人口数量与食物的供给相协调。首先，饥荒和疾病将使人口减少；其次，人们还是可以通过堕胎或使用避孕措施减少出生人口的数量，孩子的数量会减少。问题是人们可能通过犯罪减少人口，最糟糕的或许是谋杀新生儿。但是这两种行为是犯罪。而最终的结果便是社会所需要面对的痛苦和罪恶，因为疾病和贫穷导致更多的死亡，人类的罪恶导致出生率下降。

假设国家获得了新的财富资源，例如从战争中掠夺的土地，可以养活更多的人口。首先这将会带来更多的食物流通。随着生活水平的提高和人们体质的增强，出生率增加，死亡率降低。最后人口增长没有足够的食物可以供应，人们的生存水平降低，社会生活水平回到原点，也就是又回到新的土地被发现之前的水平。19 世纪的其他经济学家，如李嘉图对这种人们容易困在最低生活水准，仅仅满足生存的观点也持认同态度。这个观点暗示工人的工资水平只可以满足他们的生存需要，并被称为“工资的铁律”。马尔萨斯用食物和人口的比率阐述了这条法则的严苛逻辑。

当然之后的历史证明马尔萨斯的观点存在许多谬误。经济发展后，人口确实开始快速增长，疾病和饥饿这些抑制人口增长的因素却在减少，在 19 世纪更加发达的医学和洁净的城市环境使人们的寿命得以延长。不同的是，马尔萨斯认为当人们变得富有后生育率便会提高，但是相反 19 世纪—20 世纪许多国家的人口增长放缓，更多有效、容易普及的避孕措施得以发明，越来越多的人认为采用避孕措施是正确的。甚至马尔萨斯眼中那些悲惨的劳苦大众也不再生养更多的孩子，因为从事工厂和办公室的新型工作要比种地获得的薪酬更高，当孩子少了，他们便可以把喂养在孩子上的花费更多地投资在自己的学习上，以便找到新的工作。

整个 19 世纪，其他改变也在悄然发生，即使是马尔萨斯和进步论先知们也没有能够预见。新技术的出现提高了生活水平，人们的收入一直显著高于满足基本生存所需的收入。英国是第一个提升农产品产量满足更多温饱需求的国家。随后，随着工业革命中蒸汽、钢铁和铁路的发展形成合力，其他生活必需品的生产成本也得以降低，并可以满足更多人的需求。如果画一张人口和平均收入的曲线图，就可以发现这两条线在几百年里轻微地上下浮动，但在大部分时间里是保持平稳的。

但是马尔萨斯的理论通过冷静的条分缕析，透彻阐明了早期社会人们生活中所要面临的种种困境，在当今这些仍然是许多世界上不发达国家民众的命运。

当然作为经济学研究者，除了关注人口增长问题外，还更多地关注劳动力市场，而劳动力作为重要的生产要素，也必定获得更多的关注。

## 二、劳动力市场指标

本节关注劳动力市场指标。首先我们来定义失业者，失业者通常是指有工作能力却没有工作的劳动力。同时，他们被定义为失业者还需要具备以下几个条件之一：

（1）已经花了一段时间用于积极寻找工作。

（2）被原先的雇主辞掉，正准备寻找下一份工作。

（3）将在未来 30 天内开始一份新的工作。

失业率（Rate of Unemployment）是指劳动力中失业者的百分比。劳动力（Labor Force）包括了被雇用的或者正在积极寻找就业的所有人。失业率的计算公式如下：

$$失业率=\frac{失业者数量}{劳动力数量}$$

失业率通常在经济扩张时候减少，在经济衰退时候增加。

劳动力参工率（Labor Force Participation Rate）即劳动力数量占适龄工作人口数量（Working-age Population）的百分比。注意：劳动力数量小于适龄工作人口数。劳动力参工率的计算公式如下：

$$劳动力参工率=\frac{劳动力数量}{适龄工作人口数量}$$

短期劳动力参工率会波动是因为失望工人的数量会变化。失望工人（Discouraged Workers）是指能够获得工作但没有被雇用也不主动寻找工作的劳动力。劳动力参工率随经济扩张而增加，经济衰退而减少。失望工人在经济衰退的时候会停止寻找工作，在经济扩张的时候会重新寻找工作，因为他们觉得寻找工作的前景变好。

就业人口率（Employment-to-Population）即已就业的适龄工作人口比例，是指适龄工作人口被雇用的百分比。其计算公式如下：

$$就业人口率=\frac{被雇用人口数量}{适龄工作人口数量}$$

就业人口率在经济扩张期会上升（失业率低），在经济衰退期会下降。

就业指标已经反映了参加工作的人口数量，我们还要知道工人平均工作多少时间，同时通过掌握兼职工作和超时工作时间，可以测量总工作时间。

总工作时间（Aggregate Hours）是指所有就业人口在一年内工作的总小时数。

总工作时间有保持长期向上的趋势，但是没有劳动力人口增长速度快，因为平均工作星期（Average Workweek）（每个工人一周工作小时数）在较长时期是下降的。总工作时间和平均工作星期在经济扩张时是增加的，在经济衰退时是减少的。

总工作时间是重要的劳动力市场的测量工具，因为它使我们能够预测劳动生产率。劳动生产率（Productivity Of Labor）等于每个工作小时的产出量。一个工人每小时的生产量越多，其劳动生产率越高，其工资水平也越高。

实际工资率（Real Wage Rate）是指在价格变动调整后的货币工资。它可以告诉我们一小时的劳动力以产品或服务支付的报酬是多少。

实际工资率趋向于随劳动生产率波动而波动，并且使用总劳动补偿（Total Labor Compensation）来计算，这包括了工资、薪水和雇主支付的其他福利。

## 三、三种失业类型

### 1. 摩擦性失业

摩擦性失业（Frictional Unemployment）是指由于经济环境的变化而导致合格（Qualified）工人不能够和现在提供的工作相匹配，工人需要花费时间和精力去寻找工作，雇主同样需要花费时间和精力去寻找工人，由这种寻找过程造成的失业。它通常伴随在经济的各个阶段中，当雇主扩大业务、续签合同，工人离开、被解雇或者辞职寻找其他工作机会的时候都会产生这种类型的失业。

### 2. 结构性失业

结构性失业（Structural Unemployment）是指由于经济的结构特征引起的失业，这使得求职者找工作和雇主雇用工人困难。尽管有工作机会，但这些工作要求的技能通常与失业工人所拥有的技能不同。结构性失业不同于摩擦性失业，结构性失业是由工人现阶段不具备新工作所需要的技能造成的。

### 3. 周期性失业

周期性失业（Cyclical Unemployment）是由总的经济产出水平变化导致的失业。当经济在低于总生产可能性下运行时，将存在正的周期性失业；当经济在高于总生产可能性下运行时，在短期将存在负的周期性失业。

摩擦性失业和结构性失业的总和称之为自然失业率（Natural Rate of Unemployment）。这说明在充分就业的情况下，摩擦性失业和结构性失业还是存在的，也就是说即使是充分就业的情况下也会有一部分人失业。

潜在 GDP（Potential GDP）是当经济中失业率为自然失业率水平时候（理论上）的产出水平。当真实 GDP（Real GDP）降低到低于潜在 GDP 时，周期性失业会增加；当真实 GDP 上升接近并超过潜在 GDP 时，周期性失业会减少。经济学家对自然失业率实际上有着不同的观点，所以预测的潜在 GDP 和周期性失业数值会有不同。

### 四、菲利普斯曲线

新西兰经济学家威廉·菲利普斯（William Phillips）研究了经济运转的真实模式，并找到了失业率与通货膨胀间的逻辑。他发现当失业率较高时，意味着经济体中存在着大量的闲置资源，因此倾向于低通货膨胀。当失业率较低时，倾向于高通货膨胀。这两端之间有一条曲线，失业率越低，通货膨胀越高。“菲利普斯曲线”（Phillips Curve）理论是凯恩斯主义的一部分理论基础，并对政府的政策提供了重要指导。

当经济衰退时，政府可以以提高通货膨胀水平为代价来增加开支，降低失业率。如果经济过热，导致高水平的通货膨胀，那么政府可以减少开支，或者提高税收，为经济降速。

## 第三节　物价水平与通货膨胀

### 一、居民消费价格指数

居民消费价格指数（Consumer Price Index，CPI）是通货膨胀最好的指示器之一。CPI 测量一篮子产品或服务的平均价格，它代表了一个典型的城市家庭的购买范式（Pattern），美国劳工统计局（Bureau of Labor Statistics，BLS）每月公布美国的 CPI。

BLS 构建 CPI 有以下三个步骤：

第一步：选择 CPI 的产品篮（Basket）。就是决定典型家庭购买什么样的产品或服务。BLS 以大量的消费者作为调查样本来找出他们收入中各种购买项目的支付比例。这些比例成为指数中多达 80000 种产品的权重。美国 CPI 主要的八种类别的权重见表 5-1。

**表 5-1　美国 CPI 主要的八种类别的权重**

| 类　别 | 百　分　比 |
|---|---|
| 住房（Housing） | 42.4% |
| 运输（Transportation） | 17.4% |
| 食品和饮料（Food and Beverage） | 15.1% |

（续）

| 类　别 | 百 分 比 |
| --- | --- |
| 医疗保健（Medical Care） | 6.2% |
| 娱乐（Recreation） | 5.6% |
| 教育和通信（Education and Communications） | 6.0% |
| 服饰（Apparel） | 3.8% |
| 其他产品服务（Other Goods and Service） | 3.5% |

第二步：进行每月的价格调查（Price Survey）。美国有大量的调查员来调查每月的价格变化。他们的任务就是到各种消费商店来实地调查记录商品价格的变化，形成真实的即时的信息反馈。每月 BLS 在 30 个城市里记录 CPI 中的每一项产品的价格，调查员同样记录单个产品产量的变化，如包裹规模（Package Sizes），并调整价格来使它们和过去的价格具有可比性。

第三步：计算 CPI。其计算公式如下：

$$CPI = S_2/S_1$$

$$通货膨胀率 = \frac{当期\ CPI - 去年\ CPI}{去年\ CPI}$$

式中　$S_2$——当期 CPI 篮子里的价格；

　　　$S_1$——基期 CPI 篮子里的价格。

## 二、CPI 数值的偏差

CPI 被认为是高估了真实的通货膨胀率，因为 CPI 没有考虑产品质量的改进和货物之间相互替代性的影响，所以经济学家普遍认为 CPI 将真实通货膨胀水平夸大了。

CPI 数据最明显的偏差包括：

（1）新产品（New Goods）。老产品经常被新的（但是价格更为昂贵的）产品替代。这使指数发生偏离，因为一些新的（可获得的）产品价格高，而在基期市场篮子中具有同样功能的旧产品价格则偏低。

（2）质量变化（Quality Changes）。如果产品质量进步造成了价格的增加，这种价格的增加不能归因于通货膨胀，但这仍旧造成了 CPI 的上升。

（3）商品的替代性（Commodity Substitution）。即使在通货膨胀自由经济中，产品之间的相互价格也是时常变化的，当两种产品可相互替代时，消费者会增加购买两者中相对便宜的产品，并且减少购买更贵的产品。长期的这种变化会让 CPI 中的固定产品篮子的产品无法精确测量典型家庭的花费。因为产品篮子固定，所以反映不了家庭消费的特点，可能消费者购买相同功能但价格便宜的东西不在篮子里，而涨价的东西在篮子里面，并在CPI中得到反映。这时CPI上升，而消费者的实际消费并没有受到影响。

（4）购买地替代（Outlet Substitution）。当消费者从价格偏贵的便捷商店转移到价格便宜的打折商店的时候，减少的生活成本开支在某种程度上没有被CPI计算在内。

据估计，CPI每年大约高估通货膨胀1个百分点。这向上的偏差（Upward Bias）扭曲了经济决策。许多和生活成本（Cost of Living）相应调整的雇用合同是基于CPI的增长率。政府支付的很多项目，例如津贴，也随CPI自动变化。BLS正在试图通过更加频繁的消费者调查和指数权重更新来减少这种偏差。

## 三、通货膨胀的定义及类型

通货膨胀（Inflation）是指长期、持续的价格水平增长的情况，简称通胀。通货膨胀销蚀了货币的购买力（Purchasing Power），如果对加速的通货膨胀不加控制，通货膨胀会最终毁坏整个国家的货币体系，个人和企业被迫采纳外国货币或者回到以货易货的时代。通货膨胀率的计算公式为

$$\text{通货膨胀率} = \frac{\text{当期价格指数} - \text{上期价格指数}}{\text{上期价格指数}}$$

通货膨胀定义中的关键词是“持续的”（Persistent）：

（1）如果价格水平以一种单一跳跃的形式增加而并没有持续上升，则经济并没有出现通货膨胀。

（2）单一产品的价格上升或者是相对于其他产品的价格上升并不是通货膨胀。如果通货膨胀出现，则几乎所有的产品或服务的价格都上升。

通货膨胀有两种类型：需求拉动型通货膨胀和成本推动型通货膨胀。需求拉动型通货膨胀源于总需求的增加，而成本推动型通货膨胀源于总供给的减少。

### 1. 需求拉动型通货膨胀

需求拉动型通货膨胀（Demand-pull Inflation）是由于总需求增加而使得短期均衡GDP水平高于充分就业状态时的GDP水平而导致的通货膨胀。这个时候失业率低于自然失业率，从而使实际工资面临上升的压力。不断增长的实际工资曲线移动导致短期总供给减少，从而形成了一个新的均衡，其产出水平为充分就业的GDP，但价格水平高于原来的价格水平。通常只有当政府持续推行扩大总需求的财政政策和货币政策时，才会使需求拉动型通货膨胀持续。

图5-5表示了总需求增加对价格水平的影响。经济开始于均衡的产量$GDP_1$

和价格 $P_1$，总需求和短期的总供给曲线是 $AD_1$ 和 $SRAS_1$，真实 GDP 等于潜在 GDP，这即是长期的总供给曲线 LRAS。

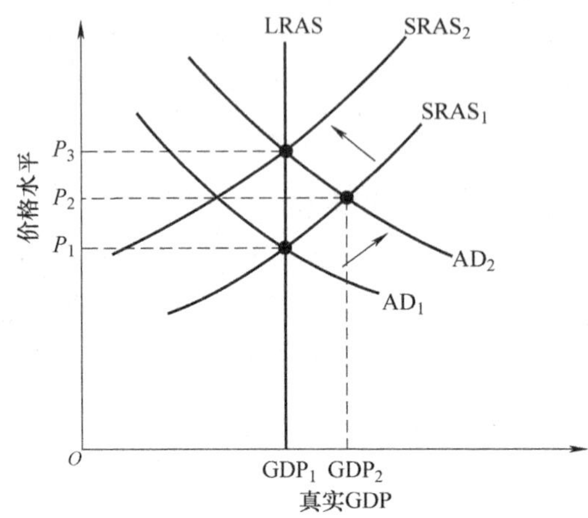


**图 5-5　总需求增加对价格水平的影响**

现在假设央行增加货币供应，总需求增加到 $AD_2$，总供给没有变化。产量增加到 $GDP_2$ 并且价格上升到 $P_2$，真实 GDP 高于潜在 GDP。

随着 GDP 高于充分就业水平对应的潜在 GDP，增加的 GDP 不能持久。失业率低于自然失业率，这增加了真实工资的上行压力。上升的真实工资导致短期供给的减少（SRAS 曲线向左移动）直到真实 GDP（充分就业的 GDP）。随着产量下降回到 $GDP_1$ 并且价格水平进一步上升到 $P_3$，繁荣终结（Turn into Bust）。

在没有其他变化的情况下，经济会到达一个新的均衡价格 $P_3$。但是，如果央行试图通过进一步增加货币供应以保持 GDP 高于充分就业水平，会发生什么情况呢？上述过程会重复出现，产量不能够长期保持在潜在（充分就业）水平之上，但是总需求的增加和其导致的真实工资上行的压力会使价格继续上升更高。需求推动型通货膨胀会持续到央行减少货币供应的增长速度，并允许经济回归到充分就业均衡即真实 GDP 等于潜在 GDP 的水平。

2. 成本推动型通货膨胀

成本推动型通货膨胀（Cost- push Inflation）的产生是由如工资、能源的投入要素的实际价格意外增长造成的。短期总供给减少（供给曲线向左上方移动），从而导致短期均衡在产出水平低于充分就业的 GDP、价格水平高于原来价格的地方达到。如果政府使用财政政策或者货币政策扩大总需求，可以使均衡 GDP 水平等于充分就业时的 GDP 水平，然而价格水平仍高于原来的价格水平。当投入要素的成本持续增加，政府持续实施扩大总需求的政策时，将会产生持续的成本推动型通货膨胀。19 世纪 70 年代石油价格的持续增长正是这种类型。

图 5-6 说明总供给下降对产量和价格水平的影响。在初始总需求无变化的情况下，总供给从 $SRAS_1$ 到 $SRAS_2$，价格水平增加到 $P_2$，产量减少到 $GDP_2$。成本推动型通货膨胀与需求拉动型通货膨胀的关键区别在于其对产量的影响是：需求推动型的效果是 GDP 增加高于充分就业的 GDP，而成本推动型是总供给的减少导致 GDP 减少。如果 GDP 减少带来政策反应，刺激总需求，从而产量回到长期潜在的水平，这个结果是价格水平进一步上升到 $P_3$。

只有价格水平的持续增加才是通货膨胀。这种情况发生后，供给冲击（Supply Shock）引起 SRAS 减少会重复出现，政策制定者则会对这个现象持续采取措施。SRAS 减少——总需求增加——SARS 再减少——总需求再增加，价格螺旋式上升不断重复发生。

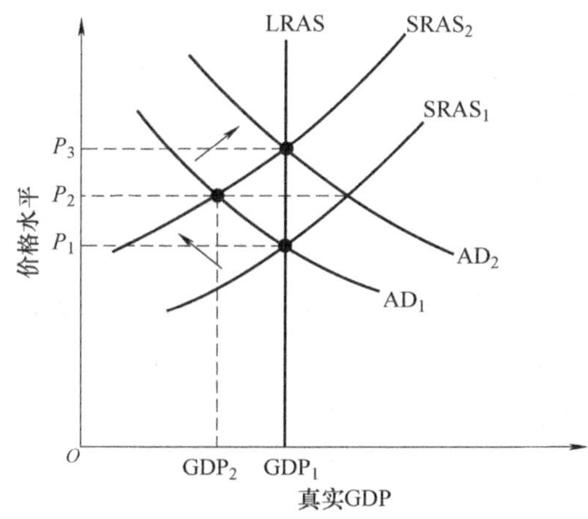


图 5-6 总供给下降对产量和价格水平的影响

## 四、预期的通货膨胀和未预期的通货膨胀

当通货膨胀高于预期水平时，未来固定收入的实际价值减少。需要在未来支付固定金额的债务人获利，而将要获得固定支付的债权人受损。未预期的通货膨胀也减少了实际工资，雇主受益而雇员受损。当通货膨胀低于预期水平时，结果则刚好相反。

即使通货膨胀水平被准确预期到，它仍然存在下列副作用：

（1）更高的交易成本，使得劳动者的时间和精力从生产活动中转移到对通货膨胀的应对工作中来，从而降低了真实 GDP。

（2）税收效应。投资的实际税后报酬由于通货膨胀的存在而减少。

在大多数情况下，预期外的变化对其真实经济产出的影响大于预期中的变化对真实经济产出的影响。但是，即使当通货膨胀被准确预期，通货膨胀同样有负面的效果，但这些负面效果在通货膨胀率在3%的目标范围内的时候是很小的，而当通货膨胀率高的时候负面效果明显。

高的预期通货膨胀率使货币成为不好的价值储藏工具，因为货币的价值随着时间下降很快。对此理性的反应是尽可能快地花掉它。因为货币的价值储藏功能减弱，交易成本随着高通货膨胀而增加。潜在的 GDP 将减少（LARS 曲线向左移动）且经济增长率降低。

储蓄的名义无风险利率（Nominal Risk-free Interest Rate）由实际利率（Real Risk-free Rate）加上预期的通货膨胀率（Expected Inflation Rate）得到。这是因为名义无风险利率是由储蓄和投资市场的均衡利率决定的。如果预期的通货膨胀率更高，则企业会预期更高的投资收益，因为它们在考虑未来产出的时候加进通货膨胀的因素并要求更高的价格。同时，储蓄者也会要求更高的储蓄收益，因为他们要考虑在当期消费和未来消费之间的替代，这样他们放弃的当期消费就和将来获得的真实消费是等价的。因此当以名义利率表示的时候，金融资本需求增加和金融资本供给减少这样的结合提高了均衡的名义利率。

同样当我们把实际的通货膨胀率、预期的通货膨胀率和货币供应增长率三者联系起来，可得出结论：高的货币供应增长率导致高的通货膨胀率、更高的预期通货膨胀率和更高的名义无风险利率。

## 第四节　经济周期现象

经济周期是指经济活动的波动。GDP 和失业率（有时候也用通货膨胀率）是衡量经济处于周期哪一个阶段的主要指标。经济周期分为两个阶段：扩张期和衰退期。两个阶段之间的转折点被称为经济峰点或最低点（波峰与波谷），如图 5-7 所示。

美国国家经济研究局（NBER）是不断考察美国所处的经济周期阶段的机构，它将衰退定义为重大的经济活动减少，持续几个月以上，可以明显地看到真实 GDP、实际收入、就业率、工业产值和零售量等经济指标的下降。NBER 主要用就业率、工业产值、个人收入等经济指标来衡量经济是处于扩张期还是衰退期。

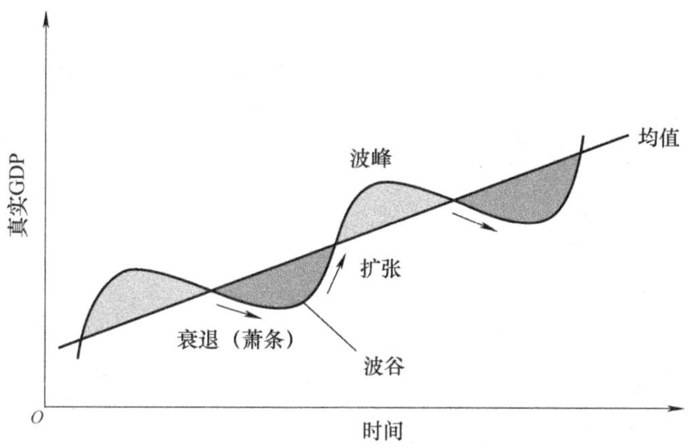


图 5-7　经济周期的阶段

## 【本章要点回顾】

本章首先介绍了总供给和总需求模型，通过总供给和总需求曲线的描述来推导出一般均衡模型。本章是宏观经济学内容的介绍篇，具体介绍了宏观经济下的劳动力市场、物价水平与通货膨胀相关的指标定义、图形描述、类型区别等内容。最后引出了经济周期的定义，为后续货币政策和财政政策章节的内容做出了铺垫。

## 【选择题】

1. （　　）最不可能使总需求曲线发生移动（平移）。

A. 物价上涨

B. 联邦财政赤字扩大

C. 预期通货膨胀率下降

D. 央行采取量化宽松政策

2. 失业率的定义是失业人数占（　　）的百分比。

A. 劳动力

B. 雇用人数

C. 工作年龄人口

D. 总人口数

3. 在（　　）情景下，短期总供给会因工资要求增加而减少。

A. 成本推动型通货膨胀

B. 需求拉动型通货膨胀

C. 成本推动型和需求拉动型通货膨胀两者都对

D. 成本推动型和需求拉动型通货膨胀都不对

4. 当经济以自然失业率运行时，这个阶段很可能（　　）。

A. 通货膨胀正在加速

B. 没有摩擦性失业

C. 结构性失业是存在的

D. 周期性失业是存在的

5. 经济周期的衰退阶段最不可能伴随着（　　）下降。

A. 失业率

B. 通货膨胀压力

C. 经济总产出

D. 名义贷款利率

# 第六章

# 凯恩斯主义

## 【学习目标】

1. 了解宏观经济学中的古典经济学派和凯恩斯学派的观点，掌握萨伊定律的含义；

2. 了解财政政策的定义，熟悉基于税收及财政支出的两类财政政策工具；

3. 熟悉拉弗曲线的解释及应用；

4. 了解政府财政政策的资金来源及其影响总需求的机制；

5. 熟悉财政政策挤出效应和代际效应，掌握代际不平衡的含义；

6. 了解如何使用财政政策来稳定经济的总需求，熟悉政府购买乘数、税收乘数和平衡预算乘数以及其对总需求的最终影响；

7. 了解财政工具中自动稳定器的类型和作用。

## 第一节　波动的总需求——凯恩斯的解释

1933 年，美国的失业人口达 1300 万人，相当于美国工人总数的 1/4，在一些城市失业人口比例达到了 50%。英国经济学家梅纳德 · 凯恩斯（Maynard Keynes）相信 19 世纪经济学家们创立的传统经济学古典学派无法解释 20 世纪 30 年代面临的经济危机，也无法解释富裕国家破产的原因。通常情况下，处于发展阶段的国家，由于要素的积累每年的财富都会增加，生产的产品或服务也要多于上一年，随着时间的推移，人们的生活质量因此提升。但是有时经济速度放缓，产量比上一年减少，经济学家将这种现象称为衰退。美国的经济从 20 世纪 20 年代末陷入了一次衰退。在这一时期，企业减少生产、解雇工人，很多企业走向破产。美国发生的这次衰退因为持续时间之长以及程度之深，被人们称为“大萧条”。它波及全世界，蔓延至加拿大、德国、英国、法国和其他国家。凯恩斯认为，经济衰退并不是因为政府的决策失误，也不能怪消费者和企业主，没有人做错任何事，但是出于某种原因，经济整体可能出现了差错，经济会因为自身的问题最终停滞不前。凯恩斯给出了自己的解释。

按照凯恩斯的理论，一个国家的收入并不一直等于经济的产能。当相当多的工厂闲置以及工人无所事事，经济产量低于其生产能力时，这种相等的关系是无法成立的。相反，收入等于人们需求消费的总量。当所有人的消费减少后，购买量和产量都会相应降低，国民收入也因此减少。以此为起点，凯恩斯对衰退和失业重新进行了阐释。

他首先强调了传统经济学认为一个国家的工厂和工人永远忙碌的原因。他指出这个想法来自于以19世纪法国经济学家命名的“萨伊定律”（Say's Law）。凯恩斯对此进行了驳斥。萨伊定律认为所有生产出的商品都将售罄，理由是人们非常在乎其所拥有的有用的商品。生产靴子的人会卖掉靴子，再用钱购买衣服和帽子。帽子制造商会卖掉帽子用来购买靴子和衣服。从任何一种商品售卖中获得的钱都会用来购买其他物品，一个企业因为商品卖不出去而缩减劳动力、关门大吉的现象是不存在的。因此经济衰退和失业是不可能发生的。

根据萨伊定律，经济会一直保有一定水平的支出以保证工厂全力以赴地生产，人人有工作。如果将支出水平想象成浴缸里的水位，当人们将所有收入用于消费时萨伊定律是适用的。但是如果人们将收入积攒起来呢？想象浴缸里的水正从放水孔中流出。储蓄是经济支出中的“流出部分”。随着水面的降低，经济中的支出也在减少，这意味着企业产量的降低以及工人人数的缩减。但是有一件事情可以阻止这种现象的发生，加一条将放水孔连接到水龙头的软管，它可以将水导流回浴缸。储蓄不仅仅从下水口中流出，还会最终回到浴缸中。储蓄被借给希望投资新工厂和生意的人。投资——购买厂房、设备等——等于将支出“注入”经济中。储蓄被用来购买生产设备，因此流出相当于注入，即流出的量和注入的量齐平。这样一来水位保持不变，经济继续运转，所有工厂和工人都充分工作。

如果投资者在建造新工厂时变得畏缩怎么办？那么储蓄便不会流回浴缸，相反会聚集在软管中，于是看起来水位再次降低了。尽管如此，还是有其他的拯救方法。将水龙头开大一点，可以使软管里的水更快地流回浴缸，只要打开得足够大，流出的水再一次等于注入的水，于是水位——经济中的总支出——便不会降低。在这里，水龙头是指利息，即借贷的价格。当利息降低——打开水龙头——借贷变得便宜，更多人便会进行贷款。这是怎么发生的？当投资者停止投资时，他们停止将人们的储蓄作为贷款借出，这意味着有大量储蓄可以作为贷款，但是需求者很少。当供给大于人们的需求时，价格会降低。在这个例子中降低的会是贷款的价格，即利息。利息降低鼓励投资者借贷并投资到新设备和工厂上。结果是，多余的储蓄——软管里存的水——永远会转变为新的投资，水位保持不变。

凯恩斯质疑萨伊定律的结论，他问道：为什么假设多余的储蓄会自动转变为对新工厂和机器的投资？在凯恩斯看来，利息并不能有助于将多余的储蓄转为投资，事实上储蓄和投资之间并没有关联。软管并没有连接到给浴缸注水的水龙头上，它通向了下水道，而储蓄在那里消失，在浴缸底下，而不是流回浴缸。

凯恩斯认为当流出量大于流入量时，便会发生经济衰退。生意人开始对前途感到茫然并停止投资，这意味着，注入经济的投资少于流出的储蓄。浴缸的水位开始降低，产量降低，工人数量减少，经济陷入了衰退。这就是美国 20 世纪 30 年代发生的状况。事实上衰退的原因是人们选择了储蓄而不是支出，很多人也会认为在当时这种做法是明智的。

凯恩斯认为，一旦经济陷入衰退就无路可逃。认同萨伊定律的经济学家觉得如果商人停止投资，经济便会自行调整，就像不倒翁一样。但结果证明凯恩斯似乎是正确的，因为萧条持续了几年之久。如果经济是一台可以自行调整的机器，那么就不会有那么多的失业人口。

正是由于凯恩斯的理论，经济学家不久便在一个观点上达成了一致："大萧条"时期以及此后数次衰退期间出现的百万失业人口是支出变少（总需求减少）的牺牲品。他的理论还有一个重要的意义，在这之后经济学被划分为：①"宏观经济学"（Macroeconomics），将经济作为整体进行研究，例如如何帮助改善就业水平；②"微观经济学"（Microeconomics），研究个体消费者和企业如何做出选择。

## 第二节　保罗·萨缪尔森与凯恩斯主义经济学

美国经济学家保罗·萨缪尔森（Paul Samuelson）在凯恩斯出版《就业、利息和货币通论》这本书的 10 年后着手研究其经济学理念。萨缪尔森与另外一位美国经济学家阿尔文·汉森（Alvin Hansen）以及英国的约翰·希克斯（John Hicks）将凯恩斯原本拗口和晦涩难懂的文字转化为简洁的图表和方程式。这一工作成就了凯恩斯主义经济学，将其传递给一代代的经济学者，并成为第二次世界大战后许多政府经济决策的依据。

凯恩斯的核心观点是为了避免重演20世纪30年代的“大萧条”，政府需要干预经济。如前文所述，凯恩斯将支出比喻成为浴缸里的水，如果说人们不花钱而选择储蓄时，也就是当流出的储蓄超过流入的投资时，水位就会下降，即经济就会衰退，那么这时政府必须花钱开支来止住水流向下的旋涡。

如果政府向浴缸里注入足够的开支，那么就可以抵消存款流出的损失。事实上，政府行为的实质是将那些围绕在经济周围没有被充分使用的储蓄重新导回到浴缸里。但这样做，政府的开支会超过税收的收入，政府因此会维持“预算赤字”，等到经济复苏后当更多的人开始工作赚钱，政府从税收中获益会变多，而预算赤字也将会消失。

另一种方法是减税，这样做基本上相当于把钱直接交给消费者。这同样可以增加经济开支。最初的这笔钱不论是由减税产生的，还是由政府开支所带来的，都会在经济体中流动，通过不断的新的消费创造出超过这笔钱面额的价值，这即“乘数”（Multiplier）效应。对经济的最终影响是最初增加的支出或减税的倍数，而企业很快会加大生产，并雇用新的工人，让经济重新运转起来。

经济学家将所有关于政府开支和税收的政策称为“财政政策”（Fiscal Policy）。美国总统肯尼迪和约翰逊在其执政时期都采取了凯恩斯主义的财政政策，在那个阶段经济得到了发展，失业率也相对降低。

另一种政策是“货币政策”（Monetary Policy），即改变货币总量或者借贷利率的政策，最简单的方式是政府印更多的钱。凯恩斯主义对货币政策的看法以他们的利率理论为基础，即较高的货币供应会造成较低的利率，从而促进投资带来更高的国民收入和就业率。

## 第三节　凯恩斯学派与经济周期

### 一、古典经济学派与经济周期

古典经济学派认为货币对经济没有真实的影响，在他们的理论中如果政府将货币的供应量翻倍，那么人们购物的价格就会翻番，这是唯一造成的结果，也就是通货膨胀。这就是在两个完全不同的事物之间进行比较的“古典二分论”：经济“真实”的一面与“货币”完全无关。当讨论导致短期和长期宏观均衡的因素时，不同的经济学派给了对经济周期和使得经济趋于长期充分就业的力量的一个基本描述。而对于这个过程如何作用和短期和长期作用的时滞（Time Lag）却存在着不同的观点。

古典主义经济学家（the Classical Economists）认为，总供给曲线和总需求曲线的移动主要是由技术的变化引起的。货币工资的调整可以使经济很快恢复到长期均衡状态。税收是导致经济在充分就业的 GDP 的产出水平时不能达到长期均衡的主要障碍。

他们认为总需求（AD）和总供给（AS）的移动基本上是由长期以来技术的变化所导致的，其关于宏观均衡的观点是和之前关于总需求和总供给的分析一致的。他们仅需要增加假设：长期工资率的调整能很快使经济恢复到充分就业的均衡状态，因此经济有强烈的趋向充分就业均衡的趋势，因为低于充分就业（衰退）或者高于充分就业都将导致减少或提高工资率。

他们分析得出的结论是：税收（Tax）是妨碍长期均衡的主要因素，如果将税收影响最小化，伴随着劳动力和资金的增长和技术进步，经济会以一种更有效的方式增长。

## 二、凯恩斯学派对经济周期的观点

凯恩斯学派认为总供给曲线（AS）和总需求曲线（AD）的移动主要由预期的变化引起。工资的下降刚性（Downward Sticky）特征是指工资容易上升不容易下降。这使得短期供给曲线调整缓慢，从而不能使经济从萧条状态恢复到长期均衡状态。

凯恩斯主义对这个模型进行了补充，结论是：除了劳动力以外，其他生产性输入要素的价格同样具有下降刚性，提供了另一个使在衰退中的经济无法恢复到充分就业状态的障碍。凯恩斯主义经济学打破了经济和货币两者间的隔断，将两者联系在一起。经济体中的货币保有量会影响真实的实物——例如生产出的商品的数量以及就业岗位的数目。

不过在现实中，凯恩斯主义经济学家更倾向于财政政策而非货币政策，他们认为走出危机真正发挥作用的是商人的乐观感受（凯恩斯曾经将这种感觉称为动物精神）而并非低利率。

被凯恩斯主义所替代的传统经济学观点认为，不论是通过财政政策还是货币政策，政府推动经济的努力都不会起什么作用。经济会从衰退中自寻出路，并回到“充分就业”的状态，即所有的工人和工厂都没有闲置。结果会如何呢？工资会下降，从而鼓励企业雇用更多的工人，而商品价格也会下降，从而鼓励人们更多的购买。凯恩斯主义经济学家并没有说古典理论完全错误，但它只适用于“充分就业”的状态。凯恩斯主义经济学家考察了经济衰退时的情况，而不仅仅是充分就业的时候。凯恩斯说，在经济衰退时工资和物价并不会轻易下降，因为被企业和工人阻碍，因此，也不会促进销售，失业工人不会容易找到工作，恰恰相反，人们在衰退中会减少开销，企业也会减产和裁员。

在第二次世界大战后，凯恩斯主义经济学家将上述两种理论混合在一起。如果经济处于衰退过程当中，工厂和工人闲置，那么政府就会增加开支或者减税，以此促进经济需求，让企业增产和增加雇员。由于失业的工人很多，这个时候增加的需求可以在价格不上涨的前提下得到满足——这是凯恩斯主义经济学。很快工厂就可以全部开工，人们可以得到充分就业。从长期来看，此时就轮到适用于充分就业情况的古典经济学登场。那么这个时候如果政府想要刺激需求会发生什么呢？由于此时经济已经满负荷运转，因此单纯提高价格并不能增加商品产量以及额外的需求。凯恩斯主义经济学的观点是，在达到充分就业的目的之前，政府出手干预是必要的。“从长期来看，我们都死了”（In the long run, we are all dead），凯恩斯如是说。因此凯恩斯学派认为应该直接通过货币政策（增加货币供给）或者财政政策（增加政府支出、减税或两者）来增加总需求。

## 第四节　财政政策与财政政策工具

财政政策（Fiscal Policy）是指政府使用支出和税收手段来实现宏观调控目标。当税收收入等于政府支出的时候，被称为预算平衡。预算盈余是指税收收入大于支出，预算赤字是指支出大于税收收入。政府通过建立财政政策和税收法律来稳定经济。在通货膨胀时期增加税收或者减少政府支出，衰退时期减少税收或者增加政府支出。

供给效应（Supply-side Effect）是指财政政策的变化（税收的变化和政府支出的变化）对总供给的影响。增加支出方面的税收和增加收入方面的税收都会使消费者减少劳动力供给。因为在这两种情况中，单位劳动力得到的产品或服务都减少了。劳动力供给的下降将减少总供给（实际 GDP 和潜在的实际 GDP）。以支出为例，增加支出方面的税收政策对产出的影响如图 6-1 所示。

图 6-1 表示充分就业的劳动力数量由于税收增加而减少，税收增加引起劳动力供应曲线向左移动，从税前（Before-tax，BT）供应曲线到税后（After-tax，AT）供应曲线，导致均衡的劳动力数量从 $L_{BT}$ 下降到 $L_{AT}$。这个生产函数表明当劳动力供应减少的时候真实 GDP 从 $Q_{BT}$ 下降到 $Q_{AT}$。

如果对消费支出增加税收，例如采用销售税（Sale Tax），则同样会引起劳动力和潜在 GDP 的下降。工人把工作时间的收入转变成购买产品或服务，增加

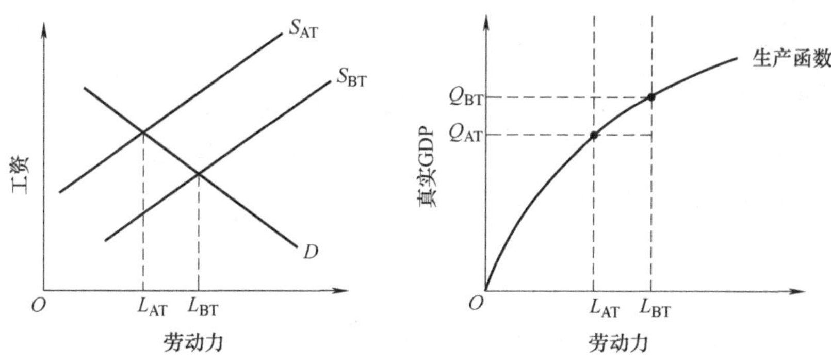


**图 6-1 增加支出方面的税收政策对产出的影响**

的消费税减少了每工作 1h 的收入所能够购买的产品或服务的数量。这将减少劳动力的供应，引起潜在 GDP 的下降。

## 一、拉弗曲线

拉弗曲线（Laffer Curve）是一条表明税率和税收收入之间关系的曲线。它表明当刚开始提高税率时，税收收入将会增加，当税率提高到某个值时，税收收入达到最大，当继续提高税率时，由于经济活动减少而造成的税收收入减少超过因为提高税率获得的税收收入增加的程度，从而使总税收收入减少。这一关系被经济学家拉弗所解释并命名为拉弗曲线。拉弗曲线如图 6-2 所示。

当税率很低时，增加税率会增加税收收入，但在较高的税率时，供给效应对潜在 GDP 减少的影响越来越大，总税收收入的增加随着税率的增加而下降。当超过最高点后，增加的税率会减少经济产出以至于总税收收入实际总量减少。

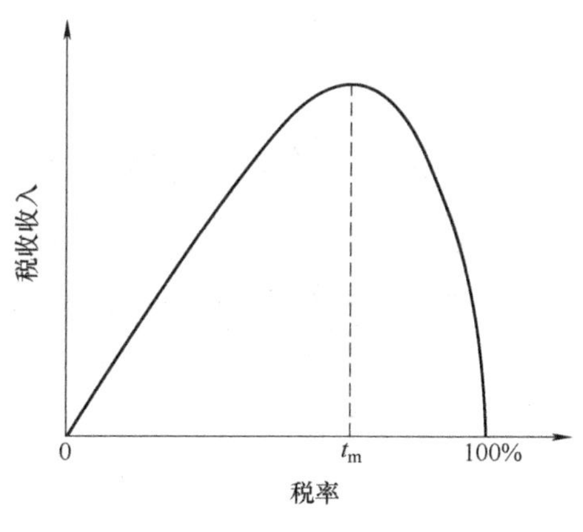


**图 6-2 拉弗曲线**

许多关于政府财政政策的争论都集中在使税收收入最大化的税率是多少，以及现阶段市场上的真实税率是高于还是低于这一税率。同样，提高个人所得税将使得个人的储蓄减少，可用于投资的资金减少，减少潜在实际 GDP 和实际 GDP 的增长率。

## 二、财政投资资金的来源

总投资（Total Investment）是 GDP 的重要组成部分（基于 GDP 的支出法：其他项目分别是消费、政府购买和净出口）。投资被定义为对固定生产资产和存货的支出。投资的融资来源包括：

（1）国家各个主体（个人、企业等）的储蓄（National Saving）。

（2）从国外的借款（Borrowing From Foreigners）。

（3）政府的储蓄（Government Savings）。

第一个和第二个是融资的私人来源。第三个来源政府的储蓄，等于政府税收收入和支出之差。政府储蓄增加了可投资的资源，而投资直接影响了真实 GDP 的增长率。随着投资的减少，更少的资本产生，引起真实 GDP 增长率的下降；相反，随着投资的上升，更多的资本产生，引起真实 GDP 增长率的上升。

财政政策的决策（税收和政府支出决定）对投资资本市场有明显的影响。对资本收入加税影响到储蓄和投资的数量，导致真实 GDP 增长率的变化。随着资本收入税的上升，储蓄激励下降（因为储蓄的税后收益下降）。因此，随着资本收入税的增加，私人储蓄会降低。

下面介绍一下相机抉择财政政策。相机抉择财政政策是指一个国家通过政府的支出和税收决策来稳定经济。在衰退时，采取增加政府支出和减税的措施，这两种措施都能够通过增加总需求，把资金更多投入企业和消费者手中来增加投资和支付以加强经济；在经济陷入通货膨胀时，通过采取减少政府支出和增加税收的措施来稳定经济，这两种措施都通过减少总需求，从企业和消费者手中取出资金，引起投资和消费支出减少来减缓经济。

## 三、财政政策的乘数效应

当政府支出增加时，由于工人得到的工资和资本所有者得到的回报引起未来总支出的增加，从而使得总需求和 GDP 增加是政府支出增加额的某乘数倍，这种情况被称为支出乘数/政府购买乘数（Expenditures Multiplier / Government Purchase Multiplier）效应。相机抉择财政政策产生乘数效应或者放大效果。政府购买乘数（Government Purchase Multiplier）效应是指政府增加或减少购买对总需求的非同比例增加或减少的效果。1 美元的政府支出引起大于 1 美元总需求的变化。起初在政府支出增加 1 美元时总需求增加，随后因为有新的项目，更多的工人被雇用。工人会使用其所挣的工资产生更多消费，这会促使企业雇用更多的工人，工人又会使用工资进行额外的消费。这个过程一直持续放大初始增加的 1 美元的政府支出的效果。

当税收增加时，因为消费的减少导致其他收入减少，因此由此而引起的消费支出的减少也受到税收乘数效应（Tax Multiplier Effect）的影响。税收乘数是指加税或减税对总需求的非同比例缩小或放大效果。加税对总需求引起放大的负面效应，减税对总需求引起放大的正面效应。但是税收乘数的放大（或放小）效应小于政府支出乘数，以减税为例，不是所有减少的税收都会用于支出，一部分降低的税收会被储蓄，剩下的会被支出并接下来通过更多回合的支付行为来不断放大。

平衡预算乘数（Balanced Budget Multiplier）效应是指政府支出和税收措施的结合对总需求产生的效果。政府购买的增加对总需求有正的乘数效应，而税收的增加对总需求有负的乘数效应。然而，政府购买乘数的效应比税收乘数效应要更显著，结果整个平衡预算措施结合的乘数效应是正的。因为政府支出乘数效应大于税收乘数效应，所以税收和支出同等程度增加（平衡预算增加）将最终会引起总产出 GDP 增加。由于以上原因，平衡预算乘数是积极、正向地促进经济的。

## 第五节　财政政策面临的问题与挑战

### 一、财政政策的挤出效应

挤出效应（Crowding-out Effect）是指由于扩张性的财政政策而引起财政赤字（即负的政府储蓄），从而导致更高的利息率和更低的私人投资时产生的效应。政府借款增加了对可贷资金的需求，从而提高实际利息率，相应地减少企业投资项目的盈利水平。这种效应减少了扩张性财政政策对总需求的影响。

政府财政赤字的增加可能会引起私人存款的增加。李嘉图-巴罗（Richardo-Barro）效应是指现在政府赤字的增加代表了未来税收的增加，为了保持现有的消费模式，理性的纳税人会增加当期的存款，以应对未来可能增加的税收。李嘉图-巴罗等式更进一步认为，当政府因为支出增加而需要融资（增加政府借款）或增加税收时，居民会减少当期消费并增加储蓄，这两个效果最终对总需求 AD 的影响是等价的。那么如果总是保持李嘉图-巴罗等式的话，那么财政赤字就不会有对总需求 AD 的扩张效应，因为私人存款的增加正好抵消政府借款的增加。幸好在实际中，这个等式不是总是成立的。

## 二、财政政策的代际效应

代际不平衡（Generational Imbalance）是指向社会福利制度参与者（如美国的医疗保险）所允诺的未来收益的现值与当前税收收入之间存在差额的现象。这种不平衡的代际效应是指未来的劳动者需要通过缴纳更高的税收或者接受政府福利服务的大幅削减来弥补当前政府财政收入的不平衡。

以美国为例，财政政策不平衡的主要原因是对医疗保险的支付，因为医疗保险的融资成本不是由现在的联邦税收来支付的，这些支出负担会落在未来的纳税者（Taxpayer）身上。这是一个代际效果（或者是不平衡），这种对当代人有益的支出成本并不是完全由当代人所缴纳的税赋来承担。实际上，当前的财政政策是延迟当代纳税人的税收支付以使这种政府支出负担（支付现在的承诺）落在未来一代（还没有投票权的一代）的纳税人身上。

## 三、财政政策中择时的重要性

相机抉择的财政政策并不一定是精确的、科学的。首先，经济预期可能是错误的，导致不准确的政策决定；其次，实践的复杂性将会导致相机抉择财政政策的效果出现时滞。我们需要了解以下三种财政政策的时滞现象：

1. 认识时滞

认识时滞是（Recognition Delay）政策制定者确认经济变化所需要的时间。相机抉择的财政政策由政策制定者决定，但国家的经济是复杂的，可能要花费相当长的时间来认识经济面临问题的严重程度。

2. 管理时滞或法律制定时滞

管理时滞或法律制定时滞（Administrative or Law-making Delay）即认识到需要改变政策与最终政策变化之间的时滞。管理者不能够在一夜之间投票并通过某项税收决议或政府支出预算，官方机构讨论这个议题并进行法律变更的过程，将会延迟政策对经济的影响效果。

3. 效果时滞

效果时滞（Impact Delay）即指从财政政策被采取到财政政策影响到经济所需要的时间。在感到财政政策需要变化之前，时间可能已经过去很久了，之后在实施阶段，例如增加或者减少政府支出和税收的时候，企业和个人对财政政策的变化做出反应也还需要相当长的时间。

对财政政策持批评意见的经济学家认为，正是因为有这些时滞的存在，大大降低了主动型财政政策对经济的宏观调控作用。

## 四、自动稳定器型财政政策工具

自动稳定器（Automatic Stabilizers）是指经济系统本身存在的一种财政收入和支出机制，它们能够在经济繁荣时期自动抑制膨胀，在经济衰退时期自动减轻萧条。自动稳定器对经济周期问题起到缓解作用。自动稳定器是由经济状态触发的内嵌在经济体中的财政工具，它可以最小化相机抉择型财政政策所面临的时滞问题。经济体中主要存在两种类型的自动稳定器：

1. 自动调节的税收（Induced Taxes）

例如累进的个人所得税和企业所得税税率。个人收入和企业盈利与 GDP 是正相关的。个人收入和企业盈利在经济繁荣的时候上升，随着个人收入和企业盈利上升，由于所得税采取累进所得税税率模式，所需要缴纳的整个税收自动大幅度增加。企业和个人税收支出的增加会降低总需求，并减缓经济增长速度。相反，个人收入和企业盈利在经济衰退的时候下降，随着个人收入和企业盈利下降，整个税收会自动更大幅地降低，企业和个人税收支出的减少会提高总需求，并刺激经济发展。

2. 需求确定的支出（Needs-tested Spending）

需求确定的支出是指某些政府福利型支出程序会自动经过一个需求检测的过程，例如失业救济金的支出。在经济衰退时期，失业率高，政府自发支出更多的失业救济金，增加的失业救济金会扩张总需求，并刺激经济；在经济扩张时期，失业救济金支付自动下降，减少的失业救济金支出会阻碍经济扩张。

总之，自动调节的税收和需求确定的支出有对总需求形成自动稳定器的功能。这两种行为是逆经济周期的，在经济扩张期自动调节的税收上升，需求确定的支出下降，经济衰退期则反之。

由于财政政策的自动稳定器的效果，政府的预算赤字或盈余将受到经济周期的影响，我们可以把每一个财政赤字或盈余看成是由结构性和周期性组成的。在充分就业的情况下，结构性盈余或赤字也将依然存在，而周期性赤字或盈余发生在总产出大于或小于充分就业下产出的时候，当真实 GDP 等于潜在 GDP 时，周期性盈余或赤字等于零，在任何一个时点下的实际财政赤字或盈余等于结构性财政赤字或盈余与周期性财政赤字或盈余的和。在过去的几十年里，美国一直有一个持续的结构性赤字。

## 【本章要点回顾】

本章重点介绍了凯恩斯学派的观点。通过凯恩斯对经济周期产生原因的介绍，引导出了凯恩斯对解决经济周期问题的两大药方：货币政策和财政政策。本章重点讨论了财政政策的定义及效应。最终介绍了财政政策工具中一类特殊的机制：自动稳定器。

## 【选择题】

1. 货币政策和财政政策都可以被用于（　　）。

A. 平衡预算

B. 实现经济增长的目标

C. 重新分配收入和财富

D. 满足社会福利型需求

2. 一国政府对财政政策变化所产生影响的时间感到关切，因此要求统计局每周（而不是每季度）编制和报告经济统计数字。统计数据报告频率的变化旨在减少财政政策的效应。(　　)

A. 行动时滞　　B. 冲击时滞

C. 认识时滞　　D. 政策时滞

3. 扩张性财政政策最可能与以下（　　）有关。

A. 对私人投资的挤出效应

B. 增加政府在社会保险和社会福利方面的开支

C. 资本利得税税率的提高

D. 提高个人所得税税率

# 第七章

# 货币理论与货币政策

## 【学习目标】

1. 了解 M0、M1 和 M2 的主要组成部分;
2. 掌握货币基础的概念，熟悉银行的货币扩张功能;
3. 掌握货币需求和供给的决定因素;
4. 了解货币数量理论，及其与货币总供给和总需求的关系;
5. 了解美联储货币政策的目标和美联储达成目标的工具;
6. 了解美联储货币决策的类型，包括固定规则政策和各种反馈规则政策;
7. 了解货币主义学派和凯恩斯学派的主要观点及其区别，掌握货币主义学派的政策观点;
8. 了解哈耶克自由市场理论的主要观点，及其与凯恩斯学派对于政府定位观点的区别。

宏观经济学这部分的关注点在于货币相关理论以及当货币政策改变后对经济体中某些宏观经济变量的政策效果。这种影响可能是间接的——我们需要分析货币政策变化如何影响总的经济条件，而这些经济条件又如何影响问题中的经济变量，例如通货膨胀率、就业率水平等。

## 第一节　货币供应层次与供需关系

货币理论首先从确定货币供应的层次开始，货币供应按照层次的递进可以分为:

（1）M0，即流通中的现金，也就是所有企业和个人持有的现金。

（2）M1，即狭义货币供应量，是指 M0 加上单位在银行的可开支票进行支付的活期存款。注意，在美国，M1 也包括旅行支票、个人的其他支票，以及企业除活期存款外的其他支票。

（3）M2，即广义货币供应量，是指 M1 加上单位在银行的定期存款、城乡居民个人在银行的各项储蓄存款以及证券公司的客户保证金。在美国主要包括所有定期存款账户、储蓄账户和金融市场货币基金余额。

在现实生活中，我们特别关心的是 M2 的同比增长率，它体现了经济体中货币供应较去年而言的增长速度，也是体现货币宽松还是货币紧缩程度的重要衡量指标。

## 一、银行存款准备金制度

在采取部分存款准备金制度的银行系统，银行需要将其持有的一部分存款作为储备金。这部分比率被称为法定存款准备金率。银行可贷出其他部分。经过在市场中的循环，贷出去的金额部分又被存在银行中，从而创造了更多的可贷资金。这种乘数效应扩大了货币的供应。

具体解释如下：在采用部分存款准备金制度（Fractional Reserve Banking）的银行系统，一个银行仅仅要求保持一定比例的存款来满足储备要求，存款超过法定储备（Required Reserve）部分的超额储备（Excess Reserve）可以作为贷款。

当一个银行发放贷款的时候，银行付出货币，贷款者获得现金贷款后，可能还会将其存放进银行，这会产生额外的可贷资金，因为只有一部分数量的存款是法律要求作为储备的。这个借款（Lending）——支付（Spending）——存款（Depositing）的过程一直持续到可贷的超额储备为零。这被称为乘数效应（Multiplier Effect）。

例如假设存款准备金率为 25%，银行有 1000 万美元的超额准备，银行只能贷出 1000 万美元，借款人如果把这 1000 万美元存进第二个银行，第二个银行会贷出 1000 万美元 ×75% =750 万美元，这些资金有可能存进第三家银行。最终一直到没有可贷的超额准备时为止。

存款扩张乘数（Deposit Expansion Multiplier）是由于准备金增加（减少）将引起的货币供给增加（减少）的倍数，其计算公式为

$$\text{存款扩张乘数} = \frac{1}{\text{法定存款准备金率}}$$

$$\text{潜在货币供应增长率} = \text{存款扩张乘数} \times \text{超额储备增长率}$$

货币基础（Monetary Base）包括中央银行发行的纸币、铸币以及银行在中央银行的存款储备金。当中央银行利用货币政策工具在公开市场中购买债券时，

商业银行卖出债券给中央银行，并获得中央银行提供的现金，结果是商业银行手上超额准备金增加，因此商业银行贷款意愿更强，贷款数量更多，当这些贷款又被存在银行时将转变为更多的存款，并可作为资金贷出，如此不断反复。结果整体货币供应增加量为货币基础的某乘数倍数。

但是这一乘数由于货币漏出效应（Currency Drain Effect）而有所减少，减少量主要取决于以现金形式持有的货币占货币基础的比例。

因此基础货币变化的货币乘数取决于法定存款准备率和现金漏损：

$$\text{货币乘数(Money Multiplier)} = \frac{1+c}{r+c}$$

式中 $c$——现金与银行存款比；

$r$——法定存款准备金率。

基础货币、货币乘数和货币数量的关系可表示为

货币供应量的变化量 = 基础货币变化量 × 货币乘数。

## 二、货币的供需关系与利率

货币需求（Money Demand）的绝大部分是由利率决定的。利率在这里作为持有货币的机会成本，是指储蓄账户或者货币市场基金可获得的收益。

短期利率和企业以及家庭对持有货币的需求数量关系如图 7-1 所示，货币需求曲线向下倾斜表明在低利率时，企业和家庭会持有更多的货币。在高利率时，持有货币的机会成本增加，企业和家庭会希望持有少量货币和更多的生息金融资产（Interest Bearing Financial Asset）。

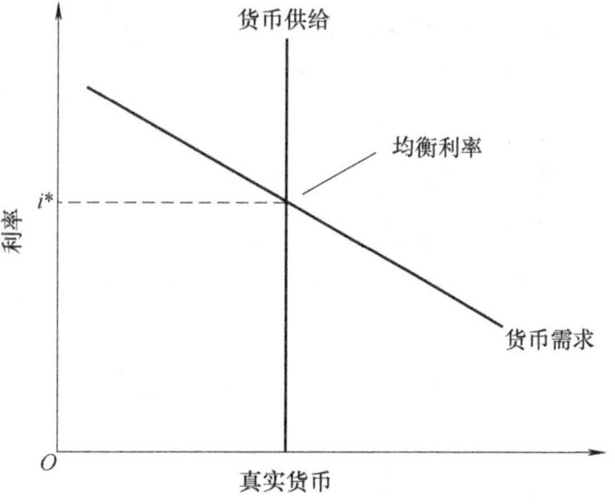


**图 7-1 短期利率和企业以及家庭对持有货币的需求数量关系**

货币供给（Money Supply）由央行决定，独立于市场利率水平，如图 7-1 所示，货币供给曲线是完全无弹性（垂直）的一条直线。

假设我们以名义货币单元来测算货币供给，它会对价格水平很敏感。随着通货膨胀的增加，家庭和企业需要更多的货币来购买贵重的产品或服务，如果

价格翻倍，企业需要两倍的货币数量来实现其购买力并且满足其货币储备需要。如果我们考虑真实货币（Real Money）供给，均衡利率 $i^*$ 表示持有真实货币头寸的需求恰好等于真实货币的供给时的利率。

如果真实 GDP 上升，更多的产品或服务被买卖，则需要更多的货币执行这些合同。真实 GDP 的增加使货币需求曲线向上移动，真实 GDP 的减少使货币需求曲线向下移动。

总之，决定货币的需求的因素主要包括以下几点：

（1）利率。利率是最主要的因素。

（2）通货膨胀。通货膨胀会增加对名义货币的需求。

（3）真实 GDP 增长。真实 GDP 增长同样也增加对货币（名义货币和实际货币）的需求。

货币的供给是由中央银行决定的，它独立于利率。货币供给曲线是垂直的。

## 第二节　货币数量理论

利率是由货币供给和货币需求来决定的，如图 7-2 所示：利率高于均衡利率的时候，有过量的真实货币供给，供给大于需求，导致利率下降，企业和家庭当前持有的货币头寸比他们愿意持有的更多。给定持有货币头寸的机会成本，他们会购买证券来减少其货币头寸，随着证券价格的上升使利率减少。假设利率低于均衡利率水平，有过量的真实货币头寸需求，需求大于供给，导致利率上升。企业和家庭会通过卖出证券来增加货币持有一直到期望的水平，从而降低证券价格并提高利率（注意：沿着需求曲线的移动，货币供给的高低决定了利率的高低）。

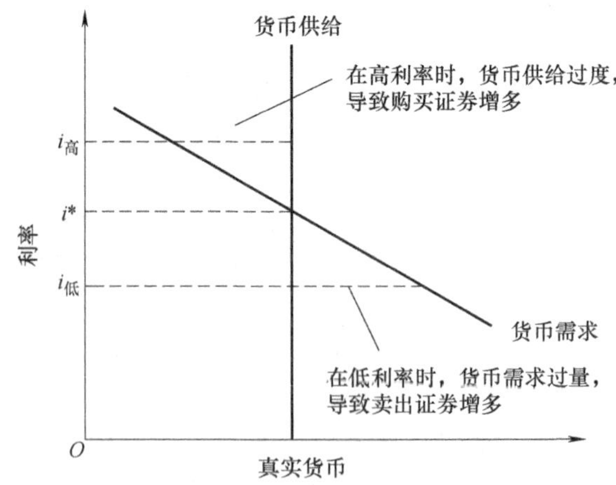


图 7-2　利率的决定机制：货币供给和货币需求

让我们看一下央行是怎样通过关注均衡利率来考察公开市场操作的影响，使货币供给变化从而影响利率水平。

考虑这种情况：央行想降低短期利率，可以通过公开市场购买债券实现。购买债券支付的现金增加了真实货币的供给和银行储备金，导致真实货币供给进一步增加，因为银行可以利用增加的超额储备金来进行贷款，真实货币供给曲线向右移动，如图7-3所示：原来的均衡利率是5%，这里有超额的现金头寸。为了减少其货币持有，企业和家庭会买入债券，提高债券的价格并降低利率，一直到新的均衡利率4%出现。当然，如果银行卖出债券减少货币供给，超额的货币需求会导致企业和家庭卖出债券并提高利率。

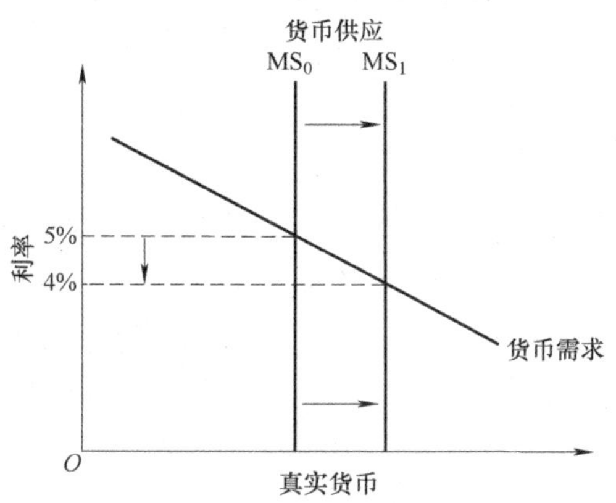


图7-3　利率的决定机制：货币供应增加

## 一、货币供给变化对真实GDP的短期影响

现在我们已经考虑了货币政策变化（对货币供给的变化）对名义利率的效果。我们把注意力转移到整个经济。短期内，货币供给变化对名义利率的效果和真实利率的效果是一样的。让我们首先考虑增加货币供给导致名义利率和真实利率降低的效果。

更低的真实利率会引起企业更多地投资，以及家庭增加购买耐用商品（Durable Goods）。所以，企业投资（$I$）和消费支出（$C$）组成的总需求（AD）会增加。

更低的利率会使得投资对于外国人来说吸引力减少，他们倾向于把货币从国内转移，卖出国内货币，降低国内货币的汇率（贬值），这会让出口（对于外国买者）更便宜，出口增加，同时进口减少。所以净出口组成部分总需求（AD）会增加。

利率减少的短期效果会由于乘数效应变得更强烈。增加的总需求（AD）和支出会使收入上升，这进一步增加了消费和投资。在投资和消费支出增加的情况下，反过来，同样增加（一些人的）收入，这个过程重复，即便并不是所有消费者增加的收入都用来增加消费，最终对消费和总需求的影响效果会大大高于最初增加的消费和总需求。

增加的AD会增加真实GDP和价格水平。就如我们在分析AD和AS模型中，央行减少货币供应和增加利率会有相反的效果。增加利率会减少家庭购买、企业投资和净出口，使总需求（AD）减少，导致真实 GDP 和价格水平的降低。

## 二、货币供给变化对真实 GDP 的长期影响

如果经济运行在充分就业水平（长期供给），当央行增加货币供给的时候，增加的真实 GDP 必然是暂时的。当真实 GDP 高于充分就业 GDP 水平时，再增加总需求后，货币工资和其他生产性资源价格会上涨，引起新的短期总供给曲线移动。所以，随着经济回到充分就业的 GDP（在 LAS 上），增加货币供应的长期效果仅仅是增加价格水平（通货膨胀率）。如图 7-4b 所示：开始增加总需求使价格水平上升到 $P_1$，导致通货膨胀增加，减少了真实工资，所以 SAS 从 $SAS_0$ 变为 $SAS_1$，新的长期均衡的真实 GDP 是回到潜在的真实 GDP（沿着 LAS），价格水平增加到 $P_2$。注意，当价格水平上升到 $P_2$ 的时候，增加的价格水平只是冲销（Offset）了名义货币供应的增长。所以真实的货币供应回到了 $MS_0$。长期的调整如图 7-4a 所示。减少真实货币供应的结果是均衡利率水平回到初始的均衡水平 5%。

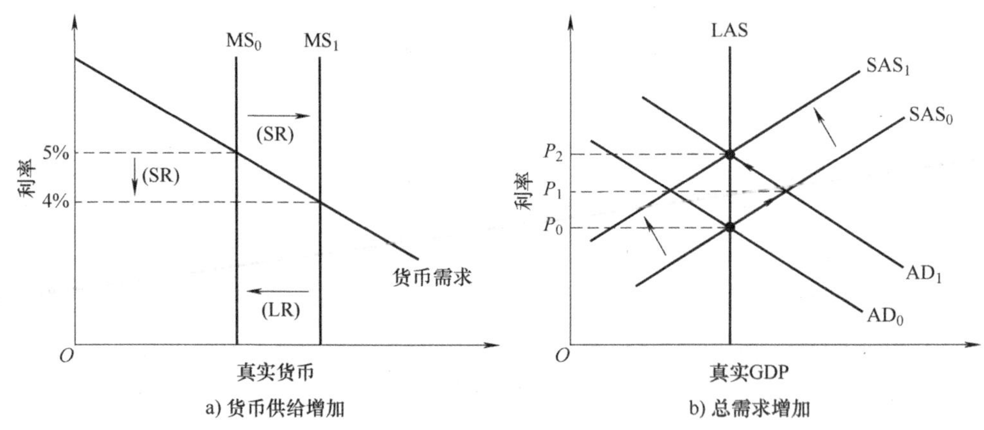


图 7-4 货币供给变化对真实 GDP 的长期影响

## 三、货币交换方程式

我们把 GDP 分解为价格水平（Price，$P$）和实际产出（Real Output，$Y$）两部分。货币流动速度（Velocity，$V$）是用于购买产品或服务的单位货币年均流通次数（速度 = GDP/流通中的货币）。因此，货币供应乘以货币流通速度等于名义 GDP。我们获得一个等式，称为交换等式（Equation of Exchange）：

$$MV = PY$$

式中　$M$——货币供应量

如果我们假定货币流通速度和真实产出比较稳定，那么根据交换方程式可以得出货币数量理论（Quantity Theory of Money）：货币供应的增加会引起价格同比例的增加。

货币数量理论者认为，$V$和$Y$是由机构因素而不是货币供应量决定的，这两个因素会是稳定的。因此如果货币供应增加，而当速度和真实产量数值固定，增加的只有价格$P$，也就是通货膨胀

$$P = M\frac{V}{Y}$$

因为$V$和$Y$变化很慢，增加的货币供应量$M$必然导致同比例的价格上涨（通货膨胀），如果$M$增加5%，名义GDP（$=PY$）也会增加5%。在真实GDP短期内变化很慢的假设下，整个增加必然会反映在价格上涨上。货币主义认为，基于这种关系，如果真实产量增长率为3%，货币供应量增长会为5%，我们可以预期长期的通货膨胀为2%。这个结果和使用总供给和总需求（AD-AS）模型得到的结果是一致的。

## 第三节　美联储与货币政策工具

### 一、央行货币政策目标与机制

一个典型的中央银行（如美联储），其储备资产主要由以下部分组成：

（1）黄金、在其他国家中央银行的存款，以及在国际货币基金组织（IMF）的特别提款权。

（2）美国国债（US T-bond）和美国国库券（US T-bill）。

（3）以贴现率贷给其他商业银行的贷款。

其中最重要的是美国的政府债券（即上文的第（2）项），几乎组成了美联储资产的90%。

美联储最大的债务（超过90%）是联邦储备票据（Federal Reserve Notes），也就是指在美国流通中的货币，银行存款准备金（包括超额存款准备金）是美联储债务中很小的一部分。

美联储的基本政策目标有以下三个层次：

（1）促进就业率最大化，也就是最大限度地推动经济的可持续发展。

（2）稳定物价，控制通货膨胀水平。

（3）保持长期适中的利率水平，促进经济增长。

根据最新的关于美联储授权范围的修订法案（2000 年修订），上述目标是通过保持“货币增长和信贷扩张与经济的潜在增长相匹配”来实现的，注意这个观点建立在货币数量理论的基础上，是从货币主义的观点来看宏观经济。如果货币——被定义为基础货币供给和可提供的信贷，以每年 1% 或 2% 的速度增长，大于实际经济产出的增长，那么在长期，通货膨胀水平就在 1% ~2% 。

长期适中的利率水平是与稳定物价相联系的，因为名义利率等于实际利率加预期通货膨胀率。从长期来看，大多数宏观经济学家认为，稳定的物价（一般认为通货膨胀率为 1% ~2% ）以及政策的稳定性和可预测性能够最大限度地促进经济可持续发展和充分就业。

美联储运作这样的目标时主要关注两点：核心通货膨胀率和预期通货膨胀率的差距、实际 GDP 与潜在 GDP 之间的差距。

当实际产出大于潜在产出时，有通货膨胀的压力，这时就应当减少货币、信贷的扩张。当实际产出大于潜在产出时，经济可能进入了衰退期，就应当使用扩张性的货币、信贷政策。

在美国，美联储主要是通过影响联邦基金利率（Federal Fund Rate，FFR），即银行间隔夜相互拆借时的利率来实现货币政策的。如果商业银行暂时面临资金短缺，它们能够从美联储短期拆借来借款。

正如大多数中央银行一样，短期利率波动被美联储视为货币政策的工具，当美联储想要增加货币供给的时候，它就减少联邦基金利率的价值，即降低贴现率，将使得货币供给增加，从而使市场利率下降；而当它想要减少货币供给的时候，就增加联邦基金利率的价值，即提高贴现率，将使得货币供给减少，从而使市场利率上升。

美联储有两种规则决定如何调整联邦基金利率：一种是工具规则，另一种是目标规则。

在工具规则下，货币当局依据经济的表现决定目标联邦利率，泰勒法则就是一种工具规则的应用，它通过实际通货膨胀与目标通货膨胀的差距，结合实际 GDP 产出与潜在 GDP 产出的差距来决定目标 FFR 利率。斯坦福大学的泰勒教授认为目标通货膨胀率是 2% 时，联邦基金利率就是

$$\text{FFR}=2\%+\text{实际通货膨胀率}+0.5(\text{实际通货膨胀率}-2\%)+0.5(\text{实际 GDP}-\text{潜在 GDP})$$

注意，当没有 GDP 差距且实际通货膨胀率等于 2% 时，FFR 就等于 4% ，当通货膨胀率大于 2% 并且/或者有正的产出差距时，FFR 增加；如果实际通货膨

胀率小于2%，并且/或者有负的产出差距时，FFR减少。但是在现实中，美联储并没有明显地按照这个规则来制定其货币政策。

目标规则是要根据预测的通货膨胀率制定FFR，预测的通货膨胀率一般等于目标通货膨胀率2%。

由于FFR是由同业拆借市场上资金的供需决定的，美联储可以通过公开市场操作来影响市场需求。公开市场操作是指由美联储在公开市场上买卖国债及市政债券的操作。当美联储购买债券时，货币供给增加，银行有更多的钱可以用于贷款，FFR会下降；反之则FFR上升。这是美联储调节联邦利率最常用也是最重要的工具。

货币政策工具箱中还包括存款准备金率的调整。存款准备金制度如前文所述是商业银行必须要保持的一部分存款（不能贷出），要放在中央银行作为存款准备金。提高存款准备金率，将使得货币供给减少，市场利率上升；降低存款准备金率，将使得货币供给增加，市场利率下降。这种工具只有在银行愿意贷出并且客户会借款的时候有效。

## 二、货币政策的传导机制

现在我们来看如何通过调整FFR来影响经济的表现，从而实现美联储的货币政策目标（经济增长、充分就业和低通货膨胀）。我们以降低FFR为例，其传导机制如下：

（1）美联储在公开市场中购买国债，释放出流动性，增加银行的储备金。

（2）超额的储备金使银行倾向于提供更多的贷款，从而FFR下降。

（3）由于银行可提供的贷款增加，因此经济中的多项利率指标都下降，包括各个期限国债的收益率。

（4）长期利率=短期利率+预期通货膨胀率，当短期利率下降，在通货膨胀预期不变的情况下，长期利率也相应下降。

（5）低利率促使企业借贷需求扩张，投资增加。

（6）低利率使消费者的消费需求增加，特别是那些需要融资的消费，如住房和汽车。

（7）由于利率降低，美元贬值使美国的出口增加。

（8）投资增加、消费增加、出口增加使得总需求（AD）增加。

（9）总需求（AD）增加推动了就业、经济产出和价格水平的上升。

同样，如果美联储是提高FFR，通过类似的传导机制，可以得到相反的效果。

在实际生活中，货币政策操作并不能有那么立竿见影的效果，因为短期利率和长期利率之间的联系是松散的，而影响个人和企业投资的长期利率要受到经济上预期通货膨胀率上升的影响，从而使效果变得更为不显著。

另外，类似于财政政策，货币政策在实施过程中有很长的时滞，从实行扩张的货币政策到刺激经济增长目标的实现，期间可能会花费非常长的时间。等到扩张的货币政策起效果时，经济本身可能已经又回到了经济扩张的阶段，这样货币政策只会加剧经济的大起大落，带来经济周期的剧烈波动。

## 三、其他货币政策工具

除泰勒法则外，还有其他四种设定货币政策关键目标的规则。

（1）麦克劳伦法则（MaCallum Rule）。根据货币数量论 $MV=PY$，将基础货币的增加作为关键变量，通过使基础货币的增加与长期实际产出的增加加上预期通货膨胀率减去流通速率的变化相一致，这一法则的缺陷是利率不断变化从而导致总需求（AD）不断波动。

（2）弗里德曼关于货币政策的经典描述。他使货币供给增长率等于实际产出的增长率，这一方法的缺陷是以 M1 和 M2 作为传导机制，由于货币流通速度的波动会导致利率的大幅波动，最后导致了总需求（AD）的不断变动。

（3）钉住汇率制度。这是指使本国的货币与一篮子其他国家货币的汇率保持稳定。在这种情况下，通货膨胀可能是源于其他国家，而本国的货币政策制定者在对通货膨胀的控制上基本无所作为。

（4）钉住目标通货膨胀率。这是除了日本和美国外大多数国家央行采用的规则，在这种规则下，央行根据其目标通货膨胀率进行公开市场操作，目标通货膨胀率一般为2%，可接受的范围是1%～3%。这一方法的优点是可预测和透明的政策目标增加了政府稳定物价的可信任度。

央行货币政策究竟是钉住通货膨胀率还是基于泰勒法则？经济学家们还在不断争论中。美联储的主要目标是保持物价稳定，即保持通货膨胀率在0～3%。物价稳定减少了不确定性，从而实际工资和实际利率接近于它们的预期水平。物价稳定同时也激励居民储蓄，激励企业投资，从而增强了经济实力。

物价稳定同样有利于维持经济的长期稳定。可持续的实际 GDP 增长是指在给定技术、自然资源以及储蓄和投资行为不变的前提下，经济可在很长一段时期维持的增长率。当实际 GDP 等于潜在 GDP 时，经济实现可持续的 GDP 增长。

## 四、货币政策的类型

（1）固定规则政策（Fixed-rule Policies）。该类型政策不考虑经济周期，以固定比率逐年增加货币的供给。

（2）反馈规则政策（Feedback-rule Policies）。根据用于指示经济健康状况的规则采取行动，例如当失业率上升超过自然失业率时增加货币供给。

1）新货币主义的反馈机制（New Monetarist Feedback Rule）：设定货币供给增长率等于目标通货膨胀率 + 10 年平均实际 GDP 增长率 — 4 年平均货币流通速度增长率，并根据经济周期的变化缓慢调整。

2）新凯恩斯反馈机制（New Keynesian Feedback）：根据通货膨胀率的变化，即实际通货膨胀率与目标通货膨胀率之间的差额，以及实际 GDP 与充分就业 GDP 之间的差额，来改变联邦资金的目标利率。这种政策受经济周期变化的影响很大。

（3）相机决策的政策（Discretionary Policies）。该类型政策运用主观判断来决定对经济变化采取的应对措施。大多数央行的货币政策行为都是相机决策的。

在固定规则政策下，货币供给以固定的比率逐年增加，总需求在充分就业产出附近波动。在反馈规则政策或者相机决策的政策下，在经济萧条（扩张）的状况下，政府通过提高（降低）货币供给的增长率来稳定总需求和真实 GDP。尽管这是一个在理论上理想的结果，实际中货币政策和之前讨论过的财政政策一样，它对经济和总需求的影响存在时滞性。货币供给增长率的变化有可能使货币政策达到的实际效果与预期相反，从而存在某种可能，即反馈规则政策（或者相机决策的政策）可能实际增加经济周期的长度（总需求的变化）。

## 五、货币政策的可信度

货币政策实施的短期效果取决于，经济体中的参与者是否相信宣布的货币政策将会按照预期不折不扣地被执行。表 7-1 简单列示了货币政策可信度及其效果。

**表 7-1　货币政策可信度及其效果**

| 扩张性的货币政策的效果 | 短期——政策不可信 | 短期和长期——政策可信<br>长期——不可信 |
| --- | --- | --- |
| 通货膨胀率 | 小幅增加 | 增加 |
| 实际产出和就业 | 增加 | 不变 |
| **紧缩性的货币政策的效果** | **短期——政策不可信** | **短期和长期——政策可信<br>长期——不可信** |
| 通货膨胀率 | 小幅减少 | 减少 |
| 实际产出和就业 | 减少 | 不变 |

## 第四节　弗里德曼与货币主义学派

凯恩斯主义政策以菲利普斯曲线为基础，低失业率对应高通货膨胀，高失业率对应低通货膨胀。经济学家认为，政府支出可以刺激经济并降低失业率，同时推高通货膨胀。20 世纪 60 年代的通货膨胀缓慢爬升，到了 20 世纪 70 年代，经济学家被高通货膨胀和如影随形的高失业率弄得抓耳挠腮，情况已超出了菲利普斯曲线所预言的程度。“滞胀”（Stagflation）成了一个糟糕组合的名字：高失业率——经济停滞——高通货膨胀。菲利普斯曲线失效了，与之一同失效的还有凯恩斯主义经济学。

经济学家们开始寻找解释。一些人认为通货膨胀是由于不寻常的高油价所引起的，因为这增加了企业的成本以及产品的价格。另外一些人把责任推给工会，说它们索取了太高的工资。到了 20 世纪 70 年代，一个伟大的经济学家出现了——美国人米尔顿·弗里德曼（Milton Friedman），他提出了一种新的解释，引发了经济学界的革命。

以弗里德曼为代表的货币主义认为导致经济周期和从充分就业均衡偏离的主要因素是货币政策。他们建议为保持总需求（AD）的稳定和自然增长，央行应该遵循一种稳定和可预测的货币供给增量。货币主义认为衰退是由不适当的货币供给减少引起的，并且衰退会长期持续是因为货币工资是价格下降刚性的（和凯恩斯有同样的观点）。然而像古典主义经济学家一样，货币主义认为最好的税收政策是保持低税收来最小化它们介入经济的干扰和扭曲以及由此造成的充分就业 GDP 的减少。

弗里德曼认为 20 世纪 70 年代的问题是政府过度干预的结果，而不是干预不够。就像凯恩斯那样，弗里德曼不想为了经济学而研究经济学，他所希望的是改变世界。在他的著作《资本主义与自由》一书中，弗里德曼对多种政府干预经济的行为进行了批评，例如，他认为应该取消控制房租和制定最低工资，并推行自由市场政策。弗里德曼的理论主要是关于货币在经济中的作用，他将货币重新带回到经济学舞台的中心，他的经济学被称为“货币主义”（Monetarism）。

他的理论基于古老的观点：货币数量理论。即货币供应量乘以货币的流通速度等于国民收入。如果没有稳定的流通速度，货币和国民收入之间的联系就没有那么紧密，这就是凯恩斯认为货币影响有限的原因。如果流通速度下降，导致所有央行增印的投入经济的货币最终都闲置在人们的钱包里，会怎么样？如果流通速度下降得足够多——那么国民收入还是和从前一样。

弗里德曼认为，从短期来看，增加货币供给量会鼓励消费，并导致更多的产出。货币发生了“真实”的作用——菲利普斯曲线设想的运行轨迹正是如此。当政府增加货币供给量来刺激经济时，失业率会降低，经济会上涨。但弗里德曼认为，这种情况只可能维系很短的一段时间，短期中因为企业提供更高的工资，人们愿意干更多的活，但是最终产品的价格很快就上涨了，于是人们的“真实”工资——由能够买到多少商品来衡量——却不再上涨。这个问题的产生在于人们将“货币”工资和“真实”工资混淆了。经济学家将这种情况称为“货币幻觉”（Money Illusion）。一旦人们意识到他们的误区，他们就会减少工作量，经济也会回到原来的样子，出现较高的失业率，结果只能造成更高的通货膨胀。

因此货币刺激可以管用一时，但是却会迎来一场宿醉：最终失业率回到当初，同时伴随着高通货膨胀。这个当初的就业率更是经济的“自然”水平——企业雇用工人的数目由其生产能力所决定。想要刺激经济超过这个范围是毫无意义的，唯一的结果只能是引发更高的通货膨胀。

如果货币可以在短期（而不是在长期）影响经济，那么控制利用这一点来调控经济的余地有多大呢？当经济降速的时候，政府可以增加货币供给量，当经济过热的时候，政府可以减少货币供给量。但弗里德曼的观点是：不行！货币的短期效果不会立刻显现，当它们开始生效的时候，经济的趋势可能已经改变了，政府没办法精确预期未来的状况，也没有办法用今天的政策去迎合未来，他们这样做最终只能适得其反。

基于货币主义经济学家的观点，政府能做的最好的事情就是承诺一个稳定的货币供给增长率，例如根据经济发展的速度定在每年3%。当货币流通速度保持不变时，货币供给量根据整体经济产量的增加而增加，而不是其他（人为）因素。弗里德曼非常相信市场的力量，他认为当经济无人插足时市场就是非常稳定的。而那些不稳定，例如20世纪70年代失控的通货膨胀、20世纪30年代的萧条都是政府干预的结果，只要让市场自由呼吸，就能够得到一个健康、稳定的经济，其实现的途径是加强经济的供给——不同行业能够生产的东西——而不是需求。这个学派的经济学家认为只要政府取消企业的税费，放松对市场的限制，就可以鼓励更多生产以及雇用更多工人。这些观点被命名为“供给经济学”（Supply-side Economics）。

值得一提的是20世纪70年代后，凯恩斯主义经济学失去了部分光环，经济学家开始质问，真的是凯恩斯主义政策带来了良好的经济表现吗？或者正是过多的政府开支才造成了高通货膨胀，从而导致经济的不稳定，新的经济学派开始出现并挑战凯恩斯理论。

## 第五节　哈耶克的警告：自由市场理论

根据凯恩斯的观点，许多人相信政府应该参与经济运作。但奥地利籍的经济学家弗里德里希·哈耶克（Friedrich Hayek）认为这种想法最终会导致政府的完全管控，不仅仅是经济，还包括生活的方方面面，其结局就是“极权主义”(Totalitarianism)，在这种体制下，政府是全能的，全体人民必须完全服从其管理，反抗会带来囚禁甚至死亡。

20世纪40年代，许多经济学家得出结论，政府不论在战争期间还是在和平期间，都应该在经济事务中发挥重要作用。凯恩斯断言，承受高失业率的国家的经济会停滞，并且难以从经济内部找到出路，只有政府才能化解这个问题。凯恩斯学派主张混合经济，位于资本主义和社会主义之间，政府掌管着像煤炭铁路这样的大型企业，控制部分商品的价格，并支付教育和医疗的费用，但市场中仍有存在大量追求利润的私营企业。

哈耶克反对这一经济观点，他认为国有经济会剥夺人的自由，哪怕是在混合经济的中间道路上。政府出于加快经济增速的目的干预市场。为什么这样做会摧毁自由？哈耶克认为，这是因为人们有不同的欲望，在认定什么是最重要的事情上不能达成一致。一些人希望有更多的画廊，另一些人希望有更多的游泳池。在一个单一的计划里不可能满足所有人的所有要求。政府掌管经济的结果就是政府替人们做决定，人们将无法选择，个人的自由将遭受践踏。

哈耶克认为如果允许政府控制，最终会令民众成为中世纪的农奴——在贵族统治下无法为自己做出任何决定的农民。哈耶克说，现代西方文明建立在个人自由的基础之上，如果忘了这一点，文明就可能崩溃。哈耶克的著作引发了轰动，英国的战时首相——保守党领导人温斯顿·丘吉尔，在选举活动中提到了这本书，他批评反对党工党让政府管理经济的政策，这是哈耶克对大政府批评之声的回响。

然而今天大多数经济体都是私营企业和政府行为的混合。经济学家的争论也大都围绕这两者之间如何划界的问题。哈耶克的界限比多数经济学家都靠近自由市场，但就连他自己也说过，政府在经济上的部分开支是必需的：例如保障失业人口的基本生活，提供市场无法提供的产品。只要审慎行事，这并不会危及自由。今天大多数经济学家都不认同哈耶克的基本立场，即更多的政府干预意味着更少的自由，最终大部分讨论落在了我们对自由的定义上——经济学家往往将这个难以回答的问题留给其他人来回答，例如哲学家或政治家。

## 【本章要点回顾】

本章主要介绍了货币理论与货币政策。首先通过对货币供应层次的介绍来引出货币需求和货币供应的决定因素，由货币的需求曲线和货币的供应曲线就可以确定最优的市场均衡利率水平，利率水平就是货币政策的政策工具之一。其次，本章介绍了美联储与货币政策工具。最后分别介绍了凯恩斯学派、货币主义学派、哈耶克自由市场学派的主要观点，其中需要重点掌握各个学派的理论假设、理论结论和政策建议。

## 【选择题】

1. 关于货币的存在和使用，以下（　　）陈述最不准确。

A. 允许个人进行经济交易

B. 要求必须由央行来控制货币供应量

C. 与易货（以物易物）体系相比，提高了交易效率

D. 增加经济活动的效率和活力

2. 根据货币数量理论，如果名义 GDP 为 7 万亿美元，物价指数为 150，货币供应量为 1 万亿美元，那么货币供应速度最接近（　　）。

A. 4.7　　B. 7.0　　C. 10.5　　D. 1.5

3. 以下（　　）最不可能是央行的职能或目标。

A. 发行货币

B. 向政府机构贷款

C. 把通货膨胀控制在可接受的范围内

D. 保持经济稳定增长

4. 央行在公开市场购买证券的行为最不可能引起下面（　　）因素的增加。

A. 超额准备金

B. 投资者账户中的现金

C. 银行同业拆借利率

D. 央行资产负债表上的总资产规模

5. 货币主义经济学家更有可能相信（　　）。

A. 通货膨胀和货币供应之间有一种因果关系

B. 通货膨胀可以通过改变货币供应量的增长率来影响

C. 市场金融创新的加速可以使货币政策有效性增强

D. 对保持经济稳定增长而言，财政政策比货币政策更为有效

6. 如果央行希望鼓励企业和家庭借贷用于投资和消费，那么它最不可能（　　）。

A. 出售长期政府债券

B. 购买长期政府债券

C. 购买抵押贷款债券或其他证券

D. 降低联邦基金利率（FFR）

# 第八章

# 发展经济学

## 【学习目标】

1. 了解罗森斯坦·罗丹、罗伯特·索洛、保罗·罗默对经济增长驱动力的不同观点；

2. 掌握古典经济增长理论、新古典经济增长理论和新经济增长理论的假设及其结论；

3. 了解促进经济增长的前提条件；

4. 熟悉创造性破坏理论的核心观点及其与经济增长的关系。

1979年诺贝尔经济学奖颁发给了出生于非洲的经济学家阿瑟·刘易斯（Arthur Lewis），他帮助开创了发展经济学（Development Economics）。

20世纪40年代以前，大部分经济学家都认为发展只需要市场便已足够，对盈利的期望会鼓励商人建造工厂和电话网。但新的发展经济学家认为市场在贫困的国家不能良好地运转。经济学家保罗·罗森斯坦-罗丹（Paul Rosenstein-Rodan）认为发展中国家必须要从一无所有过渡到应有尽有，只有政府才能准确地把握起飞时刻。这需要对经济体的诸多领域进行大量投资，他称之为“大推进”。

但大推进难以真正完成，特别是对于一个缺乏经验的新政府来说。例如在非洲，加纳的大推进确实提供了医院、电话和清洁用水，但同时也造就了许多低效的企业，其中许多企业毫无竞争力。韩国是难得的成功案例，韩国总统朴正熙通过财阀集团实施韩国的大推进计划，财阀是指那些和政府保持密切联系的大企业，政府指示财阀进入具体的行业，并向它们提供优惠的贷款。最终这些财阀会在面对外国竞争者时得到保护，不过政府要求它们要具备竞争力，最终能出口自己的产品。韩国的经济基于这种模式起飞。

不幸的是在另外一些国家，政府对经济事务的参与造成比发展停滞更为不良的后果，腐败和寻租行为大量出现。例如在一些非洲国家，国民忍受饥饿，街道残破不堪，还出现了大量贪污腐败现象。因此一些经济学家开始反对大推进，20 世纪 80 年代，这些经济学家向富裕或贫穷的国家发出告诫，不要再继续干预经济。他们开始在贫困国家制定实施新的自由市场的策略，例如“私有化”，向私人企业变卖国有企业来增加竞争力。这展示了一种对大推进中腐败问题的失望之情，经济学家开始发现对于经济腾飞来讲，不存在可以任由政府选择的单一的点火开关。

从某些方面看，经济体如何以及为何增长是经济学的核心问题，一个经济体增长的同时也就能够更好地提供人们所需要的东西。美国经济学家罗伯特·索洛（Robert Solow）提出了一个理论，用来解释正常状态下，当经济体的全部资源被用来生产产品时，经济如何增长。索洛要求我们设想一个简化的世界，在那里商品通过使用资金和劳动力来生产。相比自身的人口数量而言，富裕的国家拥有更大量的资金，这意味着这些国家里每个人的产出更高，人均产出可以很好地衡量一个社会的富裕程度。一个有 10 个人组成并生产 100 英镑价值商品的社会，其富裕程度是生产同样价值产品但人口为 20 人的社会的一倍。10 个人构成的社会能够为每个人平均提供双倍的商品，人民的生活水准比 20 人的社会更高。索洛的理论可以用于解释人均收入的增长。

根据索洛的理论，当你向同样数量的工人投入更多的资本时，你能够获得的额外产出会越来越少。这一效果被称为“资本收益递减”（Diminishing Returns to Capital）。资本收益递减意味着，当一个经济体增加资本储备并增加生产时，其增长率会逐步减少，最终来自额外资本的收益会耗尽。如果资本是唯一创造经济增长的因素，那么经济会在人均收入不再增长的位置停滞。从长期看，还是有实现人均收入增长的因素——技术的进步。从经济的角度来看，技术是让投入变成产出的处方。技术进步允许以一国所拥有的资本和人力实现更多的产出。同样也可以生产出新的商品。索洛认为，社会更高的生产率来源于技术进步，这才是增长的真正引擎。

索洛的理论是乐观的，这种理论认为贫困国家人们的生活水准会逐渐赶上富裕国家，正如更小的孩子最终能在身高上赶上年长的人一样。拥有较少资本的贫困国家，其发展速度会快于坐拥大量资金的富裕国家，因为富裕国家从资本中获得的收益大部分已经耗尽。正因为贫困国家的发展速度更快，那么这些国家的生活水准就会逐渐赶上来。不论是贫困国家还是富裕国家，它们的发展都会在一个地方停滞下来，到那时唯一的发展动力是技术进步。一个国家离这个最终均衡状态越远，它向这个方向前进的速度也就越快。

第二次世界大战结束之后，美国是世界上经济最发达的国家，如同索洛所预言的，欧洲追赶着美国，欧洲国家利用晶体管、计算机这样的新技术，创建了美国式的大型自动化工厂。在战争末期，欧洲的人均收入不到美国人均收入的一半，但是到了20世纪70年代中期，就已经接近美国的3/4。除了欧洲，日本也取得了巨大的进步，稳定的进步延续了数十年，大萧条也没有再次降临，经济学家将这段时间视为经济增长和生活质量提升的黄金时代。

然而这只是一部分国家的黄金时代。欧洲取得了成功，但世界上大部分地区还处在贫困当中。只有少数国家，例如韩国，如索洛的理论设想那样迎头赶上，亚洲和非洲的大部分国家还落在后面。在索洛之前，经济学家认为贫困国家走上富裕的方法是建设大量的工厂、道路和港口。索洛告诉我们，投入更多的资本——工厂和设备——最好的情况下也只能在一段时间中推动增长。要想获得长期增长，经济体需要更好的技术。但是索洛的理论并没有解释新技术究竟来自何方。这令技术变成“外生性”：来自经济体的外部，因此无法控制。索洛的理论还假设技术能够向所有的经济体平等开放。但是实际上，存在着各式各样的阻碍贫困国家采用最新技术的屏障。这个国家可能缺乏正确使用新技术的能力，或者在商业中并不合算。

20世纪90年代，美国的经济学家保罗·罗默（Paul Romer）开创了新的增长理论，这个理论认为，技术是“内生的”——在经济体内部被创造出来。在罗默看来，人们之所以会发明更好的汽车发动机，是因为他们能够从发动机销售中获利。技术是特别的，因为一旦发明之后就可以一遍又一遍地使用，这一特性令技术与大部分人购买和销售的东西不同，经济学家将其称为“非竞争性”商品。一个技术一旦被发现了，就永远在那里。新的发现不断增加，我们的知识储备就能无限扩大，鉴于技术的非竞争性，以及技术可以不断扩充，它就可以带来更多的财富。罗默有关技术和增长的理论认为，政府可以通过资助研究和开发来发挥作用，从而带来相比于单独的私有市场来说更多的创新。

在索洛理论里认为发展会减速的地方，罗默却认为发展还会继续，因为新的知识会扩散到整个经济体。这意味着那些善于创新知识的大体量经济体能够在不减速的状态下继续增长。而那些小体量的经济体并不能自动地追赶上来，不幸的是，这已经变成许多世界上最贫困国家的真实命运。其结果是这些国家最终无法为其国民提供足够的食品、教育和居住资源。这也就是发展的问题至关重要的原因。

## 第一节　经济增长模型

经济增长往往由真实 GDP 的年化增长率来衡量。其计算方法如下：

$$第\ t\ 年的真实\ GDP\ 增长率=\frac{第\ t\ 年的真实\ GDP-第\ t\text{-}1\ 年的真实\ GDP}{第\ t\text{-}1\ 年的真实\ GDP}\times 100$$

如果一个国家去年的真实 GDP 为 1000 亿美元，今年的真实 GDP 为 1050 亿美元，则其年经济增长率为 5%。

补充说明：真实 GDP 衡量了一个国家去除通货膨胀因素以后产品或服务的真实产出水平，而由于通常假设经济体的产出和国民收入相等，因此真实 GDP 同时也反映了国家的真实收入水平，故 GDP 可以作为一个国家生活水准高低的衡量标准。

### 一、经济增长的前提条件

经济增长的源泉可以简单概括为投入量和每单位投入的产出量。投入一般被叫作生产要素，大致有以下几类：

（1）土地：所有生产活动可以利用的自然资源。

（2）资本货物：生产活动所需要的生产资料。

（3）劳动力：生产过程中工人投入的体力或脑力劳动。

（4）企业家能力：企业管理者整合以上三项生产资料，做出决策，承担风险来获得利润的能力。

当以上各因素中的任何一个总量得到增长，或者其使用效率得到提高，经济就会实现增长。例如，劳动力因素可以通过两种途径引起经济增长——增加总的劳动时间或者提高劳动生产率。这些又是如何发生的呢？

如果一个国家的人口总数增加，将会有更大比例的人口从事劳动，那么总的工作时间将会增长。或者现有的工人决定工作更长时间也会带来总工时的增长。

如果工人能力得到提高（培训、教育、经验），可用资本货物增加，或者发生技术改进，劳动生产率就会提高。

适当的激励机制是经济增长最重要的前提。实现激励机制三个最重要的条件是市场、财产所有权和货币交换场所。这三个条件激励人们生产他们具有比较优势的产品并进行交易，从而进行储蓄和投资，促进技术进步。

### 二、劳动和技术的变化对劳动生产率的贡献

劳动生产率（Labor Productivity）是指真实 GDP 除以总劳动小时数。为了衡

量是什么因素在驱动着劳动生产率的变化，我们可以把它分解成两部分：每个劳动小时的资本数量和技术进步。我们可以分别衡量它们各自的影响。

技术进步包含了除资本增长以外的一切变化。它表现为：生产某种产品新的更有效的方法（包括生产新产品）；组织、营销和管理方式改进；等等。而它又在很大程度上取决于人力资本的增长。

劳动生产率曲线是在给定的技术水平下，劳动生产率如何随每劳动小时资本量（Capital/Labor Hour）变动的图形，如图 8-1 所示。

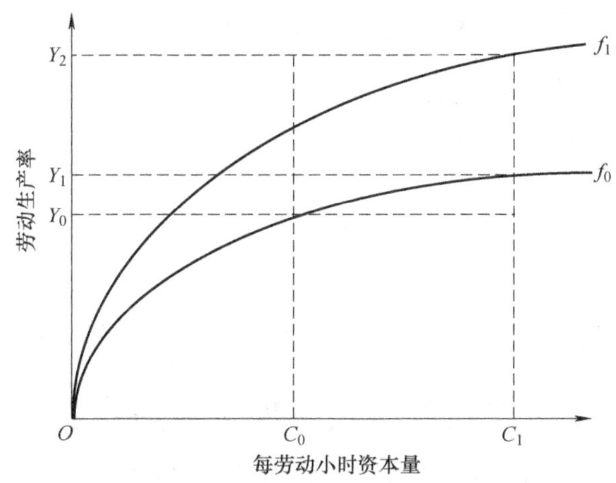


**图 8-1　劳动生产率曲线**

从图 8-1 中可以发现：在技术不变的情况下，当每劳动小时资本量增长时，劳动生产率是沿着曲线增长的，而技术进步会使劳动生产率曲线移动（从 $f_0$ 移动到 $f_1$ ）。

同时还能发现：对于劳动生产率曲线，边际递减原理同样适用。这意味着在给定技术水平下，随着每劳动小时资本量不断增加，劳动生产率的增加量不断下降。一个简单的估算关系是"1/3 法则"：即在给定的技术水平下，平均来说每劳动小时资本量增加 1%，劳动生产率增加 1%/3 。

例如，一个经济体中其劳动生产率增加 5%，而每劳动小时资本量增加 4.5%，使用"1/3 法则"判断每劳动小时资本量和技术进步分别对劳动生产率的贡献。

根据"1/3 法则"，每劳动小时资本量对劳动生产率的贡献为 1.5%（1/3 × 4.5%）；因此技术进步对劳动生产率的贡献为 3.5%（5% - 1.5%）。

因此增加经济增长（劳动生产率增长）的方法主要有：

（1）鼓励储蓄，这会加速资本积累。政府常用税收激励机制来促使人们增加储蓄。

（2）鼓励研究开发。由于研究开发风险大，需要资金量大，资本市场往往不会自发对其投资，这时需要政府鼓励并建立相应的激励制度。

（3）刺激国际贸易从而获得比较优势。

（4）增加教育经费开支从而实现人力资本的投资。政府税收机制在这方面大有作为。

### 三、市场和所有权制度对经济增长的影响

市场为买方和卖方提供信息并使他们达成交易。市场价格激励买方和卖方调整他们的供给量和需求量。同时为了使市场有效，财产所有权和货币交换场所成为必需。

所有权制度规定了商品和服务的所有权、使用权、处置权。如果所有权制度完善的话，则政府和他人不能随意侵占私有财产，人们的财产便有了保障。

经济学家普遍认为这些因素构建了促进经济增长的制度基础。

## 第二节　古典经济增长理论、新古典经济增长理论和新经济增长理论

经济增长理论主要分析说明长期中影响经济增长的因素及促进经济增长的政策。我们把讨论扩展到长期，在这一节中我们将对比古典经济增长理论、新古典经济增长理论和新经济增长理论。

宏观经济学对经济增长理论所进行的有影响的研究有三个时期，即20世纪40年代、20世纪50年代后期和整个60年代、20世纪80年代后期与90年代初期，分别产生了古典经济增长理论、新古典经济增长理论和新经济增长理论（内生增长理论）。

### 一、古典经济增长理论

古典经济增长理论（Classical Growth Theory）表明真实GDP的增长率并不是一个常数，而是不断变化的。当经济发展到劳动生产率高于某一可维持水平（Subsistence Level）时，也就是人能够支撑生存水平的时候，这个时候人口会趋向增加，当人口增加后，计算劳动生产率的分母（人口数）变大，从而使劳动生产率回落到可维持水平。

支持古典经济增长理论的经济学家认为技术进步会导致人们更多地进行新资本的投资，从而促进劳动生产率提高，随之而来的是新企业的设立和对劳动力需求的增加。这都会使得真实工资和就业率上升。古典经济增长理论的图形表示如图 8-2 所示。

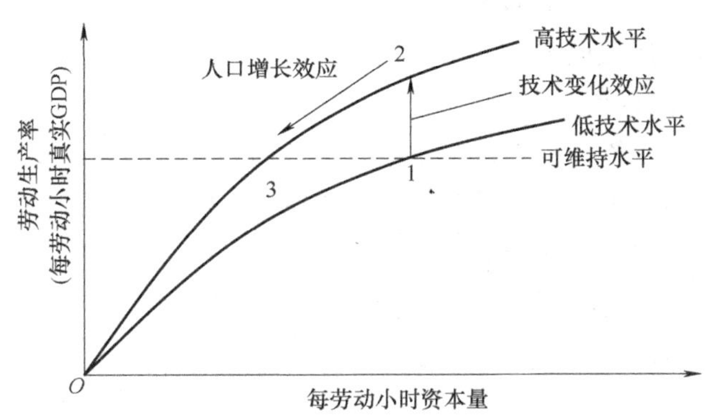


**图 8-2 古典经济增长理论的图形表示**

然而，古典经济学家认为真实工资上升会导致人口激增，这又会使得人均 GDP 退回到原有水平。这个结论是基于最低真实工资得出的。最低真实工资是指维持基本生活所必需的最低限度的工资。当真实工资低于这一水平时，一部分人甚至无法生存下去，从而人口会减少；当真实工资高于这一水平时人口会增加。增加的人口会导致人均 GDP 下降，从而导致劳动生产率下降。古典主义的观点认为无论技术如何进步，真实工资总会回到最低水平，并且劳动生产率不会永远增长，人们生活水平也不会一直提高下去。

古典经济增长理论的核心是真实工资高于可维持水平时会导致人口激增，从而减少技术进步的影响，使劳动生产率降低。

## 二、新古典经济增长理论

新古典经济增长理论（Neoclassical Growth Theory）认为经济增长不仅取决于资本的增长和劳动力的增长，而且还取决于技术进步的情况。技术进步既可以体现于物质资本方面，也可以体现在劳动者技术水平的提高上。只要存在技术进步（即 $\lambda>0$），对经济增长总是有利的。

新古典经济增长模型最重要的新成分是资本和技术的变革：先假定技术不变，分析资本投入在经济增长中所起的作用，然后再分析技术进步对经济增长的作用。

他们的观点是：如果资本存量的增加快于劳动的增加，那么就会发生人均资本量（Capital/Labor）不断提高，相应会带来人均产量的增长，带来劳动的边际产量和工资的增加，导致资本收益的递减。这时如果没有技术变革，人均产出和工资的增长迟早会停滞；但是不断变革的技术，不但会使人均产出和工资上升，还会抵消利润率下降的趋势。

新古典经济增长理论的主要贡献是：提出技术不同是各国生活水平差异的主要原因，技术是一种可以生产出来的要素，关注经济增长的政策者应该着重研究：国家怎样才能提高技术水平？

新古典经济增长理论和古典经济增长理论的主要区别在于对人口增长的认识。他们认为人口增长并不仅仅取决于真实工资水平，同时也取决于妇女在家里做家务、养育孩子的机会成本。随着技术进步和劳动生产率提高，做家务、养育孩子的机会成本也提高，从而妇女会少生孩子，使人口增长下降；同时，随着技术进步和劳动生产率提高，人们收入会上升，并且将加大用于维持健康的开支，这会使死亡率下降，从而人口进一步增加。总之，新古典主义经济学家认为人口增长是独立于经济增长的。

新古典经济增长理论的一个重要假设是：人们储蓄时会有一个目标收益率。当真实收益率下降到目标收益率时，经济增长停止。那么资本越贫乏的国家，越有可能资本深化，故经济增长中穷国会快于富国，各国在增长中有着向均衡值靠拢的趋势。

该理论对于现实有一定的指导意义，例如在其他条件不变的情况下，一国可以通过提高储蓄率使人均资本和人均产量提高；或者可以通过降低人口增长率，使人均资本和人均产量提高。

## 三、新经济增长理论

新经济增长理论（New Growth Theory）用规模收益递增和内生技术进步来说明一国为什么能够实现长期持续的经济增长，技术长期增长的原因详见后面熊彼特的创造性破坏理论。其重要特征是试图使增长率内生化，因此又称为内生增长理论（Endogenous Growth Theory）。

它基于如下两点提出：产品、技术的新发明是家庭、企业选择的结果；新发明会导致超额收益，但是竞争会减小超额收益。

对于新经济增长理论，如下两个假设非常重要：新发明是公共资本物品；边际收益递减对知识资本不适用。

以往增长理论中将储蓄率、人口增长和技术进步等经济增长重要因素视作外生变量（即一个给定的量），也就是说这些因素是经济增长的动力而不是经济增长的后果，而现实经济中，储蓄率的变化、人口增长率的变化和技术进步不仅是经济增长的动力，同时也是经济增长的后果，因而不可能是一个外生变量，而是随着经济增长而变化的量。内生增长理论试图避免这一缺陷，将这些重要因素作为内生变量，用规模收益递增和内生技术进步来说明各国经济如何增长，其显著特点是将增长率内生化。

新经济增长理论比较集中地讨论了技术进步这一因素在经济增长中的作用，该理论认为一个经济社会的技术进步快慢和路径是由这个经济体系中的家庭、企业在经济增长中的行为决定的。该理论主要代表人物之一罗默认为，企业通过增加投资的行为，提高了知识水平，知识有正的外部性，从而使物质资本和劳动等其他要素也具有了收益递增的特点。另一代表人物罗伯特·卢卡斯（Robert Lucas）认为，发达国家拥有大量人力资本，经济持续增长是人力资本不断积累的结果。还有的学者强调从事生产过程也是获得知识的过程，即所谓的“在工作中学习”，在工作中积累起来的经验使劳动力和固定资产的效率在生产过程中不断提高。总之，一句话，技术进步是经济体系的内生变量。

根据新经济增长理论，经济体的发展是一个永动机：创新和技术进步会带来超额收益，超额收益会导致竞争，而竞争会减小超额收益，为了获得更多超额收益企业又会进行创新和技术开发。

新经济增长理论对现实有着较强的指导意义，依据其观点，政府应当通过各种政策，例如对研究和开发提高补贴，对文化教育事业给予支持，用税收等政策鼓励资本积累等，以促进经济增长。

新经济增长理论与新古典经济增长理论的主要区别在于：新古典经济增长理论并没有将“收益降低——技术进步激励”这一联系包含在内，在新古典经济增长理论中收益降低并不能激励企业进行技术进步。

## 第三节　创造性破坏理论

奥地利经济学家约瑟夫·熊彼特（Joseph Schumpeter）以他的著作《资本主义、社会主义和民主》及书中所阐述的资本主义理论而闻名。根据熊彼特的观点，现代资本主义的果实——琳琅满目的商品和先进的生产技术——是由英雄人物创造的，他们是现代社会中富有传奇色彩的古代骑士，这些人主要是由企业家组成。熊彼特认为，这些人成为社会财富的创造者是因为他们在事业中投入了超越常人的精力。

熊彼特称这些企业家凭借自身的果敢使创新成为经济发展的必要条件，从长远来讲也对生活水平的提高产生了有利的影响。他们利用发明制造出新的产品，或通过新技术的使用提高生产效率。在熊彼特看来，他们的动机不止于金钱，他们渴望征服、战斗以及彰显自己的优势。企业家获得成功的同时也得到了财富，他们的新商品在经济中传播，很快仿效者开始仿效最初的企业家，生产出了同样的汽车或者燃料。新商品和新技术传播得更远了，这引起了整个行业的变革，并扩大了经济体量。最终一些企业倒闭，经济开始萎缩，直至新一轮创新出现。资本主义的荣衰与浮沉都源自层出不穷的创新浪潮以及创业和模仿的消长。新技术淘汰旧技术，然后又衰落。熊彼特将这称为“创造性破坏”(Creative Destruction)。他认为资本主义不是别的，只是永不满足的企业家带来的不断变化。

与多数经济学家不同，熊彼特认为垄断有助于经济发展。熊彼特相信垄断对创新的产生具有特别重要的意义，它会给企业家尝试创新的冒险行为带来高回报。当一个企业家发明了一种新的发动机，他们是该发动机的唯一供货商，他们就是这种发动机的垄断者，并因此获得高额利润。获得高额利润的可能性鼓励企业家创造各种新产品。没有垄断，新技术的发明将会变得更加困难。垄断刺激了为经济带来转变的技术进步，并最终产生更多物美价廉的产品。

在熊彼特看来，资本主义的要义在于企业家们不停地向池塘里扔石头，创造性破坏的涟漪永不消逝。在马歇尔描述的经济中，各企业在油灯的价格上互相竞争；而在熊彼德眼中，成功的企业家们通过发明灯泡击败竞争者。

在熊彼特看来，当企业家获得了成功，企业成长壮大，最终巨型公司出现，它们运用领先技术推出层出不穷的新产品。接下来，创新将通过理性的方式得以执行——往往发生在企业特殊的研究部门，经济进步变成了企业研发和创新行为的自动化结果。

## 【本章要点回顾】

本章介绍了发展经济学的主要理论，包括了古典经济增长理论、新古典经济增长理论和新经济增长理论。需要重点掌握这三种经济增长理论体系不同的假设、推导过程和其重要的结论。这些结论对政策制定者在制定推动经济长期稳定发展方面有巨大的指导作用。同时熊彼特的创造性破坏理论对于解释为什么经济能持续保持发展的动力方面给出了建设性的观点，也为创新发展提供了理论基础。

## 【选择题】

1. 劳动生产率（Capital/Labor hour）最有可能因为以下（ ）的变化而提高。

A. 实物资本的增加

B. 净移民的减少

C. 劳动力参与率的提高

D. 人口出生率的提高

2. 在一个发达经济体中，潜在GDP增长的主要来源是：

A. 资本投资的增加

B. 劳动力供给增长

C. 技术进步

D. 自然资源的增长

3. 随着时间的推移，新兴市场国家和发达国家之间收入的趋同很可能是由于（ ）造成的。

A. 全要素生产率的趋同

B. 资本边际生产率递减

C. 不可再生资源被用尽

D. 人口增长速度的趋同

# 第九章

## 国际经济学

### 【学习目标】

1. 了解李嘉图对于国际自由贸易的理论观点;

2. 掌握国际收支平衡表的定义，熟悉经常账户、资本账户、储备账户的定义及其组成部分;

3. 了解影响货币升值（贬值）的因素;

4. 熟悉贸易保护理论的观点及其政策建议。

亚当·斯密之后的经济学家意识到允许国家间进行自由贸易的重要意义。自由贸易意味着来自不同产地的商品都会被同等对待，廉价的印度布料不会在英国遭禁或受限制，英国消费者可以自由选择自己喜欢的布料。

英国经济学家李嘉图真正完善了自由贸易的经济观点，大卫·李嘉图（David Ricardo）曾是英国顶级的股票经纪人，在成为富翁后他转而成为经济学家。李嘉图曾在图书馆中偶然发现亚当·斯密的《国富论》，于是开始涉足经济学领域。《国富论》成为对他影响最大的书，并启发他用出色的思维方式分析经济。

李嘉图相当多的研究成果体现在国际贸易理论上，他通过比较优势理论推动了这一领域研究的发展，即两个国家可以通过贸易增加相互之间的利益。例如，如果英国和俄国分别在钢铁和谷物方面拥有相对优势，那么英国应该只生产钢铁并从俄国进口谷物，俄国应该只生产谷物，而从英国进口钢铁。进一步讲，即使两个国家中的一方同时擅长生产谷物和钢铁，他们也同样可以从贸易的交易中获利。这个观点具有深远的意义，正是由于每个国家都在某方面具有相对优势，因此拥有分工和贸易获利的可能性，国与国之间最好开放边境，支持对外贸易而非自给自足，关于相对比较优势的理论形成了经济学家最宝贵的原则之一。各国应该专注于生产相对便宜的产品然后同其他国家进行交易，这样各个国家都会获利。

## 第一节 国际收支账户

### 一、国际收支平衡表

国际收支平衡表（Balance of Payment，BOP）就是国际收支按特定账户分类和复式记账原则表示出来的会计报表。它的所有账户可分为三大类：经常账户、资本账户、储备账户，它采用复式记账法记账。

复式记账法是国际会计的通行准则，其要点有：

（1）任何一笔交易发生，必然涉及借方和贷方两个方面，即有借必有贷，借贷必相等。

（2）所有项目可分为资金来源项目和资金运用项目两大类。资金来源项目（例如出口）的贷方表示资金来源（收入）增加，借方表示资金来源减少；资金运用项目（例如进口）的贷方表示资金占用（支出）减少，借方表示资金占用增加。

（3）归纳起来：凡有利于国际收支顺差增加（或逆差减少）的资金来源增加（或资金占用减少）均记入贷方；反之，凡有利于国际收支逆差增加（或顺差减少）的资金占用增加（或资金来源减少）均记入借方。

而由复式记账法产生的恒等式为

经常账户的借贷差额 + 资本账户的借贷差额 + 储备账户的借贷差额 = 0

### 二、经常账户

经常账户（Current Account）衡量商品贸易和劳务贸易的进口和出口，以及投资收益、单方面转移的对外收支情况。具体包括：

（1）商品和劳务。商品包括居民向非居民出口或者从非居民处进口的大多数可移动货物，货物的所有权将发生变化。劳务包括各类服务。

（2）收入。收入包括：①雇员报酬，即以现金或实物形式支付给非居民职工的工资、薪金和福利。②投资收益，即居民因拥有外国金融资产而得到的收入，有直接投资收入、证券投资收入和其他投资收入。

（3）转移支付。转移支付包括单方面的汇款、年金、捐款、赠予、对国际组织缴纳的会费，以及无偿的经济援助和各项赔款等。

## 三、资本账户

资本账户（Capital Account）记录一国与其他国家之间的投资及资本交易。资本的流入或流出通常称为资本交易，包括长期的和短期的资本流动。资本流入记入资本账户中的贷方，资本流出记入资本账户中的借方。

资本账户衡量对外投资和本国居民持有外国资产的情况，包括实物资产和金融资产。当一个国家经常账户出现赤字时，一个很好的办法是从国外借款，从而使资本账户出现盈余。

资本账户包括三个分项：直接投资、外国有价证券投资和短期资本流动。

（1）直接投资通常是指在国外建立一个工厂或销售网络。投资者可以控制或分享控制企业的销售、生产和研究开发。直接投资一般拥有10%以上的股权。

（2）外国有价证券投资。它包括期限在一年以上的国际交易，例如，购买外国企业的股票。

（3）短期资本流动。短期资本是指一国的国际金融资产和债务期限为一年或少于一年的资本。短期资本流动包括在国际贸易和国际金融中发生的日常收入和支出。

## 四、储备账户

储备账户（Reserve Account）记录一国储备资产的变化情况。外汇储备增加，说明该国当年外汇收入超过外汇支出，反之则相反。构成储备账户大部分是外汇。1997年，美国经常账户出现赤字，资本账户有很小的盈余，从而储备账户出现盈余以维持国际收支平衡表的平衡，储备账户的盈余意味着美国用美元购买了外汇。这些外汇被联邦政府用来干预外汇市场，以控制汇率波动。

国际收支的中心要点是非常简单的：个人和企业必须为他们在国外的购买而支付。如果一个国家发生经常账户赤字，即在国外的花费比它从向国外出售商品或服务中得到的收入多，那么这一赤字就需要通过向国外出售资产或从国外借款来支持。而这种资产出售或借债意味着这个国家出现了资本账户盈余。因此，从长期来看，任何经常账户赤字肯定要由相应的资本流入（即资本账户盈余）来抵消，即

$$\text{经常账户赤字} + \text{净资本流入} = 0$$

资本流入并不是坏事，尤其是这些资本都投入本国商品生产时。而且经常账户顺差，资本净流出也不总是好事，特别是当国内只有很少的投资机会而国

外有大量高回报的投资机会时。

### 五、影响货币升值（或贬值）的因素

通常有三个主要因素引起一国货币升值或贬值：

（1）收入增长率不同。这会使收入高增长国家增加对进口商品的需求，从而导致对外币需求增加，使外币相较本币升值。

（2）通货膨胀率不同。这会使高通货膨胀率国家增加对进口商品的需求，因为进口商品更便宜。这也会导致对外币需求增加，使外币相较本币升值。

（3）真实利率不同。这会使资本流入真实利率高的国家。因此，这些国家的货币将会升值。

表 9-1 对此进行了总结。

**表 9-1　影响一国货币升值或贬值的因素**

| 因素（相较于贸易伙伴国） | 较低 | 较高 |
|---|---|---|
| 收入增长率 | 升值 | 贬值 |
| 通货膨胀率 | 升值 | 贬值 |
| 真实利率 | 贬值 | 升值 |

## 第二节　外汇市场干预和资本管制

所谓外汇市场干预，是指货币当局在外汇市场上的影响本国货币汇率的任何外汇买卖。其途径可以是用外汇储备、中央银行之间调拨或官方借贷等。

央行在特定情况下会对本国货币交易市场进行直接干预，或采取资本管制的方法来干预货币市场，其主要目的包括：

（1）防止本国货币的过度波动，特别是短期汇率发生过度波动，避免外汇市场混乱。

（2）降低（控制）过度的资本流入（或流出），实施方向干预。

（3）保持独立的货币政策，而不用担心外国的货币政策对本国货币汇率的影响。

干预外汇的方式主要可以分为直接干预和间接干预两种。

（1）直接干预是指货币当局直接参与外汇市场的买卖，通过在外汇市场上买进或卖出外汇来影响本币的对外汇率。

（2）间接干预主要是指通过一国货币政策或财政政策的推行，影响短期资

本流入，从而间接影响外汇市场供求状况和汇率水平。

从动机来划分，外汇市场干预又可分为积极干预和消极干预。

（1）积极干预是指一国货币当局为使外汇市场的汇率水平接近本国所设定的水平目标而主动在外汇市场进行操作。

（2）消极干预是指外汇市场已发生剧烈波动，偏离本国设定的汇率水平，货币当局采取补救性干预措施。

不同央行干预外汇市场和资本管制的有效性也有差异：

（1）在发达国家，央行采取此类行动的效果相对有限，因为在这些国家，其货币的交易量相对于其外汇储备来说通常非常大，因此，央行缺乏足够的资源来干预外汇市场。

（2）而对于新兴市场来说，央行采取此类行动的效果则不是很明确：一是因为央行可以有充足的外汇储备进行对外汇市场的干预；二是资本管制的成功取决于资本流动的规模和持续性，大量的持续的资本流动很难控制。综合这两个因素，外汇干预的效果不是很明确。

中国对于外汇市场的政策回归市场化是大势所趋，将来央行要逐步退出外汇市场干预，十九大报告在阐述完善社会主义市场经济体制中也提出，未来将深化利率和汇率市场化改革。当中国的汇率波动不是单边的上涨或者下跌，而是双向波动以后，汇率越来越灵活，国际收支就有可能趋于平衡，也就是说经常项目顺差或者贸易顺差能够应付正常的对外投资的需要。而人民币在国际收支平衡表资本账户下的放开也在逐步有序地探索中，例如QDII㊀、QDLP㊁、跨境理财通等跨境金融创新正在路上。

## 第三节　贸易保护理论

19世纪，有一些对本国制造商抱有同情的经济学家，他们认为自由贸易并不总能令国家获得财富，有时会适得其反。其中就包括了德国经济学家弗里德里希·李斯特（Friedrich List）。李斯特在他的《政治经济学的国民体系》一书中提出，将国家贸易和个人贸易混为一谈的观点是错误的，因为不同的国家并不仅代表持有不同护照的人群，不同国家有不同的历史、文化和治理的方式，它们处于不同的发展阶段，一些是发达的工业社会，一些仍处于农业社会。在

㊀ QDII为Qualified Domestic Institutional Investor的简写，译为合格境内机构投资者。

㊁ QDLP为Qualified Domestic Limited Partner的简写，译为合格境内有限合伙人。

李斯特的时代，英国正经历工业革命的起飞，在经济上领先于美国、法国和德国。对于其他一些有机会复制英国成功模式的国家而言，它们并不愿意建立自由贸易。

李斯特相信只有在工业和工厂而非农场的基础上创造经济才能实现发展。但在早期，新工业就像稚嫩的儿童，根据李斯特的观点，在发展之前儿童工业需要培育。假设德国想在19世纪发展钢铁和化学等新兴工业，将会受到经济上较发达的国家例如英国的阻碍。问题的关键在于当国外竞争对手更为发达时，如何在本国建立一套全新的工业体系。德国人可能永远需要便宜的英国商品，新工业将无法拥有机会。

李斯特的建议会使新经济免于国外竞争，一种方法是对外国产品征税。经济学家称其为“保护政策”。新工业需要通过不断的练习直到掌握产品线并获得和国外制造商竞争的机会，此刻税收可以被取消，建立自由贸易。一个新的工业领域得以创立，随后整个经济可以实现工业化。对外国产品征税需要付出高昂的代价，因为人们会花费更多的钱。但是李斯特认为这种成本是值得的：当幼稚的工业成熟时，经济也会发展，就像今天父母努力帮助孩子学习生存技能将来也会有用一样。

李斯特认为自由贸易并不是随时随地都会生效。只有当国家或地区间处于相同的发展阶段才会带来益处，例如19世纪德国的不同区域。但对于处于不同发展阶段的国家则没有什么好处：更发达国家的工业将会彻底摧毁其他国家的工业。李斯特认为保护对欧洲领先的经济，甚至对英国经济的发展都具有至关重要的意义。

即便如此，今天许多经济学家都支持斯密和李嘉图的观点，至于李斯特对年轻工业的保护态度，他们认为保护会鼓励无能和浪费，企业之间的竞争是有利的，可以淘汰生产质量低下的经济，它们的劳动力和厂房可以由他人生产使用以生产更好的产品。20世纪，许多非洲和亚洲国家保护自己的工业免于竞争，结果产生了许多效率低、业绩不佳的企业。

## 【本章要点回顾】

本章从介绍国际贸易的重要意义展开，首先介绍了李嘉图相对比较优势理论，该理论奠定了国际贸易理论的基础；其次重点介绍了国际收支平衡表，包括其三类账户的定义及其组成部分，并列举出了影响货币升值（贬值）的因素。本章还从监管角度出发，来看外汇市场干预和资本管制的目的和手段，最后介绍了贸易保护理论的观点及其政策建议。

## 【选择题】

1. 下列（　　）最能说明国际贸易的好处。

A. 国家从专业化分工和货物的交换过程中获益

B. 国家的出口商品的价格降低，进口价格升高

C. 一个国家要从贸易中长期受益，必须具有绝对优势

D. 国际贸易能促进进口和出口两个国家的就业率水平

2. 在关于国际贸易的陈述中下列哪项论述最不准确？如果两个国家对生产两种商品的机会成本不同，通过贸易活动（　　）。

A. 每个国家通过进口其具有比较优势的货物而获益

B. 每个国家都能增加其消费水平到国内生产可能性边界（生产的总产量）之外

C. 每种货物的低机会成本生产国将向生产该货物的高机会成本生产国出口

D. 两个国家总体的社会福利水平提高了

3. 在一个增加国际贸易活动的开放程度的国家，下列（　　）影响最有可能发生。

A. 消费品价格上涨

B. 国内生产更加专业化

C. 出口行业的就业减少

D. 整体失业率下降

4. 下列（　　）最不可能成为经常账户的组成部分。

A. 单方面转移支付

B. 对固定资产投资进行的付款

C. 对购买商品和劳务进行的付款

D. 以现金或实物形式支付给非居民职工的工资、薪金和福利

# 第十章

# 经济学热门理论延展

## 【学习目标】

1. 了解信息经济学的假设及其理论观点，掌握道德风险、信号的定义；
2. 了解福利经济学的假设及其理论观点，掌握外部性、公共商品的定义；
3. 熟悉经济监管不同理论的观点和政策建议。

经济学在过去几个世纪的发展如同一棵茂盛生长的大树，枝繁叶茂，生机勃勃。在这棵大树的不同枝节上发展出来不同的经济学理论和流派，如同一颗颗丰硕的果实，吸引着无数人继续改良和发展。本章将介绍信息经济学、福利经济学和经济监管理论的发展历程和理论成果。

## 第一节　逆向选择与信息经济学

美国经济学家乔治·阿克尔洛夫（George Akerlof）因为在20世纪70年代发表的一篇论文《柠檬市场》而走红。文中讨论了在购买一辆二手车过程中购买者面临的困境。你想从本地经销商手中购买的二手车可能不错，但也有可能是废品（一颗“酸”柠檬）。它在汽修厂院子里看起来不错，可一上路开不了几公里就坏了。有些事情在你购买之前你永远不会知道。经销商知道那辆车是不是一颗“酸柠檬”，但是他永远都会告诉你车辆的状况。购买者和销售者愿意以高价转手一辆好车，以低价转手一些差一点的车，问题在于，购买者并不知道哪辆车状况好，哪辆车状况坏。假设一半车好，一半车坏，那么你所购买的车就有一半的可能性是一颗“酸柠檬”。对这样的车你不愿意出高价，只愿意出高价和低价的中间价。但是好车的拥有者并不愿意以中间价出售自己的车，那样价格会低于其应有的售价，于是他们不会再出售自己的汽车。而那些“柠檬”车的拥有者却愿意出售。实际上如果要有人想要卖车，就会有这种嫌疑。于是坏车驱逐了好车。这是市场的失败，因为许多人愿意以高价购买好车。

阿克尔洛夫认为，在经济活动当中，一些人比另外一些人知道得更多。而市场想要良好运转，人们必须掌握所有的信息，例如汽车的成本、汽车的质量，以及雇员工作是否卖力，借贷人是否可靠？“完全信息”（Perfect Information）的假设——人们知道所有的信息——很少被人质疑。但当阿克尔洛夫想要发表自己的论文的时候，许多刊物拒绝了他。一个编辑说文章的观点无足轻重，另一个编辑说，如果你说的都是真的，那经济学就要改变了。最终阿克尔洛夫的论文还是发表了，经济学也确实改变了，信息经济学（Information Economics）的研究领域由此被开辟出来了。

经济学家给柠檬问题起了一个技术性的名字——“逆向选择”（Adverse Selection），然后发现这个现象到处都存在。当重要的产品特征不被购买者或销售者所知，就会发生逆向选择，就像一个购买者不知道一辆车是好是坏，或者保险推销员对一名潜在客户的健康状况知之甚少。当人们的行动不确定的时候，市场也会被破坏。经济学家称之为“道德风险”（Moral Hazard）。例如，在你购买手机丢失险之后，你可能对手机放哪就不那么上心了，因为你知道如果手机丢在公交车上，还可以获得一部新的。保险公司知道这一点，但是没法向你核实。结果就是他们不想给你完全承保，从而要求你承担一部分的损失。于是市场交易再一次失败了，因为你想要的是完全承保，也希望保险公司能够出售这样的保险服务，但是信息的缺乏阻止了这样的交易。

信息经济学的另外一位先驱迈克尔·斯宾塞（Michael Spence）研究人们如何通过彼此间发“信号”（Signal）来解决信息缺乏的问题。例如，企业想要雇用效率最高的人，但是人的能力很难衡量，人们就自己的能力发出信号的一个办法是获得教育资质证书。不过有的时候对信息缺乏的问题确实很难找到轻松的解决办法。如果银行没有办法分辨自己究竟将贷款贷给了负责任的企业主还是诈骗犯，那么它可能会停止向所有人贷款。正如阿克尔洛夫所警告的那样，当信息匮乏时，市场可能会完全停滞，市场停止供应任何商业所需的有用的东西。

在麻省理工学院，阿克尔洛夫的学生约瑟夫·斯蒂格利茨（Joseph Stiglitz）成为信息经济学的先驱。对斯蒂格利茨来说，信息经济和经济学中最大的问题有关。例如贫穷的国家如何才能变得富裕？20世纪90年代，斯蒂格利茨有机会在现实世界中利用自己的理论，他成为比尔·克林顿总统的顾问，随后又加入华盛顿的世界银行，世界银行负责向发展中国家提供贷款以及提供经济政策的建议。世界银行和国际货币基金组织要求发展中国家采取自由市场的政策，包括向国外的资金敞开大门。它们认为这些钱会用于新工厂和新道路的投资，从而有利于经济发展。巨额的资金涌入了东南亚，但是正如我们早先看到的那样，这些国家在 1997 年遭受到了经济冲击。由于对借贷人是否有能力偿还贷款考虑不足，借贷是在信息匮乏的基础上完成的，结果就是许多借款人没有能力偿还。道德风险让事情变得更糟糕，因为放贷人盼望着政府能够在事情变糟的时候伸手援助，因此对于谁来借钱缺乏警惕。

运作良好的金融市场有赖于放贷人认真评估借贷人的可信度，有赖于投资人认识到所投资项目的风险。金融市场和信息息息相关，当金融市场发展欠佳时，它们梳理复杂信息的能力也有限，斯蒂格利茨对世界银行的建议提出了严厉的批评，这些人完全忽视了自由市场政策的风险，让资金流毫无限制地进进出出，而放贷人对借钱的人是谁却没有掌握足够的信息。他将这种政策比喻为把法拉利的发动机放进一台破车里，然后在没有检查轮胎、没有考察驾驶员技术的情况下就发动汽车。

信息经济学和发达经济体所面临的巨大经济挑战也有关系。自从 20 世纪 30 年代的“大萧条”以来，经济学家始终没有搞清楚究竟是什么导致了失业。以凯恩斯的理论为基础的战后经济学认为，工资不会在经济衰退中轻易下降，而高工资让那些气馁的企业没有办法雇用更多的工人。工资为什么不下降呢？信息经济学提供了一个新的答案。因为雇主没有办法全天候监控工人，因此对于他们的工作是否卖力并不知情。为了鼓励工人更好地工作，雇主提高了工资。当所有的雇主都这样做的时候，总体工资水平就上涨了。在高工资水平上，企业雇用更少的工人，失业率由此上升。随后，失业的威胁鼓励现在还在工作的人更加卖力地工作。这种思考失业的问题的方式成为凯恩斯的一种新解释，受到了今天许多凯恩斯主义经济学家的追捧。

当阿克尔洛夫和斯蒂格利茨开辟新的信息经济学领域的时候，许多经济学家认为市场在大部分时间里总是能够良好运转的。他们相信亚当·斯密的“看不见的手”，认为市场的买卖行为会导致社会资源的最佳利用。因为信息问题导致的市场失灵并不一定意味着人是愚蠢或者非理性的。如果人们因为担心自己可能买到一辆质量不佳的二手车而不再买二手车时，这完全是理性的。但是失灵意味着“看不见的手”不再发挥作用，在接受诺贝尔经济学奖时，斯蒂格利茨在致辞中说，这只手之所以看不见是因为它根本不存在。如果是这样的话，这对经济学思想的发展又是非常新的观点和挑战。

## 第二节　福利经济学

英国经济学家阿瑟·塞西尔·庇古（Arthur Cecil Pigou）师从维多利亚时代著名的经济学家马歇尔，后者开创的基础市场理论仍为今天的经济学家所沿用。马歇尔将这个学生视为天才，庇古的确将老师的理论进一步深化，他特别阐述了市场的运行并不总是完美的。庇古成为福利经济学领域的先锋，它检验了人们在购买、销售、工作中以及企业在生产和雇用过程中所做的决定为社会带来的整体利益，即“规范经济学”（Normative Economics）。这种经济学分支可以用来判断经济形势，在这里就是一个市场运转的好坏。

庇古提出市场经常指引人们做出有利于自身的选择，但这种选择往往会包含损害他人的副作用。为了理解这一点，可以假设你的邻居在吹小号，但你并不喜欢它发出的吵闹的声音，特别是当他已经连续吹了几个小时后。在这种情况下，邻居的爱好便具备了一种非故意的副作用：他的演奏令你感到烦恼。我们如何在邻居的享受和你的烦躁之间进行权衡呢？在做判断时我们会以整个社会为基点考虑什么才是最好的，而不是某个人。在这个简单的例子里，“整个社会”意味着对你和你的邻居一起来说最好的是什么。同样的问题会贯穿整个市场。我们会更清晰地了解其间的利益和代价，因为两者可以由金钱衡量。

经济学家在对油漆厂的污染物和包装公司的研究中提出了“外部性”（Externalities），因为它们除了对创造者本身，还会对外部的人或企业产生影响。庇古指出当社会效用和个人效用之间存在差异时，市场失败的风险便会加剧。人们用货币支付个人的收益和损失，油漆厂购买颜料，顾客购买油漆。当个人的损失和收益没有产生任何影响时，市场便会良性运行。这种情况下社会等同于个人，所有的社会影响都包含在人们购买的物品里。当外部性存在时，个人的损失和收益并不包括所有的社会的损失和收益，外部性也不算在人们购买的任何商品中，例如工厂的污染物。在这些情况下，个人影响不同于社会影响。这就是我们所说油漆厂“过度”生产的原因，它并不为污染付出代价，于是并不会为社会整体利益而停止生产更多的油漆。

经济学家将那些不需人们花钱购买也能从中获利的商品称为“公共商品”（Public Good），例如路灯、军工类的服务。对于这种商品，经济学家称人们的行为为“搭便车”（Free Riding），它适用于很多重要的产品或服务。例如，你会在意组建军队保护国家安全的开销吗？军队保护边境，所有人都会享受到其中的好处。当某些产品允许搭便车时，市场就会很少甚至不提供这类产品。

因此，当人们创造了外部性或者渴望公共产品时，说明亚当·斯密的“看不见的手”发挥的作用是错误的。市场没有充分利用社会资源：糟糕的产品数量过多，而好产品数量却不足。庇古认为，政府需要推动市场向正确的方向迈进，他应该鼓励“积极”的外部性，抑制“消极”的外部性。例如，政府为企业开展研究投入的花费（拨款）可以鼓励包装公司有更多的意愿开发更多有利的技术，对油漆生产征税可以鼓励工厂减产使其产量最有利于整个社会。

对于公共产品政府实施了更有力的措施。政府可能会将税收用于提供产品本身，这是路灯和军队开销基本一直由政府提供的原因。关于政府存在的一个主要经济论点就是，如果没有政府便没有公共产品。当庇古写下这些观点的时候，经济学家同样明白了如果市场掌控在少数或唯一的企业手中就会失败。垄断企业可以选择产品的定价，它具有“市场权利”（Market Power）。垄断企业试图推高价格以攫取更多的收益，高昂的价格意味着消费者购买数量的减少以及企业产量的减少，这些行为损害了整个社会，因为消费者想要更多物美价廉的产品。然而垄断企业仅仅是以自身利益为基础决定产品的生产数量。在充满竞争的市场中因为企业数量多，商品也就更多，从而使价格相对较低。这就是经济学家认为竞争的市场要比垄断更为有利于社会的原因。

政府的“反托拉斯”（Antitrust）政策尝试通过取缔垄断企业的生产或将其分解为小型企业从而使市场更具竞争力。20 世纪末，一个法庭发现微软公司曾经尝试建立自身的垄断地位，为了有利于竞争，法庭限制了该公司捆绑销售产品的方式。

庇古研究的是更具体的关于特定市场如何运作的问题。在第二次世界大战之后，大部分更为宏观的问题得以解决，很多人相信资本主义需要一种更为有力的政府行为的参与，才能保证其健康发展。庇古的著作为改良特定市场的运转提供了一些政策，如油漆业、渔业、石油业等。今天的经济学家依然使用这些理论思考政府如何运用税收和补助为充分利用社会资源提供帮助。

## 第三节　经济监管理论

当一个企业能以低于两个或更多企业的成本为整个市场供给一种物品或劳务时，这个行业是自然垄断（Natural Monopoly）。当相关产量范围存在规模经济时，自然垄断就产生了。在这种情况下，一个企业可以以最低的成本生产任何数量的产品。一个例子是供电行业。

垄断者通过选择边际收益等于边际成本的产量来实现利润最大化。与竞争企业相反，垄断收取高于边际成本的价格——从消费者的角度来看，这种高价格使垄断是不合意的；但从企业所有者的角度看，高价格使垄断极为合意，因为垄断者从这种高价格中赚到了利润。由于垄断引起的资源配置不同于竞争市场，因此其结果必然以某种方式使总经济福利不能最大化，从而使垄断从整个社会的角度看不合意。

设想有两个自然垄断企业，一个在没有任何法律法规规范的市场里，另一个受到市场法规的严格监管。很显然，前一个企业通过选择边际收益等于边际成本的产量来定价并实现利润最大化，结果是消费者只能消费相较于竞争市场中更少的产品。这是由于垄断引起的资源配置不同于竞争市场。后一个企业将被法律规定价格等于边际成本。但是这会给企业造成损失，因此政府通常规定价格定在企业的长期平均成本。在这时，企业会获得正常的利润。

## 一、政府对自然垄断产业管制的基本原理

政府法规可以被分为经济法规或社会法规：经济法规包括对自然垄断的法规和对竞争行业做出的法规；社会法规包含对所有行业做出的法规。经济法规的主要目的之一是使政府机构可以控制整个行业的定价政策。这可以达到双重目的：减少过多的垄断利润；阻止过度竞争。

最常用的两种规范自然垄断企业的法规是服务成本法规和收益率法规。服务成本法规是指规定自然垄断企业的最高定价，这一定价往往基于企业的长期平均成本得出。收益率法规允许垄断行业的企业自主定价，但是收益率不能超过某一规定额度。

## 二、社会法规的潜在好处和可能的负面影响

几乎在所有情况下，法规的增多都会导致更高的生产成本，而这些成本均由消费者负担。此外，法规增多在行业内部也会有负面影响：为了遵守法规，小企业往往要比大企业付出更高的成本，从而它们的收益率会受到不利影响。

然而，社会法规的正面影响虽然难以量化，但还是非常显著的：人们有了更安全的产品、更安全的工作环境和更美的环境。对它的好处的争论焦点在于法规涉及的广泛程度和成本效益分析，而非政府是否应该制定这些法规。

法规可能会带来不符合制定法规本意的负面影响。在法规监管下的企业可能会试图避免监管。企业可能会遵守法规明文规定的内容但不理会法规的实质。例如，法规规定企业必须对所有人提供平等的就业、晋升机会，不论性别、年龄、种族。一个企业为男性和女性都安排了面试但是最终只招募了男性员工，

这就是遵守法规明文规定的内容但不理会法规的实质。

反馈效应也是法规负面影响的典型例子。它发生于执行新法规导致的消费者行为出现变化。一个例子是政府规定汽车工厂所造汽车要更加有效率地使用汽油，法规执行后消费者由于知道汽车更省油反而会在开车时不注意节油。这就违反了法规制定的意图：法规本来是想使整个社会更少地消费汽油。

法规监管者为政府部门工作。理论上来说，法规监管者的行为不受到市场和市场参与者的影响，但事实并不总是这样。如下两个法规监管者行为理论可以帮助我们了解法规是如何帮助或伤害消费者的。

## 三、法规监管者不同类型的行为：捕获假说和福祸共担理论

1. 捕获假说

捕获假说（Capture Hypothesis）是基于如下假定提出的：无论监管者的目的是什么，它总是会受到所监管行业的影响，甚至为其所控制。这是因为：法规监管者往往是这一行业的专家，即使他们从未受雇于这个行业的任何企业，他们在监管时还是要和行业内部的企业保持联系、维持关系，从而影响他们的决策。

此外，相较于消费者而言，行业内部的企业更懂得研究法规，它们会给监管者提出他们更具有说服力的理由，从而影响他们的决策。

2. 福祸共担理论

福祸共担理论（Share-the-gains，Share-the-pains Theory）是基于如下假定做出的：法规制定者会尽量保证如下三方利益均得到满足：法规制定者本身（也就是监管者），消费者和受规制的企业。与捕获假说不同，监管者并不完全为受规制的企业所完全控制，而是充分从三方各自的角度考虑政策制定的效果。例如，假设燃料价格上涨，那么势必会造成生产企业成本增加，那么福祸共担理论则会做出预测：政府必然会让企业成本慢慢上涨，而且只上涨一部分；而捕获假说则会预测政府会让企业在更短的时间内把全部成本都转嫁到消费者身上。

## 【本章要点回顾】

本章主要介绍了在微观、宏观经济学传统框架外的经济学热门理论，包括信息经济学、福利经济学以及经济监管理论，具体包括各种理论希望能解释的经济现象，其理论的假设、基本观点和核心结论以及道德风险、逆向选择、外

部性、公共商品等专业术语的含义和应用场景。

## 【选择题】

1. 逆向选择的定义和应用中不包括的概念是（　　）。

A. 买卖双方拥有的信息集是对称的，因为逆向选择，市场效率提升

B. 道德风险的存在令交易市场更加失效

C. 通过信号可以解决信息缺乏的问题

D. 由于信息不对称造成逆向选择，使得市场“看不见的手”无法发挥好作用

2. 对垄断企业进行监管的政府机构最有可能将监管价格（定价）建立在（　　）基础上。

A. 边际成本

B. 长期平均成本

C. 企业进行价格歧视下的定价（最高定价）

D. 平均可变成本

# 下　篇

# 第十一章

# 马克思主义政治经济学的创立与发展

## 【学习目标】

1. 了解马克思主义政治经济学的创立过程；
2. 掌握马克思主义政治经济学的思想来源；
3. 熟悉列宁与苏联建设时期对马克思主义政治经济学的发展；
4. 熟悉毛泽东思想对马克思主义政治经济学的贡献；
5. 熟悉中国特色社会主义理论体系对马克思主义政治经济学的贡献；
6. 掌握习近平新时代中国特色社会主义经济思想对马克思主义的发展。

西方哲学大体系最后一个缔造者马克思与他的好友恩格斯等人开创的马克思主义政治经济学第一次把复杂隐晦的经济学思想完整地阐释给了劳动人民大众，为广大劳动人民的利益服务，使得劳动者在历史上第一次拥有了真正的思想武器，由此在19世纪掀起了波澜壮阔的工人运动，最终缔造了社会主义国家。马克思主义不是机械僵化的理论，而是不断发展的科学，为理解世界和改造世界提供了一套完整的世界观和方法论。

马克思主义诞生的一个多世纪以来，世界发生了深刻的变化，马克思主义在不断探索和发展中从边缘走向中心，中途也历经一波三折，伴随着中国的伟大复兴，马克思主义的真理性被再次证实。本章将从马克思主义政治经济学的创立、苏联的实践、中国社会主义制度的建立和初期探索、中国特色社会主义的构建到新时代中国特色社会主义思想对马克思主义的发展的历史作为主线，来阐述马克思主义在最近一个多世纪中的重大发展。马克思主义对解释21世纪资本主义的矛盾和演化趋势依然有效，在西方国家也占有重要的话语位置，这一部分将在后续章节中详细论述。

## 第一节　马克思主义政治经济学的创立

古典政治经济学是马克思主义政治经济学的重要思想来源。1776 年，亚当·斯密出版《国富论》，标志着古典资产阶级政治经济学的建立。古典政治经济学研究由流通过程延伸到资本主义的生产过程，把资本主义生产看作增加国民财富最有效的源泉，论证了资本主义自由竞争制度相对于封建专制制度的合理性，在一定程度上揭示了资本主义经济的内部联系。但古典政治经济学自身存在较大的缺陷，一方面，亚当·斯密只观察了资本主义初期阶段，后续的经济学家往往也存在片面肤浅的问题；另一方面，从维护资本主义制度的角度，经济学家把资本主义制度描述成一个完美的、均衡的体系，专注于分析表面现象（如需求和供给），而忽视结构上的价值关系，不愿意以公正的科学方法探究经济关系，尤其害怕对潜藏在商品交换行为下的阶级关系的研究，更感兴趣的是维护资产阶级利益的合理性，而不惜牺牲科学上的公正性，这些经济学思想被马克思称为“庸俗经济学”。

马克思批判地继承了古典政治经济学的科学成分，克服了它的阶级局限和历史局限，全面深刻地揭示了资本主义经济的内在矛盾和发展趋势，完成了政治经济学发展史上的伟大革命。1867 年马克思出版《资本论》第 1 卷，标志着马克思主义政治经济学理论体系的创立，成为马克思主义三个组成部分之一（另外两个分别是马克思主义哲学和科学社会主义）。

马克思主义政治经济学的产生有其历史条件。从社会经济条件来看，18 世纪开始的工业革命及机器大工业的发展，一方面为资本主义经济的迅速发展创造了物质条件，另一方面也使资本主义的社会矛盾迅速发展和激化，为马克思主义政治经济学的形成提供了客观依据。从政治条件来看，伴随着资本主义矛盾的发展，英国、法国、德国等国兴起工人革命运动，这表明无产阶级已经作为独立的政治力量登上了历史舞台，市场经济下创造的巨大利益究竟是该归资产阶级独享还是让广大劳动人民受益成为当时社会的主要分歧。工人运动呼唤着建立代表无产阶级利益的政治经济学。马克思、恩格斯深入观察和研究分析日益尖锐化的社会化生产和资本主义占有的基本矛盾，并立足于正在不断形成并日益壮大的无产阶级普遍要求，创立了无产阶级自己的政治经济学。

马克思、恩格斯等确定了一套完整的研究对象、研究方法、基本范畴和基本原理体系，因此这一政治经济学范式被称为马克思主义政治经济学。马克思和恩格斯所做出的开创性理论贡献表现在许多方面，其中最为突出的有：开创了以辩证唯物主义和历史唯物主义研究经济现象的科学世界观和方法论；创立了生产商品的劳动二重性学说，使劳动价值论有了科学的基础；创立了科学的剩余价值理论，发现了资本积累的一般规律和历史趋势；全面分析了资本主义生产、分配和交换的内在规律；揭示了资本主义灭亡和社会主义产生并取得胜利的必然性，并预见了未来社会主义和共产主义社会的一些基本特征。

## 第二节 列宁与苏联建设时期对马克思主义的发展

马克思主义为工人运动提供了强大的理论支持，取得一系列成果，如影响至今的8小时基本工作制。进入帝国主义时代的西方国家暂时性地把国内矛盾向殖民地输出，在一定程度上缓和了国内阶级矛盾，尽管在资本主义国家工人被剥削的状态没有改变，但工人的生存状态得以极大的改善。但无产阶级革命并没有终结，欧洲边缘相对落后的俄国爆发了“十月革命”并取得胜利，第一个社会主义国家苏联得以建立。在列宁和后来的斯大林领导下，苏联在社会主义革命和建设的实践中进一步发展了马克思主义政治经济学理论。

### 一、列宁对马克思主义政治经济学的发展

19世纪末20世纪初，资本主义进入帝国主义和无产阶级革命阶段。随着殖民地的扩大，英国等帝国主义国家的财富在不断增加，国内阶级矛盾有所缓和，但国际上资本主义国家之间的矛盾日益尖锐，最终导致旨在瓜分全球的世界大战。马克思生前对帝国主义进行过尖锐的批判，但真正以马克思主义视角对帝国主义和垄断资本进行深刻系统剖析的是列宁，列宁坚持和运用马克思主义基本原理，对马克思主义政治经济学进行了创造性发展，演绎出帝国主义理论。正如毛泽东同志所说，马克思不能在自由资本主义时代就预先具体地认识帝国主义时代的某些特异的规律，因为帝国主义这个资本主义最后阶段还未到来，还无这种实践，只有列宁和斯大林才能担当此项任务。概括起来，列宁对发展马克思主义政治经济学的贡献突出表现在：对处于垄断阶段的资本主义进行深刻剖析，形成了关于帝国主义的经济理论；亲自领导俄国无产阶级革命，并在革命胜利后努力探索社会主义经济建设的道路，形成了向社会主义过渡和社会主义建设的理论。列宁科学地揭示了资本主义发展到帝国主义阶段的基本特征，指出帝国主义就是垄断资本主义。列宁概括了垄断资本主义的五大特征：生产和资本的集中必然走向垄断，垄断组织成为经济生活的基础；银行作用急剧加强，并与工业资本融合而成为金融资本，金融寡头在经济、政治上建立起统治

地位；资本输出有了特别重要的意义；瓜分世界的资本家国际垄断同盟已经形成；国际垄断同盟（列强）经济上分割世界已经完毕。列宁在一个多世纪之前的论断到今天依然具有深刻的现实性。

列宁在分析垄断资本主义五大特征的基础上，揭示了因此产生的社会经济矛盾：垄断必然产生腐朽和停滞的趋势；金融资本和金融寡头的产生意味着资本更为集中，导致与生产的社会化的矛盾更为尖锐；资本输出和列强分割世界完毕，不可避免地产生重新分割世界的矛盾，不仅导致帝国主义国家与殖民地之间的矛盾，也导致帝国主义列强之间的矛盾。列宁指出帝国主义是资本主义的最高阶段。资本主义发展到垄断阶段，特别是国家垄断阶段，生产社会化程度更高，资本更为集中，因此，国家垄断资本主义为社会主义准备了物质基础。列宁揭示了经济和政治发展的不平衡是资本主义的绝对规律，由此就应得出结论：社会主义可能首先在少数或者甚至在单独一个资本主义国家内获得胜利。

列宁在亲自领导无产阶级夺取政权并向社会主义社会过渡的实践中，形成了社会主义过渡和建设理论。其基本内容包括：①社会主义经济基础必须通过大力发展生产力和不断提高劳动生产率来形成。社会主义最终战胜资本主义的条件是其生产力水平超过资本主义。②在资本主义发展程度比较低或殖民地半殖民地国家（特别是东方国家）向社会主义过渡，需要保留商品货币关系，借以形成和发展壮大社会主义经济基础。③1920 年年底至 1921 年年初实施新经济政策，这是对社会主义经济建设的最早理论探索和实践。新经济政策所提出的无产阶级革命胜利以后农民经济活动自由和发展国家资本主义，实际上是发展多种所有制经济、发展市场经济。国家资本主义不仅包括鼓励国内发展私人资本，还包括积极引进外国资本。当时列宁还认为，新经济政策的实施大约需要几十年时间。

## 二、苏联建设时期对马克思主义政治经济学的发展

列宁逝世后，斯大林领导了苏联向社会主义过渡和进入社会主义社会后的经济建设。这个时期，如何建设社会主义，建成一个什么样的社会主义，没有前人经验可以借鉴。苏联党和人民对社会主义经济建设进行了积极探索，虽然有曲折和教训，但也积累了重要经验，推动了马克思主义政治经济学在社会主义条件下的发展。

（1）关于社会主义国家工业化思想。首先，在一个农业国建成社会主义的前提是实现工业化，否则，社会主义国家就不能保持经济上的独立。工业化速度是事关社会主义政权生死存亡的大问题。其次，工业化资金的积累，在当时

的条件下只能依靠国内积累。当时苏联主要是通过工农业产品价格的剪刀差，让农业为工业化提供“贡税”的途径来实现的。最后，社会主义工业化的具体道路是优先发展重工业，特别是机器制造业。这条工业化道路在当时的苏联有现实必要性，特别是为后来的反法西斯战争胜利奠定了物质基础。但由此付出的轻工业长期落后、农业轻工业重工业比例失调、人民消费需求长期得不到满足的代价也是不可忽视的。

（2）关于农业集体化思想。无产阶级夺取政权以后，面对广大的小生产和个体经济，必然会提出将它们引入社会主义道路的要求。苏联采取的是通过“自上而下”的运动来实现集体化，把分散的中小农户组织起来使其进入集体农庄。集体化运动把个体农民经济转变为集体经济，把小农庄转变为大农庄，这有利于集约化耕作和利用农业机械，符合生产力发展的方向。但在这一生产关系的调整过程中，由于开始时采取强制地推进全盘集体化的做法，不仅没有调动大多数农民的生产积极性，反而在一定程度上破坏了农业生产力，其教训也是深刻的。实践表明，对小生产的改造是长期过程，农业集体化必须坚持自愿原则，不能采取行政强制的办法；同时，集体化要以有利于促进生产力发展为基础，必须和机械化相结合来进行。

（3）关于马克思主义政治经济学教科书的编写。斯大林撰写的《苏联社会主义经济问题》和他组织编写的苏联《政治经济学教科书》对社会主义经济理论进行了初步探索，其中一些观点具有重要的理论意义。斯大林承认在社会主义条件下存在商品经济。他认为，社会主义条件下存在着全民所有制和集体所有制两种公有制形式，在这两种不同所有制之间必然存在着商品交换。与此相应，在社会主义条件下价值规律仍然发生作用。斯大林在强调社会主义经济规律客观性的基础上阐述了社会主义经济的一些重要规律，如生产关系一定要适合生产力性质的规律等，推动了马克思主义政治经济学的发展。

在斯大林的领导下，苏联在社会主义探索中逐步建立了以高度集中的社会主义计划经济体制为主要特征的苏联模式。苏联的第一个五年计划（1928—1933 年）成果丰硕，重工业实现了 241% 的增长，轻工业实现了 130% 的增长，两者之间的比值为 1.85:1。到 1932 年，苏联的工业总产值在国民经济中的比重上升到了 70%，生产资料制造行业的比重上升到了 53.3%。苏联通过一个五年计划就从一个农业国一跃成为最主要的工业国，其工业发展速度已经达到了世界第一的水平，工业产量已经上升到了世界第二的位置。在第二个五年计划完成之后，苏联的工业发展更进一步，工业总产值相较第一个五年计划而言提升了超过 1 倍，重工业在所有工业中的比重达 57.8%，高出了世界平均水平，增长速度更是达到了世界水平的14倍。到1940年，苏联已经年产1830万t钢材、1500万t生铁、1.6亿t煤炭、3100万t石油、3830万t谷物、11270万t棉花。在第二次世界大战期间，苏联每年可以制造3万辆坦克、4万架飞机、15万挺机枪和12万门大炮，这都是苏联工业化成果的具体体现。如果没有如此高效的工业化和经济发展奠定雄厚的物质基础，苏联无法在第二次世界大战中取得胜利，政权可能已经灭亡了，世界历史可能因此改写。

讨论和评价任何一种经济模式不能脱离其所在的历史条件，斯大林领导下的苏联工业化取得了前所未有的成绩，但也不可避免付出很多代价。斯大林去世后，苏联党和政府出现了系统性的问题：一方面，在政治上彻底否定了斯大林；另一方面，在经济上却坚守斯大林时代的经济管理模式，不能与时俱进，社会出现严重的僵化，信念因失去现实基础而遭到腐蚀，最终苏联于1991年从内部解体。总结苏联模式的经验教训，是马克思主义政治经济学研究的重要内容。

## 第三节　毛泽东思想对马克思主义政治经济学的贡献

十月革命一声炮响，给中国送来了马克思列宁主义。苏联取得的伟大成就激励了尚处于半殖民地半封建社会的中国的有识之士，利用马克思列宁主义让中华民族重新站起来。以毛泽东同志为核心的共产党人领导中国人民夺取了新民主主义革命的胜利，实现了新民主主义到社会主义的过渡，建立了社会主义制度，发展了社会主义的经济、政治、文化，开始了全面的社会主义建设。在这个过程中形成的毛泽东思想，是马克思列宁主义基本原理同中国革命和社会主义建设实际结合的产物，其中蕴含的经济思想丰富和发展了马克思主义政治经济学。

### 一、新民主主义革命理论中的经济思想

新民主主义革命理论是特定历史时期的指导思想，其中也包含着丰富的经济思想，在不同阶段都有不同的侧重和发展。在土地革命战争时期，提出苏区建设必须重视经济工作，集中经济力量供给战争，同时极力改良民众的生活，巩固工农在经济方面的联合，实施土地革命。抗日战争时期，针对日本帝国主义和国民党顽固派的压迫和封锁，提出自己动手、丰衣足食，开展大生产运动；提出发展经济、保障供给是经济工作和财政工作的总方针。根据地经济建设的发展为革命战争的胜利提供了重要保证。

新民主主义革命提出了明确的经济纲领，即要实现“三大经济纲领”：没收封建阶级的土地归农民所有，没收官僚垄断资本归新民主主义的国家所有，保护民族工商业。新民主主义革命明确了根本任务。毛泽东同志指出，新民主主义的革命任务，除了取消帝国主义在中国的特权以外，在国内，就是要消灭地主阶级和官僚资产阶级（大资产阶级）的剥削和压迫，改变买办的封建的生产关系，解放被束缚的生产力。新民主主义建设时期有独特的经济结构，提出实行多种经济成分并存的原则。其中，国营经济是社会主义性质的，是整个国民经济的领导成分，合作社经济是半社会主义性质的，加上民族资本主义和个体经济，国家和私人合作也是一种主要形式。

## 二、关于新民主主义向社会主义过渡的理论

从1949年10月中华人民共和国成立到1956年，以毛泽东同志为核心的党中央领导全国人民在完成民主革命遗留任务、迅速医治战争创伤、恢复国民经济的基础上，依据新民主主义革命胜利所创造的向社会主义过渡的政治经济条件，不失时机地提出了逐步实现社会主义工业化，并逐步实现国家对农业、对手工业和对资本主义工商业的社会主义改造的过渡时期总路线。在这条总路线的指引下，中国奠定了工业化的初步基础，开辟了一条适合中国国情的社会主义改造道路，从理论和实践上解决了在中国这样一个占世界人口近1/4、经济文化落后的大国中建立社会主义制度的艰难任务。

根据中国特点，中国共产党提出用国家资本的形式与和平赎买政策改造资本主义工商业，用逐步过渡的形式改造个体农业和个体手工业。在社会主义改造的过程中，保持了社会生产力的继续发展，广大人民生活水平继续得到提高，这是中国共产党的独特创造。新民主主义革命的胜利和社会主义基本制度的建立，为当代中国的一切发展进步奠定了根本政治前提和制度基础。

## 三、对社会主义建设道路的探索

社会主义改造基本完成以后，以毛泽东同志为核心的党的第一代中央领导集体领导全国人民对适合中国国情的社会主义建设道路进行了艰辛探索，积累了在中国这样的社会生产力水平十分落后的东方大国进行社会主义建设的重要经验，并取得了重要的理论成果。

（1）提出社会主义社会的基本矛盾仍然是生产力和生产关系之间的矛盾、经济基础和上层建筑之间的矛盾；国内的主要矛盾，已经是人民对于建立先进的工业国的要求同落后的农业国的现实之间的矛盾，已经是人民对于经济文化

迅速发展的需要同当前经济文化不能满足人民需要的状况之间的矛盾；要正确处理敌我之间和人民内部两类不同性质的矛盾。

（2）提出社会主义的根本任务已经由解放生产力变为在新的生产关系下保护和发展生产力，努力实现四个现代化，建设社会主义强国。

（3）提出了许多关于社会主义建设的重要思想和方针，如处理好重工业和轻工业、农业的关系，沿海工业和内地工业的关系，经济建设和国防建设的关系，国家、生产单位和生产者个人的关系，中央和地方的关系，中国和外国的关系；要统筹兼顾、适当安排，处理好积累和消费的关系，注意综合平衡等。

（4）在研究《苏联社会主义经济问题》和苏联《政治经济学教科书》的基础上，以苏联的经验教训为借鉴，结合中国实际，从理论上探讨了许多社会主义经济问题。在这一时期，以毛泽东同志为代表的中国共产党人努力寻找适合自己国情的社会主义建设道路，尽管在探索中有曲折甚至有失误，但经过长期奋斗，在中国建立起了适合自己国情的社会主义基本制度，建立起了独立的比较完整的工业体系和国民经济体系，进行了大规模的社会主义经济建设，为社会主义现代化建设积累了经验，奠定了重要的制度基础和物质技术基础。

## 第四节　中国特色社会主义理论体系对马克思主义政治经济学的贡献

1978 年，中国共产党召开具有重大历史意义的十一届三中全会，开启了改革开放历史新时期。改革开放 40 多年来，中国共产党坚持马克思主义基本原理，紧密结合中国实际，适应时代发展的要求，研究新情况、解决新问题、总结新经验、做出新概括，形成了一整套路线方针政策，成功开辟了中国特色社会主义道路，创立了包括邓小平理论、“三个代表”重要思想以及科学发展观等重大战略思想在内的中国特色社会主义理论体系。在新的历史时期，中国共产党坚持以经济建设为中心，坚持四项基本原则、坚持改革开放，大力推进实践创新和理论创新，不断探索中国特色社会主义建设规律，形成了关于改革开放和经济发展的一系列重大创新成果。特别是提出在社会主义条件下发展市场经济，这是前无古人的伟大创举，是中国共产党人对马克思主义发展做出的历史性贡献。其基本点主要包括以下一些方面：

1. 社会主义本质和根本任务

强调社会主义的本质是解放生产力、发展生产力、消灭剥削、消除两极分化，最终达到共同富裕。在此基础上，社会主义的根本任务是解放和发展生产力，社会主义现代化必须建立在发达的生产力基础上。要把以经济建设为中心同四项基本原则、改革开放两个基本点统一起来，正确认识和妥善处理改革发展稳定关系。要紧紧抓住和切实用好发展机遇，以高度的责任感和紧迫感大力解放和发展社会生产力，为中国特色社会主义事业奠定坚实的物质基础。

2. 当今中国社会的发展阶段

强调中国处于并将长期处于社会主义初级阶段，这是逐步摆脱不发达状态、基本实现现代化的特定历史阶段，是中国特色社会主义很长历史过程的初始阶段。经过中华人民共和国成立以来特别是改革开放以来的不懈努力，中国取得了举世瞩目的发展成就，从生产力到生产关系、从经济基础到上层建筑都发生了意义深远的重大变化，但中国仍处于并将长期处于社会主义初级阶段的基本国情没有变，人口多、底子薄、城乡区域发展不平衡、生产力不发达的状况仍然是中国的最大实际。进入 21 世纪，中国经济社会发展呈现出一系列阶段性特征，这是社会主义初级阶段基本国情在新形势下的具体表现，反映了中国经济社会发展的新要求。要始终立足社会主义初级阶段的基本国情，牢牢把握经济社会发展的新的阶段性特征，认清中国特色社会主义事业的长期性和艰巨性，不断提高想问题、做决策、办事情绝不可脱离实际的自觉性。

2017 年 10 月，十九大报告提出了中国发展新的历史方位——中国特色社会主义进入了新时代。我国社会主要矛盾已经转化为人民日益增长的美好生活需要和不平衡不充分的发展之间的矛盾。我国稳定解决了十几亿人的温饱问题，总体上实现小康，不久将全面建成小康社会，人民美好生活需要日益广泛，不仅对物质文化生活提出了更高要求，而且在民主、法治、公平、正义、安全、环境等方面的要求日益增长。同时，我国社会生产力水平总体上显著提高，社会生产能力在很多方面进入世界前列，更加突出的问题是发展不平衡不充分，这已经成为满足人民日益增长的美好生活需要的主要制约因素。

3. 社会主义改革

强调社会主义要保持强大的生命力，就必须通过改革不断完善自己。改革是经济社会发展的活力源泉，是中国走向繁荣富强的必由之路。回顾历史。改革开放以来，我国经济社会发展取得举世瞩目的成就，综合国力不断增强。中国人民的面貌、社会主义中国的面貌、中国共产党的面貌能发生如此深刻的变化，我国能在国际社会赢得举足轻重的地位，靠的就是坚持不懈推进改革开放。审视现实。中国改革已进入深水区。应对当前我国发展面临的一系列矛盾和挑战，关键在于全面深化改革。进入全面深化改革阶段后，需要不断明晰和完善改革目标，不仅需要有改革的分目标，而且还需要统领各领域的总目标。这个总目标就是完善和发展中国特色社会主义制度、推进国家治理体系和治理能力现代化。在总目标统领下明确了经济体制、政治体制、文化体制、社会体制、生态文明体制和党的建设制度深化改革的分目标，形成一个全面深化改革的目标体系。放眼未来。改革是大势所趋、人心所向，符合历史潮流。我国未来发展必须坚定不移地依靠改革开放，改革是坚持和发展中国特色社会主义，实现中华民族伟大复兴中国梦的必由之路。

4. 社会主义对外开放

强调对外开放是中国一项长期的基本国策。必须树立全球战略意识，实施互利共赢的开放战略，着力转变对外贸易增长方式，全面提高对外开放水平，扬长避短，趋利避害，在更大范围、更广领域、更高层次上参与国际经济技术合作和竞争，使对外开放更好地促进国内改革发展。要把“引进来”和“走出去”更好地结合起来，扩大开放领域，优化开放结构，提高开放质量，完善内外联动、互利共赢、安全高效的开放型经济体系，形成经济全球化条件下参与国际经济合作和竞争新优势。在对外开放中，必须始终注意维护国家的主权和经济社会安全，注意防范和化解国际风险的冲击，处理好对外开放同独立自主、自力更生的关系，把立足点放在依靠自身力量的基础上。

5. 社会主义初级阶段基本经济制度

党的十九届四中全会通过了《中共中央关于坚持和完善中国特色社会主义制度、推进国家治理体系和治理能力现代化若干重大问题的决定》，指出，公有制为主体、多种所有制经济共同发展，按劳分配为主体，多种分配方式并存，社会主义市场经济体制等社会主义基本经济制度，既体现了社会主义制度优越性，又同我国社会主义初级阶段社会生产力发展水平相适应，是党和人民的伟大创造。这一新的概括，标志着我国社会主义基本经济制度更加成熟、更加定型。

公有制经济和非公有制经济都是社会主义市场经济的重要组成部分，都是我国经济社会发展的重要基础。

公有制经济不仅包括国有经济和集体经济，还包括混合所有制经济中的国有成分和集体成分。公有制的主体地位主要体现在：公有资产在社会总资产中占优势；国有经济控制国民经济命脉，对经济发展起主导作用。集体经济是公有制经济的重要组成部分，对实现共同富裕具有重要作用。公有制实现形式可以而且应当多样化。个体、私营等各种形式的非公有制经济是社会主义市场经济的重要组成部分，对充分调动社会各方面的积极性、加快生产力发展具有重要作用。要毫不动摇巩固和发展公有制经济，毫不动摇鼓励、支持、引导非公有制经济发展，激发非公有制经济活力和创造力，形成各种所有制经济平等竞争、相互促进的新格局。

强调按劳分配为主体、多种分配方式并存是社会主义初级阶段的分配制度。按劳分配为主体，是社会主义公有制经济主体地位的客观要求，也是防止两极分化，最终实现共同富裕的保障。资本、技术、管理等生产要素按贡献参与分配，有利于调动各种要素参与经济发展，不断增加国民财富。必须坚持和完善社会主义初级阶段的分配制度，初次分配和再分配都要处理好效率和公平的关系，再分配更加注重公平。加快建立覆盖城乡居民的社会保障体系，努力使人民共享改革发展的成果。

十九届四中全会对于基本经济制度的新概括，不仅包含“公有制为主体、多种所有制经济共同发展”的内容、“按劳分配为主体、多种分配方式并存”的分配制度内容，还包括社会主义市场经济体制等。由此，按劳分配为主体、多种分配方式并存以及社会主义市场经济体制上升为基本经济制度，这是十九届四中全会的一大创新。这三者相互联系、相互支撑。

6. 社会主义经济管理和宏观调控

党的十八届三中全会提出，让市场在资源配置中起决定性作用，同时要更好发挥政府作用。强调市场不是不要政府，发展社会主义市场经济，既要发挥市场作用，也要发挥政府作用。即要在充分发挥市场对资源配置起决定性作用的同时，加强国家对国民经济的有效管理和宏观调控。依法维护公平竞争的市场秩序，调节收入分配，提供公共产品和服务，管理国有资产，从宏观上对国民经济和社会发展的目标、结构、速度、效果等基本因素进行有计划调节。统筹城乡发展，统筹区域发展，统筹经济社会发展，统筹人与自然和谐发展，统筹国内发展和对外开放，统筹中央和地方关系，统筹个人利益和集体利益、局部利益和整体利益、当前利益和长远利益，统筹国内国际两个大局，使经济发展各方面相协调，推动经济又好又快发展。综合运用计划、法规、政策等手段，对国民经济运行中社会供求的总量和结构进行干预和调整，及时纠正经济运行中偏离宏观目标的倾向，促进经济增长、增加就业、稳定物价和保持国际收支平衡，提高宏观调控的科学性、预见性、有效性，形成有利于科学发展的宏观调控体系。

7. 社会主义经济发展

强调社会主义的发展必须是又好又快的发展。要坚持以人为本这个核心，坚持全面协调可持续这个基本要求，坚持统筹兼顾这个根本方法。加快转变经济发展方式，坚持走中国特色新型工业化道路，促进经济增长由主要依靠投资、出口拉动向依靠消费、投资、出口协调拉动转变，由主要依靠第二产业带动向依靠第一、第二、第三产业协同带动转变，由主要依靠增加物质资源消耗向主要依靠科技进步、劳动者素质提高、管理创新转变，推动产业结构优化升级，增强发展的协调性和可持续性；坚持走中国特色农业现代化道路，建立以工促农、以城带乡长效机制，形成城乡经济社会发展一体化新格局；坚持走中国特色自主创新道路，把增强自主创新能力贯彻到现代化建设各个方面；坚持走中国特色城镇化道路，遵循大中小城市和小城镇协调发展、产业和城镇融合发展的方针，积极稳妥地推动城镇化进程；坚持走生产发展、生活富裕、生态良好的文明发展道路，努力实现人与自然和谐相处，促进经济社会可持续发展；坚持走和平发展道路，通过维护世界和平发展自己、通过自身发展维护世界和平，促进世界经济共同繁荣发展。

中国特色社会主义经济理论坚持了马克思主义政治经济学基本原理，同时根据时代和实践的发展做出了一系列重大理论创新，形成了一系列独创性成果，从多个方面丰富和发展了马克思主义政治经济学，赋予马克思主义政治经济学以新的时代内涵和实践要求。实践没有止境，创新也没有止境，马克思主义政治经济学必将随着时代的进步和实践的发展继续丰富和发展，指导中国特色社会主义经济建设不断取得新的成就。

## 第五节　习近平新时代中国特色社会主义经济思想对马克思主义的发展

中国社会发展变化的新特征显示中国特色社会主义进入新时代。经过40多年的改革开放，特别是十八大以来的全面深化改革，我国经济社会发展呈现出一系列新的特征。国家的综合实力明显增强，中国共产党带领人民贯彻全面依法治国基本方略，坚定不移走中国特色社会主义法治道路，不断完善中国特色社会主义法治体系，建设社会主义法治国家。转变发展理念和发展方式，提出以人民为中心的创新、协调、绿色、开放、共享的新发展理念，形成新发展理念导引下的新的发展方式。发展环境和发展条件发生深刻变化，中国共产党深刻认识、引领经济发展的新常态，准确把握发展速度变化、结构优化、动力转换新特点，顺应推动经济保持中高速增长、产业迈向中高端水平新要求，指明破解发展难题新路径，主动适应发展条件的变化，不断提高发展质量和效益。新的发展阶段给党的执政方式和执政水平提出了更高的要求和期望，党既要政治过硬，也要本领高强。我国经济发展已经由高速增长阶段转向注重高质量发展阶段，正处在转变发展方式、优化经济结构、转换增长动力的攻关期，建设现代化经济体系是跨越关口的迫切要求和我国发展的战略目标。社会发展变化的新阶段、新特征，显示着中国特色社会主义进入了一个新的时代。

习近平新时代中国特色社会主义经济思想的形成过程及其三个突出特点可以概括为：观大势、谋全局、干实事。其中，“观大势”主要体现在对我国经济发展新常态的阶段把握方面。“新常态”即为“大势”。新常态下，我国经济正由高速增长阶段转向高质量发展阶段，需要因势而谋、因势而动、因势而进，适应新常态、把握新常态、引领新常态。“谋全局”主要体现在新发展理念方面。十八大以来，习近平提出创新、协调、绿色、开放、共享的新发展理念。这五大理念相互贯通、相互促进，从全局整体上破解发展难题、增强发展动力、厚植发展优势，谋划“十三五”乃至更长时期我国发展的全局。“干实事”与习近平治国理政的内在要求相联系，即实干兴邦。十八大以来，经济结构出现重大变革，经济体制改革持续推进，对外开放深入发展，人民获得感、幸福感明显增强，生态环境状况明显好转，我国经济发展取得历史性成就，迈进了新时代。这是“干实事”所取得的丰硕成果。

习近平新时代中国特色社会主义经济思想包含七方面内涵，可以概括为“七个坚持”：一是坚持加强党对经济工作的集中统一领导，保证我国经济沿着正确方向发展；二是坚持以人民为中心的发展思想，贯穿到统筹推进“五位一体”总体布局和协调推进“四个全面”战略布局之中；三是坚持适应把握引领经济发展新常态，立足大局，把握规律；四是坚持使市场在资源配置中起决定性作用，更好发挥政府作用，坚决扫除经济发展的体制机制障碍；五是坚持适应我国经济发展主要矛盾变化完善宏观调控，相机抉择，开准药方，把推进供给侧结构性改革作为经济工作的主线；六是坚持问题导向部署经济发展新战略，对我国经济社会发展变革产生深远影响；七是坚持正确工作策略和方法，稳中求进，保持战略定力，坚持底线思维，一步一个脚印向前迈进等。

遵循习近平新时代中国特色社会主义经济思想，2017 年中央经济工作会议做出了推动高质量发展的具体部署，提出八项重点任务：深化供给侧结构性改革，激发各类市场主体活力，实施乡村振兴战略，实施区域协调发展战略，推动形成全面开放新格局，提高保障和改善民生水平，加快建立多主体供应、多渠道保障、租购并举的住房制度，加快推进生态文明建设。八项任务与人民生活息息相关，实质就是要满足人民日益增长的美好生活需要。

习近平新时代中国特色社会主义经济思想对马克思主义政治经济学做出了重大的理论创新，主要体现在以下几方面：

1. 习近平新时代中国特色社会主义经济思想是对马克思主义政治经济学和中国特色社会主义政治经济学的发展

习近平新时代中国特色社会主义经济思想对马克思主义政治经济学做出了重大的理论创新，主要体现在：①以新时代社会主要矛盾的变化研判经济发展现实。对历史方位和主要矛盾的新定位、新判断，是习近平新时代中国特色社会主义经济思想把握经济发展态势、确定宏观经济政策走向的重要依据。②以"以人民为中心"的思想理念引领经济造福人民。发展理念、发展目标、政策评定标准，无不体现着"以人民为中心"这一根本点。③以历史性成就和深层次变革推动经济高质量发展。经济发展"稳中求进"、深化供给侧结构性改革、深化市场化改革、精准脱贫，是习近平新时代中国特色社会主义经济思想围绕高质量发展的重要创新。④以问题意识和实践导向制定和部署经济发展战略。创新驱动发展战略解决经济大而不强、不优，动力不足的问题；乡村振兴战略解决农村发展能力弱、城乡差距较大等问题；区域协调发展战略解决区域差距大、城镇化质量不高等问题。⑤以更高层次的开放型经济推进中国深度融入世界。发展更高层次开放型经济、实施"五个结合"、优化营商环境、推动国际经济治理体系完善，开创对外开放新局面。

2. 习近平新时代中国特色社会主义经济思想丰富了社会主义经济理论的具体内涵

习近平新时代中国特色社会主义经济思想对社会主义经济理论的多个重要方面做出重大创新。主要表现在：①社会主要矛盾理论的突破，社会的主要矛盾转化为人民日益增长的美好生活需要和不平衡不充分的发展之间的矛盾，明确当前处于新时代这一发展阶段；②社会主义市场经济理论的发展，市场对资源配置起决定性作用，更好地发挥政府作用，推动资源配置方式的改革；③所有制理论的发展，毫不动摇巩固和发展公有制经济，毫不动摇鼓励、支持、引导非公有制经济，完善产权制度，实现产权有效激励，在基本经济制度方面发生重大变革；④收入分配理论的发展，坚持按劳分配，完善按要素分配，先富带后富，实现共同富裕，改革基本分配制度；⑤经济运行理论的发展，供给侧结构性改革在供求关系、运行目标、调节方式、增长动力等方面做出一系列理论创新，推动了经济运行理论的发展，五大新发展理念的重大思想，对于马克思主义政治经济学关于全面发展思想、可持续发展理论以及对我国经济发展规律的新认识做出了新的理论概括和独创性贡献。

3. 习近平新时代中国特色社会主义经济思想是中国特色社会主义政治经济学发展的新阶段

毛泽东时代的政治经济学是引领中国站起来的政治经济学，实施改革开放的政治经济学是引领中国富起来的政治经济学，习近平新时代中国特色社会主义经济思想是引领中国强起来的政治经济学。实现“五位一体”、推进国家治理体系和治理能力现代化、提升综合国力和国际影响力、推动共同富裕、让人民拥有幸福安康生活、引领中华民族屹立于世界民族之林，是强起来的政治经济学的外延。

习近平新时代中国特色社会主义经济思想形成的历史方位是中国特色社会主义进入新时代，重要实践基础是党的十八大以来党和政府领导经济工作的历史性成就和历史性变革。习近平新时代中国特色社会主义经济思想是对马克思列宁主义、毛泽东思想、邓小平理论、“三个代表”重要思想、科学发展观等理论的系统总结和升华，是马克思主义政治经济学的最新理论成果，是决胜全面建成小康社会、建成社会主义现代化强国的科学指引。

## 【本章要点回顾】

本章从马克思主义政治经济学的创立、苏联的实践、中国社会主义建设和改革的实践以及新时代中国特色社会主义思想方面阐述了马克思主义的重大发展。马克思主义也在不断探索和发展中一直推动着世界的发展，并从边缘走向中心。马克思主义的诞生标志着维护无产阶级的利益和服务于无产阶级的解放的社会科学体系的诞生，马克思和恩格斯等人深刻地剖析了资本主义制度，揭示了人类的未来；苏联作为第一个社会主义国家是在马克思主义的指导下建立并发展起来的，并在极短的时间内，完成了从落后的农业国向先进的工业国的跨越；毛泽东同志把马克思主义与民族独立结合起来创立了中华人民共和国，并积极进行社会主义建设，邓小平同志领导中国走上中国特色社会主义道路，习近平新时代中国特色社会主义经济思想开拓了当代中国马克思主义政治经济学的新境界。

## 【选择题】

1. 马克思主义政治经济学创立的时间是（　　）。

A. 18 世纪末　　B. 19 世纪初　　C. 19 世纪中叶　　D. 19 世纪末

2. 马克思一生最重要的理论发现是（　　）。

A. 无产阶级革命和无产阶级专政学说

B. 社会主义和共产主义学说

C. 唯物史观和剩余价值学说

D. 关于无产阶级政党和无产阶级领袖的学说

3. 马克思主义政治经济学当中，其理论基础是（　　）。

A. 英国古典政治经济学

B. 劳动价值论

C. 剩余价值学说

D. 辩证唯物主义和历史唯物主义

4. 马克思主义政治经济学研究的出发点是（　　）。

A. 社会生产关系　　B. 物质资料生产

C. 商品　　D. 社会总产品

5. 马克思主义政治经济学的研究对象是（　　）。

A. 生产力

B. 物质资料生产

C. 生产关系

D. 生产资料的所有制形式

6. 政治经济学研究生产关系时必须联系（　　）。

A. 生产力和上层建筑　　B. 生产方式

C. 经济基础　　D. 经济规律

7. 马克思主义政治经济学的研究方法主要有（　　）。

A. 辩证唯物主义和历史唯物主义方法

B. 边际分析法

C. 科学抽象法

D. 逻辑方法

8. “从十月革命的全过程和苏俄初期的社会主义建设历程可以看出，俄国十月革命不是马克思主义原来意义上的社会主义革命。”以上观点认为“十月革命”（　　）。

A. 表明资本主义制度已不能容纳生产力发展的需要

B. 本质是以社会主义方式清除俄国现代化的障碍

C. 是对既有的资本主义现代化模式的彻底否定

D. 为发达国家开创了一条崭新的现代化道路

9. 毛泽东思想“既是马克思主义的，又是中国的”，这是因为它（　　）。

A. 体现了马克思主义的基本原理

B. 包含中华民族的优秀思想

C. 包含中国共产党人的实践成果

D. 是中国化的马克思主义

10. 习近平新时代中国特色社会主义经济思想对马克思主义政治经济学做出了重大的理论创新，主要体现在（　　）。

A. 是对马克思主义政治经济学和中国特色社会主义政治经济学的发展

B. 丰富了社会主义经济理论的具体内涵

C. 是中国特色社会主义政治经济学发展的新阶段

D. 其他三项均对

# 第十二章

# 商品与货币

【学习目标】

1. 掌握商品二重性，理解使用价值和交换价值的关系；
2. 熟悉劳动二重性及其与商品二重性的关系；
3. 掌握货币的五大职能；
4. 了解货币形式的演化过程。

资本主义建立前，人们已经从事了数千年的自给自足的生产活动，艰难维系着个人的生计和社会的运转，并形成了一套与之匹配的社会价值观。资本主义在建立之初就打破了这种习以为常的社会模式，为了告诉人们这种新型经济模式的内在逻辑，马克思主义政治经济学的研究首先从分析商品开始。马克思对商品和货币的描述具有深刻性，直到今天仍然是人们理解经济运行的理论基础。

## 第一节　商品二重性与市场错配

### 一、商品二重性

在农业社会，绝大部分劳动产品被生产者自己直接使用，用于交换的产品占总产出的比重是很低的，而且存在大量的以物换物，因此人们对资本主义时代社会上出现的大量商品和货币并不能完全理解——满足什么条件才能成为商品？为什么可以交换？以何种标准进行交换？针对这些问题，马克思在他的著作中给予了理论上的解答。商品是用来交换的劳动产品，产品能被交换一定要有使用价值和交换价值两个要素，商品的使用价值和交换价值是统一的。

1. 使用价值

商品首先表现为一个靠自己的有用性来满足人们的某种需要的物，无论是面包、机床还是汽车，都能满足某种现实用途。物的有用性使物具有使用价值。商品的使用价值，就是商品能够满足人的某种需要的属性。商品的使用价值是由它的自然属性决定的。商品的自然属性不同，使用价值也不同。同一种商品还可以兼有多种自然属性，从而具有多种使用价值。当然，具有使用价值的物品并不都是商品，商品必须是劳动产品，必须是针对他人有用的使用价值，而且必须通过交换让渡给他人。

每一种有用物还总是表现为一定的量，如 3 斤大米、1 条牛仔裤、1 辆小汽车等。而度量使用价值量的尺度，如斤、条、辆等，一方面是由物本身的自然属性决定的，另一方面则取决于人们的约定俗成。人们对于商品的使用或消费，也就是商品使用价值的最终实现。

2. 交换价值

具有使用价值的物品一旦进入市场交换，就具有了交换价值。交换价值表现为一种使用价值与另一种使用价值相交换的数量关系或比例。例如，在古代进行物物交换的集市上，一个农民用 50 斤小麦换了一个牧民的 1 只羊，1 只羊就是 50 斤小麦的交换价值。这个农民还可以拿 10 斤小麦从铁匠那里换回 1 把锄头。这时，50 斤小麦的交换价值又表现为 5 把锄头。可见，一种商品在与其他多种商品相交换时，会形成不同的数量关系，从而具有多种交换价值。农民要觉得公道才会和牧民、铁匠进行交易，农民觉得牧民养 1 只羊的劳动不低于自己收获 50 斤小麦才会交易，当然农民更愿意用 50 斤小麦换牧民的 2 只羊，但牧民会觉得不公道而拒绝，久而久之，人们明白了千差万别的商品中存在着某些共同的东西，可以用于对比交换。这种共同的东西就是无差别的一般人类劳动。把商品的不同使用价值舍去，商品就是无差别的一般人类劳动的凝结，也就是不论商品的使用价值多么千差万别，其中需要耗费的人的体力和脑力则是共同的。这种无差别的一般人类劳动凝结就是价值。正是由于一切商品都具有共同的东西——价值，它们才可以互相比较，按照一定的量的比例进行交换。

## 二、使用价值和交换价值的关系

商品具有使用价值和交换价值二重属性，因而，商品总是使用价值与交换价值的统一。一个物可以有使用价值但不含有价值，在这个物并不是由于劳动而对人有用的情况下就是这样，例如空气、天然草地、野生林等。一个物可以有用，而且是人类劳动产品，但不是商品，耗费在其中的劳动不形成价值，例如人们用自己生产的产品来满足自己的需要或无偿地提供给他人消费，这种产品就只是使用价值，而不是商品。要生产商品，不仅要生产使用价值，而且要为别人生产使用价值，即生产社会的使用价值，并且产品必须通过交换，转到把它当作使用价值使用的人的手里。最后，一个物如果没有使用价值，就是无用之物，即使人们为它付出了劳动，也不形成价值。

商品的使用价值与交换价值之间又存在着矛盾。对于商品生产者而言，他生产某种商品并不是为了取得这种商品的使用价值，而是为了取得它的价值。而要取得这种商品的价值，他就必须将商品的使用价值让渡给商品购买者。反过来说，商品的购买者要获得商品的使用价值，就必须支付商品的价值。在交换过程中，使用价值和价值进行着相反的运动。可见，正是因为存在着使用价值与交换价值的对立或矛盾，才产生了商品交换。也只有通过交换，商品内在的使用价值与交换价值的矛盾才能得到解决。而一旦交换失败，商品价值不能实现，使用价值不能进入消费，商品的内在矛盾就不能得到解决，商品生产者则会陷入困境。

## 生活中的政治经济学

### 房住不炒的政治经济学解释

2016年年底的中央经济工作会议首次提出“房子是用来住的，不是用来炒的”，随后国家在多次重要会议中进行了强调。“房住不炒”成为网络热词。背后的道理可以用政治经济学来理解。

房屋作为商品，既有使用价值用于住，也有交换价值实现增值。健康发展的房地产市场要同时保持两者的平衡。炒房仅仅是为了实现交换价值，很多过热地区出现“鬼城”现象，即大量房屋空置，造成了严重的社会资源浪费，与此同时，还有大量劳动者无法满足住的基本需要，不仅造成严重的市场错配，还影响民生。因此中央三令五申，要使房地产市场保持健康发展，就要做到房住不炒。

在这方面，新加坡、德国都有较好的经验。新加坡实施双轨制，政府提供充足的公屋以低廉的价格供给市民购买，市民可以在市场上买卖公屋，但价格不能超过一定水平。同时新加坡政府还允许在指定区域开发商品住宅，各国公民都能购买，不限制价格，实现资产的增值。德国则重视社会分配，审查房屋的交易和租赁者的真实用途，杜绝单纯的炒卖活动。事实上，单纯以价格作为资源配置方式很容易造成市场的错配，尤其在涉及民生的医疗、教育、住房等问题上，极端市场化会造成对社会公正的极大损害。

# 第二节　劳动二重性与商品价值

不同商品有不同的制造工艺，因此生产锄头的工作和生产布匹的工艺是完全不同的，但都凝聚了可以用于衡量价值的无差别劳动，所以劳动也有两种属性，前者被称为具体劳动，后者被称为抽象劳动。

商品作为使用价值和交换价值的统一体，可以由生产商品的劳动二重性来说明，如图12-1所示。生产商品的同一劳动可以从具体形态和抽象形态两个方面进行考察，区分为具体劳动和抽象劳动。同一劳动：一方面，它是人类劳动力在特殊的有一定目的的形式上的耗费，即一定的具体形式的劳动，称为具体劳动，就具体的有用劳动这个属性来说，它生产商品的使用价值；另一方面，它是人类劳动力在生理学意义上的耗费，即无差别的一般人类劳动，称为抽象劳动，就相同的或抽象的人类劳动这个属性来说，它形成商品的价值。

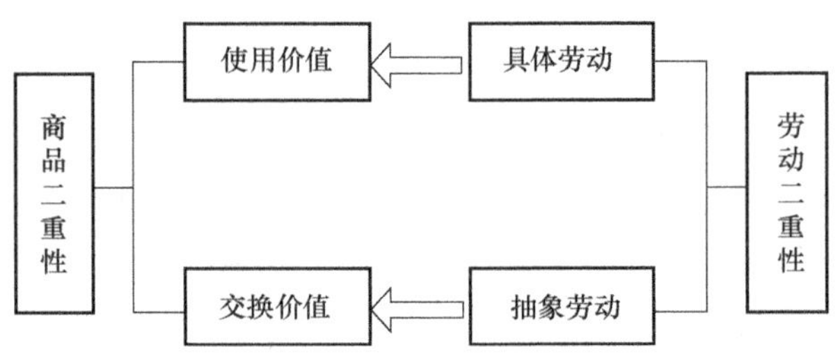


**图12-1　劳动二重性决定商品二重性**

从劳动的具体形态考察，生产商品的劳动在劳动目的、劳动对象、劳动工具、劳动方法、劳动成果上各不相同。例如，木匠的劳动目的是制作某种木器，劳动对象是木料，劳动工具是斧子、锯子、刨子等。经过木匠特有的制作方法，生产出人们所需要的木制品。而裁缝的劳动形式与木匠的劳动形式完全不同。

具体劳动创造商品的使用价值。不同商品之所以具有不同的使用价值，除了其构成的物质要素各有其特殊的自然属性外，还因为生产它们的劳动各有其特殊的具体形式。各种不同的具体劳动生产不同的使用价值，各种使用价值的总和表现了各种具体劳动的总和，即表现为社会分工。具体劳动的种类和形式随着社会生产力的发展、科学技术的进步和人们需要的改变相应地发生变化。各种不同的使用价值是具体劳动和生产资料这两种要素的结合。

抽象劳动是形成商品价值的唯一源泉，在价值中不包含任何一个自然物质的原子。生产任何一种商品，都必须耗费一定量的人类劳动。人类劳动的质的同一性，决定了抽象劳动在商品交换中进行量上比较的可能性。商品的交换本质上是等量抽象劳动相交换。作为价值实体的抽象劳动凝结在商品内，看不见摸不着，只有在商品交换的过程中才能表现出来，只有在交换价值上才能得到独立的体现。

另外，还要区分简单劳动和复杂劳动。简单劳动是指不经过专业训练和学习就能胜任的劳动，复杂劳动是指专门训练和学习具有一定技术专长才能胜任的劳动。同一种劳动在同一时间内创造的价值是相同的，不同复杂程度的劳动在同一时间内创造的价值是不同的。决定商品价值量的社会必要劳动时间包含的劳动是在社会平均的劳动熟练程度下达成的，如果以简单劳动作为复杂劳动的计量单位，那么复杂程度不同的劳动所产生的不同种类商品的价值量，就是通过各种劳动转化为简单劳动的不同比例来实现的。

## 生活中的政治经济学

### 外科医生与出租车驾驶员的异同

众所周知，培养一名出色的外科医生和一名技术精湛的驾驶员所需要的社会成本是不一样的。外科医生不仅要经过长期高等教育培训，而且技能的积累也需要复杂的手段和经历漫长的过程，才能应对复杂的不确定性。培养出租车驾驶员相对而言要简单很多，因此，外科医生在正常情况下的收入要比出租车驾驶员高出一定比例。

外科医生和出租车驾驶员一样都需要吃饭和睡觉来恢复体能，他们每天消耗的能量和睡眠的时间却不会因为劳动技能的不同有很大的差异。

生产商品的劳动二重性是马克思首先揭示并进行论证的。劳动二重性是“理解政治经济学的枢纽”。马克思在这里第一次确定了什么样的劳动形成价值，为什么形成价值以及怎样形成价值，阐明了具体劳动和抽象劳动在商品价值形成中的不同作用，在此基础上揭示了剩余价值的真正来源，创立了剩余价值理论。同时，资本有机构成理论、资本积累理论、社会资本再生产理论等马克思主义政治经济学的一系列重要理论的创立都同劳动二重性学说相关。而马克思以前的资产阶级古典经济学家虽然最早提出了劳动价值理论，但是由于他们没有把创造使用价值的劳动和创造价值的劳动区别开来，没有正确理解具体劳动和抽象劳动的关系，从而无法科学地说明商品的使用价值和价值的关系，最终无法科学地说明剩余价值的真正源泉。

## 第三节　货币的职能与形式

货币是商品交换发展到一定阶段的产物，它是固定地充当一般等价物的商品，体现了商品生产者之间的社会生产关系，这就是货币的本质。

### 一、货币的职能

货币的本质是通过它的职能来实现或者表现出来的，而货币的职能又是由货币的本质决定的，是随着商品生产和商品交换而不断发展的。在一切发达的商品生产中，货币具有价值尺度、流通手段、贮藏手段、支付手段和世界货币等职能。其中价值尺度和流通手段是最基本的职能，货币首先是作为这两个职能的统一体而出现并发挥作用的。

1. 价值尺度

商品的价值表现在货币上，就成为价格。因而，价格是商品价值的货币表现。货币执行价值尺度的职能时，并不需要现实的货币，而只需要想象的或观念的货币，以给商品标明价格。

各种商品的价值量不同，表现为货币的数量也不同。为了能够衡量和计量各种商品的价值量，也为了交换方便，必须确定货币本身的计量单位，即在技术上把某一标准固定下来作为货币单位，并把这一单位再划分为若干等分。这种货币本身的计量单位及其等分，通常称为价格标准。最初的价格标准同衡量货币商品的重量单位是一致的。例如，中国古代货币的计量单位是“两”。英国的货币单位是英镑，它原来是重一磅的银的货币名称。随着社会经济的发展和社会财富的增长，贵金属的数量已越来越不能满足交换的需要。同时，在国际贸易中各国的货币相互流通，出现了价格标准上的不一致。于是，价格标准和货币的实际重量逐渐分离开来，最终出现了完全不包含实际重量的货币单位或价格标准。如人民币以元、角、分为价格标准。同时，这也为货币形式本身的进一步发展提供了客观的可能性。

2. 流通手段

货币作为价值尺度，不仅只是在观念上发挥作用，而且通过流通手段的职能而得到最终实现。货币的流通手段职能是指货币充当商品交换媒介的职能。在这里，不能只是想象或观念上的货币，而必须是实实在在的货币。商品交换以货币为媒介，使商品与商品直接物物交换，发展为商品流通。商品流通就是以货币为媒介的商品交换。

买和卖的分离，在推动商品生产发展的同时，也加深了商品生产的内在矛盾。这个矛盾表现在，统一的商品交换过程可能出现在时间和空间上的买卖脱节。卖了商品，持有了货币，但不马上买；或在本地卖了商品，持有了货币，而到其他地方去买。这就隐含了商品流通中断、商品卖不出去、发生经济危机的可能性。马克思指出：卖和买的对立包含着危机的可能性，但仅仅是可能性。这种可能性要发展为现实，必须有整整一系列的关系，从简单商品流通的观点来看，这些关系还根本不存在。简单商品流通发展到资本主义生产后，这种可能性就有了现实性。

3. 贮藏手段

在商品经济中，只要商品所有者在出卖商品并持有货币后不立即购买他所需要的商品，货币就退出流通领域而行使贮藏手段职能。货币的贮藏手段职能即货币退出流通领域作为社会财富的一般代表可以被贮藏的职能。货币行使流通手段职能时，购买和销售可以在时间和空间上分离，这就为货币行使贮藏手段职能提供了基础。

在金属货币条件下，货币之所以能行使贮藏手段职能，是因为金属货币本身有价值。货币贮藏也就是社会一般财富的贮藏。这种货币的贮藏能够自发调节货币流通量。当流通中的货币过多的时候，多余的货币就会暂时退出流通，成为贮藏手段；相反，当流通中的货币不足的时候，贮藏的货币就会成为流通手段。因此，货币行使贮藏手段职能时，起着调节流通中货币量的“蓄水池”作用。

在纸币制度条件下，由于纸币本身没有价值，因此纸币的贮藏与金属货币的贮藏具有不同的性质与特点。一方面，纸币也能执行部分贮藏手段的职能。这是因为作为货币的纸币，仍然是一般等价物，它仍然是社会财富的一般代表。但是另一方面，由于纸币本身没有价值或者说其价值可以忽略不计，纸币的购买力是由其发行量决定的，因而，如果因为发行量过多而产生了货币贬值，那么，纸币的贮藏手段职能就会受到影响。

4. 支付手段

货币的支付手段职能是指货币用来清偿债务或支付赋税、租金、利息、工资等的职能。货币的支付手段职能最初是由商品的赊购赊销引起的。在商品生产中，有些商品的生产时间长短不同，有些商品的生产还受到季节性的影响，同时，各种商品的销售时间也存在差别，于是逐渐出现了先交货后付款的信用交易，出现了延期支付。当货币用于偿还赊购商品的货款时，商品的让渡同货款的支付在时间上已经分开。货币用于延期支付时，就执行支付手段的职能。

5. 世界货币

货币一旦用于国际商品交换，就取得了世界货币的职能。世界货币是指货币在世界市场充当一般等价物的职能。作为世界货币，货币在国际市场上的其他具体职能有：①作为国际支付手段，用来平衡国际贸易差额；②作为购买手段，用于从外国购买商品；③作为社会财富的代表，在国与国之间转移，例如对外国的资金援助、向外国借款、用于战争赔款等。

货币执行世界货币这一职能时，必须以足值的金或银充当。第二次世界大战以来，世界各国在货币制度上陆续放弃了金本位，不再规定本国货币的含金量。国际贸易的差额不再用黄金支付，而是按照各国双边协议商定的硬通货支付，如美元、欧元等，它们起着世界货币的作用。

总的来说，货币的五个职能从不同方面反映和实现了货币作为一般等价物的本质。这五个职能之间存在着有机的联系，其中，价值尺度和流通手段是货币的基本职能，在此基础上产生了贮藏手段、支付手段和世界货币等职能。

## 二、货币的形式

货币的形式经历了由金属货币向纸币，再向信用货币、电子货币的演化过程。

金属货币，即贵金属（黄金或白银）货币，它是货币的最初形式。贵金属最初是以生产出来的自然形态即条状或块状直接充当货币的。由于自然条块状态的贵金属有重量的不同和含量的差别，因此，每次使用金属货币进行交易时都需要称其重量，鉴定成色，有时还要按交易额的大小对贵金属进行分割，显然这是很不方便的。

随着商品生产和商品交换的发展，在自然条块金属货币的基础上，产生了私人铸币和国家铸币，即由国家的印记证明其重量和成色的金属货币。在铸币流通阶段，当交易额小于铸币面值时，出现了用耐磨损的贱金属铸造的不足值货币，以满足小额或零星交易的需要，这种货币即为辅币。辅币多用贱金属（铜、镍等）由国家根据小额零星交易的需要垄断铸造。

在金属货币的基础上，出现了纸币。纸币是指由国家发行并依靠国家权力强制发挥货币职能的纸制货币符号。纸币本身没有价值或其价值可以忽略不计。纸币之所以能够成为货币符号并被社会普遍接受，靠的是国家的强制力量和信用。金属货币因为有价值才流通，纸币则因为流通才有价值。

## 生活中的政治经济学

### 劣币驱逐良币

在16世纪的英国，因为黄金储量紧张，只能在新制造的金币中掺入其他金属。于是市场上就有两种金币；一种是此前不掺杂质的金币；另一种是掺入了杂质的金币，但两种货币的法定价值一样。这样，人们都会收藏不掺杂质的良币，使用掺入杂质的劣币；时间一长，市场上流通的就只有劣币了，全部良币都退出了流通。这个现象被英国经济学家格雷欣发现，后来演变成了格雷欣法则。这种现象发生得如此普遍，以至于劣币驱逐良币已经成为现代成语。

从货币的价值尺度职能来看，商品价值观念性地表现在一个金量上，这个金量也可以由纸币象征性地体现出来。从货币的流通手段和支付手段职能来看，对于任何人来说，商品转化为货币或货币用于支付只是转瞬即逝的过程，只要货币能够继续执行流通手段和支付手段职能，货币本身是否具有足量的价值，并不重要。因此，在货币不断转手的过程中，单有货币的象征存在就够了。纸币在执行流通手段和支付手段职能时，起着价值符号的作用。只要它能在商品交换中被人们普遍接受，这种货币就能流通和用于支付。

在电子信息技术迅速发展、金融创新不断深化的当代，进一步出现了电子货币。电子货币作为信用货币的一种形式，是一种电子化存储的货币。比较典型的电子货币是储值卡。使用者支付一定数量的货币向发卡机构购买储值卡以后，直接用储值卡进行购买和支付。严格来说，电子货币本身并不是一种新的货币，而只是传统货币电子化的存在形式。在电子货币的使用过程中，所有支付过程都是电子化的，其效率要远远高于传统的交易和支付系统。可以预见，电子货币在人类经济生活中的作用范围将更加广泛。

随着互联网的发展，又进一步出现了网络货币或虚拟货币，它也是一种电子货币，但区别在于不再需要传统货币或商品的价值支撑。网络货币、虚拟货币是指存在于互联网中可以直接在网络上使用的货币，随着网络经济占比的增大，网络货币、虚拟货币的影响也变得不可忽视，目前全球都在探索虚拟货币的未来发展方向。

中国央行是发行数字货币的主要经济体，央行数字货币（DCEP）是一款具有央行信用的电子货币，实现逐步替代现金的货币属性。央行发行DCEP的模式与纸币发行模式一样，央行通过商业银行向公众发行数字货币，商业银行与央行一同维护数字货币发行、流通体系的正常运行，并主要负责向其银行客户提供数字货币相关服务。在央行、商业银行双层运营体系下为了保证央行数字货币不超发，商业银行向央行全额100%缴纳准备金。也就是说，发行时央行先把数字货币兑换给商业银行，再由商业银行兑换给公众。数字货币依然由央行信用担保。央行数字货币通过可控匿名的原则和100%的准备金机制将实现对于M0的数字化和部分替代，其基于区块链技术的特征将可保证货币支付安全畅通、货币政策有效执行。

数字货币可以提高货币精准投放程度，提高金融监管的透明度，使得央行宏观慎重监管更好地发挥作用。央行对数字货币金融账户有较强的把控，有能力通过对账户分析，对特定行业、企业和特定区域个人实施差别化利率政策和结构性宽松政策。基于金融科技技术，DCEP的可追踪性和可编程性可以使数字货币未来延展出更多的功能。

## 【本章要点回顾】

本章首先从分析商品入手，谈论了商品的二重性，即商品具有使用价值和交换价值二重属性，是使用价值和交换价值的统一，而商品的使用价值与交换价值之间又存在着矛盾。然后介绍了劳动的二重性。生产商品的同一劳动可分为具体劳动和抽象劳动，其中具体劳动创造商品的使用价值，抽象劳动形成商品价值，劳动二重性决定商品二重性。最后，本章分析了货币的职能与形式，即货币具有价值尺度、流通手段等职能，货币的形式由金属货币向纸币，再向信用货币、电子货币演化。信用货币和电子货币在当今社会经济生活中居主导地位，在可预见的未来，即使货币形态发生改变，货币也将继续担任人类社会经济活动的最重要手段和媒介。

## 【选择题】

1. 马克思在研究商品时，之所以考察商品的使用价值，因为使用价值是（　　）。

A. 构成财富的物质内容　　B. 人类生存、发展的物质条件

C. 满足人们需要的物质实体　　D. 商品交换价值的物质承担者

2. 作为商品的移动电话，其价值的物质承担者是（　　）。

A. 移动电话的型号和技术

B. 移动电话对消费者的效用或有用性

C. 为购买移动电话消费者所付出的货币

D. 用来支持移动电话的软件

3. 商品的本质属性是（　　）。

A. 使用价值　　　　B. 交换价值

C. 价值　　　　D. 价格

4. 以下关于价值与使用价值两个因素相互关系的论述，不正确的有（　　）。

A. 价值是商品的自然属性，使用价值是商品的社会属性

B. 价值是商品的社会属性，使用价值是商品的自然属性

C. 使用价值是商品价值的物质承担者

D. 价值与使用价值相互依存，共同构成商品

5. 生产商品的劳动二重性，即具体劳动和抽象劳动，是指（　　）。

A. 不同劳动过程的不同劳动形式

B. 同一劳动过程中先后出现的两种不同劳动

C. 同一劳动过程的两个方面

D. 两种独立存在的劳动

6. 价值量的多少是由（　　）。

A. 商品的供求状况决定的

B. 生产商品的劳动时间决定的

C. 商品生产者的个别劳动时间决定的

D. 生产商品的社会必要劳动时间决定的

7. 商品的二重性是由（　　）。

A. 商品的自然属性决定的　　　　B. 生产商品的劳动二重性决定的

C. 生产资料私有制决定的　　　　D. 资本主义基本矛盾决定的

8. 形成商品价值的劳动是（　　）。

A. 抽象劳动　　　　B. 具体劳动

C. 脑力劳动　　　　D. 体力劳动

9. 执行价值尺度职能的货币只要用（　　）。

A. 足值的铸币　　　　B. 纸币

C. 金或银　　　　D. 观念的货币

10. 缴纳赋税、租金和发放工资的货币执行的是（　　）。

A. 流通手段的职能　　　　B. 支付手段的职能

C. 贮藏手段的职能　　　　D. 世界货币的职能

11. 纸币代替金属货币进行流通是基于货币（　　）。

A. 执行价值尺度职能时，可以是想象的货币

B. 执行流通手段职能时，只是瞬间充当买卖媒介

C. 执行贮藏手段职能时，可以随时退出流通

D. 执行支付手段职能时，可以暂时不用现金购买

12. 在金属货币流通的条件下，之所以不会发生流通中货币量持续地严重过多或过少现象，直接原因在于（　　）。

A. 货币的支付手段职能可以自觉地调节货币流通量

B. 货币的价值尺度职能可以自觉地对货币需要量进行科学预测

C. 货币的世界货币职能可以使货币在世界范围内流通，从而使货币量具有相对的稳定性

D. 货币的贮藏手段职能可以自发地调节货币流通量

# 第十三章

# 市场经济与市场秩序

## 【学习目标】

1. 熟悉自然经济与商品经济的特征；
2. 掌握市场经济的基本特征；
3. 了解市场机制的主要内容；
4. 掌握价值规律及其作用；
5. 了解市场体系的分类、构成，以及市场秩序的建立和规范。

面对有限的资源，人类社会发展出了多种配置资源的手段。市场经济是在商品经济基础上发展起来的，其最主要的特征是市场对资源配置起基础性调节作用。价值规律是商品经济的基本规律。价值规律对于激励创新与合理配置资源具有积极作用，要充分发挥价值规律的作用，必须建立完备的市场体系和规范的市场秩序。

## 第一节　自然经济与商品经济

### 一、自然经济

自然经济是自给自足的经济，也就是生产直接满足生产者自身需要而不是为了交换的经济形式。自然经济是与商品经济相对应的一个经济范畴。它存在于多个社会形态，在原始社会、奴隶社会和封建社会占主导地位。

自然经济建立在小生产和自然分工的基础上，由许多单一的经济单位（家长制的农民家庭、原始村落、封建领地等）组成，是社会生产力水平低下、社会分工不发达的产物。在自然经济条件下，人们的经济活动局限于一个狭小的范围，无论是氏族部落共同体、奴隶主庄园或封建主庄园，还是农民家庭，都是一个自成系统的封闭式的经济单位，具有封闭、保守的特征，彼此处于分散、孤立的状态。

随着社会生产力和商品经济的发展，自然经济逐渐瓦解，并随着封建社会向资本主义社会过渡，其主导地位最终为商品经济所代替。但即使自然经济逐步解体，也很难完全退出历史舞台。在一些发展中国家的农村或落后地区，即使商品经济有了较大发展，自然经济依然广泛存在。

## 二、商品经济

商品经济是以交换为目的的经济形式，是商品生产和商品交换的统称。它是随着生产力的发展，在一定历史条件下产生、发展的。社会分工和生产资料归不同所有者拥有，是商品经济产生和存在的条件。

社会分工是产生商品经济的前提条件。社会分工是指社会劳动划分和独立化为各种不同的生产环节、行业和部门。它使生产专业化，生产者专门生产某种产品。不同产品生产者之间需要对方的产品作为生产资料或生活资料，这就产生了相互交换劳动产品的要求。在原始社会末期出现的第一次社会大分工使畜牧业从采集和狩猎活动中分离出来。在这种社会分工的基础上，产生了畜牧产品与农产品的交换。随着生产力的进一步发展和第二次社会大分工的出现，手工业从农业中分离出来。与此相应，出现了直接以交换为目的的生产，即商品生产；随之而来的是贸易，不仅有部落内部和部落边境的贸易，而且海外贸易也有了。商品生产和交换不再是偶然的，而是实现了经常化。商品流通也随之从商品生产中分离出来，成为由商人专门经营的新的行业和部门，这就是第三次社会大分工。随后，商品生产和商品交换的范围进一步扩大。

生产资料归不同所有者是商品经济产生的必要条件。当生产资料不再是共同财产，而是属于彼此独立的、不同的所有者所有时，劳动产品也相应地属于不同的人所有。在这种情况下，只有通过商品交换这种形式才能使人们的各种需求得到满足。

商品经济的发展分为两个阶段：简单商品经济（又称小商品经济）和市场经济。简单商品经济是商品经济的初始形式，它是以生产资料的个体私有制和个体劳动为基础的。简单商品经济在原始社会后期产生，在奴隶社会和封建社会，它存在于自然经济的夹缝之中。而在进入资本主义社会以后，商品经济成为占支配地位的经济形式。当商品经济发展到全社会，市场成为调节全社会资源配置的基础性机制，就意味着商品经济由简单商品经济发展到市场经济阶段。

商品经济在人类经济发展史上是一种充满生机和活力的经济形式，它克服了自然经济的诸多弊端，有力地推动了社会生产力的发展。这是由商品经济的如下特征决定的：①商品生产者具有独立、自主进行生产经营的权利，具有自己独立的经济利益，这是商品经济发展的内在动力。②商品生产者之间的交换是以等价交换原则为基础的商品交换，商品交换只有在平等的关系中才能得到真正的发展。③商品经济具有竞争性。不同商品生产者之间的竞争，推动生产者提高效率并关心社会需要。

## 第二节　市场经济的基本特征和机制

市场经济既是商品经济的高级形态，也与计划经济相对。市场经济就是市场对社会资源配置起基础性作用的商品经济。

### 一、市场经济的基本特征

市场经济是发达的商品经济。在市场经济条件下，市场机制作为资源配置方式，发挥基础性作用。除具有商品经济的一般特征外，与简单商品经济相比，市场经济还具有一些新的特征。

（1）企业是市场的主体。简单商品经济主要是个体生产者的手工劳动，而市场经济的发展则是建立在社会化大生产基础上的。在社会化大生产的条件下，生产不是单个人的生产，而是建立在分工协作基础上，由许多人共同进行的联合生产，这种联合生产的组织形式就是企业。在市场经济中，企业成为市场主体，即商品生产和商品交换的主体。商品经济关系的实质是不同企业之间的等价交换关系。作为市场交换主体的企业必须是自主经营、自负盈亏的独立商品生产者，生产什么、生产多少、怎样生产和为谁生产是由企业自主决定的。

（2）生产要素的市场配置。生产要素是指进行社会生产经营活动时所需要的劳动力、土地、资本、技术、信息等各种经济资源。生产要素的种类会随着经济的发展而不断发展变化。社会再生产过程实际上就是生产要素的配置过程，如果没有生产要素市场和生产要素在各部门的流动，商品市场的供求也就不能及时达到平衡，市场机制对资源的有效配置就不可能实现。

（3）法制和信用成为交换关系的基础。商品交换的基本要求是交换者的权利平等。在商品交换中，一方只有符合另一方的意志，就是说每一方只有通过双方共同一致的意志行为，才能让渡自己的商品，占有别人的商品。可见，他们必须彼此承认对方是私有者。这种具有契约形式的（不管这种契约是不是用法律固定下来的）法的关系，是一种反映着经济关系的意志关系。在简单商品经济中，商品交换的规模、范围和密度是有限的，因此，商品交换的秩序除了受国家法律调节外，还受到传统习俗和道德的强烈影响。而在市场经济中，商品关系普遍化了，市场竞争无处不在，市场不仅成为资源配置的基础，而且成为支配整个社会生活的基本因素。在这种条件下，完备的法律体系和严格执法，是保障商品关系正常发展、规范市场秩序的重要基础。同时，信用的作用也不可忽视，信用可以弥补法律的不足，并为法律的有效运行提供条件。

（4）经济的开放性。开放性是市场经济发展的必然要求。社会化大生产把各个地区和各个国家日益紧密地联系起来，使市场经济的发展不仅冲破了一国内部地区之间的界限，形成国内统一市场、统一货币、统一分工体系和统一市场秩序，也把各个国家、各个民族紧密地联系在一起，形成了世界性市场、世界性货币、世界性分工体系和世界性市场秩序。

（5）国家调节的重要性。在简单商品经济时期，统一的市场体系尚未形成，国家对经济的调节还没有得到充分发展。资本主义社会化大生产和建立在其上的市场经济的发展，把一个国家乃至世界的经济连成了一个整体，各部门、各企业和各地区的联系日益紧密。在这种条件下，私人劳动与社会劳动的矛盾更加突出，市场调节的自发性、盲目性、滞后性等缺陷更为明显，国家在经济发展中的作用也越来越重要了。早期的资本主义实行自由放任政策，国家的作用主要限于维护法律秩序和提供必要的公共设施。第二次世界大战后形成的现代资本主义市场经济中，国家调节成为市场经济发展不可缺少的条件。

## 二、市场机制

市场机制是指在市场经济中通过供求和价格变动、市场竞争、风险约束等途径，来调节经济运行和实现资源配置的作用过程。市场机制主要包括供求价格机制、竞争机制和风险机制。

1. 供求价格机制

价格是市场调节的信号。市场主体中的供应方为了实现自身利益目标，需要做出生产什么、生产多少、如何生产以及为谁生产的决策；需求方，则需要做出购买什么、购买多少以及在何处购买的决策。所有这些决策的基本依据，就是市场价格信号。作为商品价值货币表现的价格，是最主要的市场信号，也是整个市场机制的核心部分，直接决定市场主体利益目标的实现程度。在商品经济条件下：一方面，任何商品生产者的产品都可能成为他人、社会的使用价值，而产品是否为社会所需要只有通过市场的检验才能确定。另一方面，每个生产者又是独立做出生产决策的。那么，生产者是从哪里了解到做出决策所需要的信息呢？一个重要来源就是市场上各种商品价格的变动。某种商品的价格上涨，说明这种商品供不应求；某种商品价格下跌，则说明这种商品供过于求。在逐利动机的驱使下，生产者会扩大价格上涨、供不应求的产品的生产，缩减价格下跌、供过于求的产品的生产。这样，社会总劳动在不同生产部门的分配，就会通过供求变化和价格变动的信息而不断做出调整，实现资源配置。

2. 竞争机制

竞争是指各种市场主体为了实现自身利益目标而发生的相互排斥甚至相互冲突的利益关系，是市场经济的内在动力。在市场经济中，独立的商品生产者互相对立，他们不承认任何别的权威，只承认竞争的权威，只承认他们互相利益的压力加在他们身上的强制。竞争可以发生在同类商品的卖者之间，也可以发生在买者之间，还可以发生在卖者和买者之间。就卖者即同类商品的不同生产者而言，竞争主要表现为在市场需求有限的条件下，尽量扩大自己的市场份额，这意味着将同行从市场交易中排斥出去。就买者即同类商品的不同购买者而言，竞争则主要表现为在商品供应数量有限的情况下，力争使自己的需要首先得到充分满足，而这意味着将其他购买者从市场交易中排斥出去。就卖者和买者的竞争而言，前者总是力求把商品卖得贵一点，后者则总是力求压低商品价格。这些竞争有利于合理地配置资源。除了上述发生在同一商品市场中的竞争之外，不同部门的生产者之间也存在竞争关系。这种竞争是由生产者争夺获利空间驱动的，通过社会资源在不同部门之间的转移来实现。而资源的转移则是由不同部门的商品之间的比价变动引导的。如果某个部门的商品价格处于上涨态势，而其他部门的商品价格不变，那么原先用于其他部门的那部分社会资源，就会被其所有者投入商品价格上涨的生产部门，以获得更大收益。

3. 风险机制

市场经济参与者的决策是自主的，也是分散的。他们要对自身行为负责，不仅要获得由自身行为所产生的利益，而且要承担由自身行为所产生的风险。风险是指因市场中存在不确定因素而使市场经济参与者面临受损的可能性。例如，生产商品就会面临亏损乃至破产的风险；购买股票，就会面临股价下跌投资受损失的风险。风险机制实际上包含了市场经济参与者的利益刺激和风险约束。追求自身利益最大化是市场经济参与者的内在动力，趋利避害也是市场经济参与者的一种本能。在正常情况下，获利大小与风险大小成正相关关系，追求更大利益就必须承担更大的风险。所以，风险的存在对于市场经济参与者具有双重意义：风险意味着损失的可能性，也意味着获取较高收益的可能性。市场风险及其机制的作用在于：一方面鼓励市场经济参与者甘愿冒更大的风险去追求更大的利益；另一方面强化市场经济参与者的自律意识，迫使其审慎决策，谨慎行事，改善经营管理，以规避风险。

## 第三节　价值规律及其作用

表现商品价值的货币额就是商品的价格，价值是价格的基础，价格是价值的表现。在市场上，不同的商品有不同的价格，同一种商品的价格也经常变动。在价格变动背后有一个规律在起着支配的作用，它通过商品供求关系、商品生产者之间的竞争关系等一系列中介机制，左右着价格变动，调节着资源配置和社会生产。这个规律就是价值规律。

价值规律是商品经济的基本规律，可归纳为：商品的价值量由生产商品的社会必要劳动时间决定，不同商品的交换按照等价原则进行。价值规律既是价值决定的规律，又是价值实现的规律；既调节商品生产，又调节商品交换。价值规律在商品经济中有两项基本作用：

（1）微观作用，即激励创新、优胜劣汰。某个生产者生产某种商品的个别劳动时间形成商品的个别价值，生产这种商品的社会必要劳动时间形成商品的社会价值，而商品是按其社会价值交换的。在供求一致的条件下，商品按市场价格出售，也就是按其社会价值交换。在这种情况下，那些劳动生产率高、单位商品包含的个别劳动耗费少，从而商品的个别价值低的生产者，在按社会价值出售商品时可以获得较多的货币收入；而那些劳动生产率低、单位产品包含的个别劳动耗费多，从而商品的个别价值高的生产者，在按社会价值出售商品时只能获得较少的货币收入。至于那些劳动生产率中等、生产中耗费的个别劳动等于社会必要劳动，从而商品的个别价值与社会价值相等的生产者，则可以获得平均收入。这种由商品的个别价值与社会价值的差别引起的收入差别，会引发商品生产者之间的竞争。

商品个别价值低于社会价值的生产者，即便将商品出售价格压低到其社会价值之下，只要高于个别价值，就不但能够使自己的个别劳动耗费得到补偿，而且还可以有盈余。因此，劳动生产率高的生产者，可以通过压价的竞争方式来扩大市场份额，从而将劳动生产率较低、商品个别价值较高的生产者排挤掉。在这种竞争的压力下，商品个别价值高于社会价值的生产者，会面临破产倒闭的威胁。所以，商品生产者为了追求更大的利益，为了使自己在竞争中处于有利地位，都力求提高劳动生产率。为此，就必须不断进行技术创新，改进生产的组织和管理。这种创新活动促使社会劳动生产率不断提高，推动了经济发展。在激烈的竞争中，落后的生产者不可避免地要遭到淘汰，原先由他们掌握的经济资源会转到高效率的生产者手中，整个社会的资源利用效率由此得到提高。可见，价值规律具有激励创新、优胜劣汰、促进生产力发展的重要作用。

（2）宏观作用，即分配社会劳动、调节资源配置。人类在生产中需要的劳动力和其他经济资源总是有限的。这样，就有如何按照社会需要，将有限的劳动力和其他资源合理地分配到社会生产的各个部门的问题，即资源配置问题。这个问题对于任何社会形态都是存在的，无论自然经济还是商品经济，都不能例外。而资源配置的核心，就是合理地分配由一定时期劳动人口数量决定的社会总劳动时间。因为绝大多数自然资源都只有通过人的劳动，才能转化为社会所需要的产品。如果社会总劳动时间的分配与社会对各种产品的需要量脱节，不仅需要得不到满足，而且会造成社会劳动的浪费。因此，这种在任何社会形态中都存在的按比例合理分配社会劳动的必要性，是一种经济规律。在商品经济中，按比例分配社会劳动的规律，是通过价值规律的作用实现的。这就是马克思所说的，作为自然形成的社会分工部分而互相全面依赖的私人劳动，不断地被化为它们的社会的比例尺度，这是因为在私人劳动产品的偶然的不断变动的交换关系中，生产这些产品的社会必要劳动时间作为起调节作用的自然规律强制地为自己开辟道路，就像房屋倒在人的头上时重力定律强制地为自己开辟道路一样。

价值规律在现实经济运行中常被干扰。价值规律是商品生产和商品交换的基本经济规律，即商品的价值量取决于社会必要劳动时间，商品按照价值相等的原则互相交换。商品价格也有波动，往往受供求关系的影响，围绕价值上下波动，则是价值规律的表现形式。在农业社会以及技术水平还不高的自由竞争资本主义阶段，价值规律体现得非常明显。随着商品经济和科学技术的进一步发展，价值规律变得没有最开始那么明显：资本主义从自由竞争走向垄断之后，很快就发现供求关系可以被操纵，使价格长期偏向有利于发达国家和垄断资本一边，不利于落后国家和消费者一边。技术的进步和市场需求的多元化，也造成自然垄断的发生。在国际产业链形成之后，跨国公司还能通过操纵价值链中利润的分配，帮助发达国家赚取超额利润，形成“微笑曲线”“不公平贸易”等现象等，现代社会由于经济复杂程度极为增大了，价值规律往往不那么明显。

## 第四节　市场体系与市场秩序

要使市场发挥社会资源配置的基础性作用，需要建立市场体系来实现，在市场体系内，形成特定的市场秩序。市场内存在多主体，它们平等共存实现分工合作，根据不同的结构和组合形成不同类型的市场。

## 一、市场体系的分类和构成

市场体系是指相互联系、相互补充的各级各类市场总和。市场调节资源配置的前提，是各类生产要素和产品都进入市场，形成比较完备的市场体系。市场体系所包含的范围很广，从不同角度进行划分可以有多种分类。主要有：

（1）按交易的对象划分，市场体系包括商品市场和生产要素市场两大类。

（2）按交易的空间范围划分，市场体系包括区域性市场、全国性市场和国际市场等。区域性市场是商品交易以某一地区为活动空间的市场，全国性市场是商品交易以某一国家范围为活动空间的市场，国际市场是商品交易以世界范围为活动空间的市场。

（3）按商品的流通环节划分，市场体系包括批发市场和零售市场。

（4）按市场交易的具体方式划分，市场体系包括现货交易市场、远期交易市场和期货交易市场。

（5）按市场交换客体的存在形态划分，市场体系包括物质产品市场和服务市场。商业、运输、电信、金融，以及法律、会计、咨询和旅游等，都是提供服务的，形成相应的服务市场。由于服务市场是在物质产品市场有较高水平基础上产生的，因此，服务市场的发展水平能够反映整个市场体系的总体完备程度。

在现实生活中，各种市场分类可能存在交叉。下面主要分析商品市场和生产要素市场。

1. 商品市场

根据商品的最终用途，商品市场分为消费资料市场和生产资料市场，前者也被称为消费品市场。许多商品既可用作消费资料又可用作生产资料，消费资料和生产资料的区别是按商品最终用途划分的。

消费资料市场直接满足人们的物质和文化生活需要，生产资料市场则满足社会再生产的需要。人类的一切经济活动归根到底都是为了满足消费需要。生产资料为消费资料的生产提供物质条件。因此，消费资料市场是市场体系的基础，消费资料市场的价格信号引导着社会资源的配置。对消费资料的最终需求会形成对生产资料的派生需求。

2. 生产要素市场

生产要素市场提供各类生产要素的交易。在市场经济的发展过程中生产要素市场具有十分重要的地位。没有发达的生产要素市场，市场机制在资源配置中的基础性作用就不可能实现。这是因为，社会再生产过程实际上就是生产要素的配置过程，如果生产要素市场发育不健全，生产要素的配置就有可能被扭曲。同时，在市场经济中，企业要受生产要素市场发育的制约。只有形成完善的生产要素市场，使企业的产出面向市场，接受市场的检验和选择，而且，使其投入也面向市场，所需要的各种生产要素都从市场上获取，受市场价格与竞争机制的调节，这样，企业的经济行为才能真正受市场支配，市场机制的优胜劣汰功能才能充分发挥出来。

生产要素市场主要包括金融市场、劳动力市场、土地市场、技术市场和信息市场等。

（1）金融市场。金融市场是指货币资金融通和交易的市场。一般地，按照金融市场中融资期限的长短，可将金融市场划分为资本市场和货币市场。资本市场是指中长期资金的融通市场，一般是一年以上。货币市场是指短期资金的融通市场，融资的期限较短，被融通的资金主要作为再生产中所需要的流动资金。资本市场主要是以有价证券作为融资工具，因此有时也被称为证券市场，它又可以分为发行市场和流通市场。发行市场也称为初级市场或一级市场，是将新发行的证券从发行者手中转移到最初的证券投资者手中，一般没有固定的场所，主要由投资者、证券发行者和中介组成。流通市场也称为次级市场或二级市场，是对已经发行的有价证券转让和交易的市场。流通市场又可以分为场内交易和场外交易两个市场。场内交易就是在证券交易所进行有价证券的交易。证券交易所主要提供有价证券供求信息、规范交易和清算等服务，场内交易地点固定。场外交易是在证券交易所以外的地方进行有价证券的交易，一般没有固定的场所和地点。此外，根据融资方式的不同，也可以将金融市场划分为直接融资市场和间接融资市场。直接融资是指资金的供求双方直接进行资金的信贷和有价证券的买卖活动。间接融资是指通过金融机构进行融资的活动。

（2）劳动力市场。劳动力市场是指劳动力资源进行交易的场所。劳动力市场主要是由劳动力的供求双方和劳动力的价格（工资）所组成的。劳动力的供求由市场机制决定。一般来讲，随着工资的增加，劳动力的供给也会增加，反之就减少。此外，劳动力的供给还受到各个国家劳动力资源充裕程度的影响。在劳动力资源丰富的国家，即使劳动力价格非常低廉，劳动力供给也会非常充足。劳动力市场的发展与完善，有利于劳动力资源的合理配置。

（3）土地市场。土地市场是指以土地或其使用权作为交换客体的市场。在土地私有制的国家，土地市场实际上有两个层次：一是土地交易市场，以土地最终所有权为交易对象，相应地形成土地价格；二是土地租赁市场，以土地使用权为交易对象，相应地形成地租。

在我国，土地市场是指依照国家有关法律法规而进行的土地使用权的出让和转让市场。我国多次提出加快形成统一开放的市场体系，发展土地、房地产、资本、技术、劳动力等各类生产要素市场。2008 年 10 月，党的十七届三中全会通过的《中共中央关于推进农村改革发展若干重大问题的决定》，强调在农村建立健全土地承包经营权流转市场；并进一步提出逐步建立城乡统一的建设用地市场，对依法取得的农村集体经营性建设用地，必须通过统一有形的土地市场，以公开规范的方式转让土地使用权，在符合规划的前提下与国有土地享有平等权益。

（4）技术市场。技术市场是指以技术商品为交易对象的市场。技术市场对发展市场经济的重要性主要表现为：①为研发和生产的协作建立了直接的联系，加速了技术向现实生产力的转化；②促进研发人员的流动和知识的共享，并借助技术的外溢，促进整个社会生产力的进步。技术商品与一般商品不同，是一种知识性商品，这就决定了技术市场的交易方式不同于一般市场：①存在于图样、资料等之中的专利、技术诀窍、产品设计等技术交易，属于知识产权的转让；②存在于人的大脑里的知识的交易，主要通过技术咨询、技术培训等方式进行；③通过样机、样品等实物进行的技术交易。

（5）信息市场。信息市场是指信息商品进行交易的市场，它涵盖了商品化的信息产品从生产到消费之间的整个分配、交换过程与流通领域，包括信息服务和咨询、信息转让等信息交易活动。信息商品的价格除由信息商品本身获取的难易程度决定外，还要受该信息使用后所能够带来的经济效益大小的影响。

## 二、市场秩序的建立和规范

市场秩序是指市场运行中必须遵循的各种行为准则和行为规范的总称。它具体包括市场规则和市场管理两个方面。市场秩序是保证价值规律发挥作用和市场有序运行的根本条件。

1. 建立和规范市场秩序的重要意义

（1）建立和规范市场秩序可以促进市场机制正常发挥作用。如果市场秩序混乱，市场运行无规则可循，投机诈骗、欺行霸市、假冒伪劣商品充斥市场，市场机制就难以发挥作用，市场的发育就会受到不利影响。

（2）建立和规范市场秩序有利于保证国家对国民经济运行进行宏观调控。在市场经济条件下，国家的宏观调控主要是通过税收、利率、价格等经济杠杆来引导企业而实现的。只有建立规范的市场秩序，企业才能对经济杠杆的变化做出正确的反应，使国家的调控目标顺利实现。

（3）建立和规范市场秩序有助于增强企业活力。在完善的市场秩序下，企业的经济行为才有法可依，活而不乱。如果市场秩序混乱，经济合同履约率低，企业就不可能根据市场供求来灵活调节生产经营。

（4）建立和规范市场秩序是经济开放的必要条件。如果市场秩序混乱，就会损害一国的形象和国际信誉，破坏投资环境，影响外商投资。同时，如果假冒伪劣的商品出口，就会严重损害该国商品的声誉，妨碍扩大出口。没有规范的市场秩序，对外开放就不可能顺利进行。

2. 市场规则

维护市场秩序，必须要有完善健全的市场规则。市场规则是指国家为了保证市场有序运行所制定的各种规章制度，包括法律、法规、契约和公约等。市场规则包括市场进出规则、市场竞争规则、市场交易规则和市场仲裁规则四个方面。

（1）市场进出规则是市场主体和市场客体（即商品）进入或退出市场的行为准则与规范。具体包括：①市场主体进入市场的资格规范，即依据规定，审查市场主体的资格与条件，允许合法的主体进入市场，拒绝不合法的主体进入市场；②市场主体的性质规范，主要包括明确市场主体的企业性质、注册资金、经营项目及经营范围等；③市场主体退出市场的规范，即市场主体退出市场要遵守一定的程序，履行必要的手续；④市场客体进出市场的规范，进入市场交易的商品，不仅必须是合法的商品，而且在质量、计量及包装等方面必须符合有关规定，市场客体退出市场也需要符合相应的行为规范。

（2）市场竞争规则是市场主体在市场竞争中所必须遵守的行为准则与规范。它是市场主体之间地位平等、机会均等竞争关系的制度体现。市场竞争规则主要由三个部分组成：①禁止经营者采用欺骗、胁迫、利诱、诋毁以及其他违背公平竞争准则的手段，从事市场交易，损害竞争对手利益；②禁止经营者滥用其拥有的市场优势地位和市场权力，或两个以上经营者通过协议等方式就交易价格、销售、交易条件等方面协调一致，妨碍公平竞争，损害竞争对手利益；③禁止经营者通过独占、兼并、独家交易等形式来全面、长久地排斥竞争对手，独占、控制和支配市场。

（3）市场交易规则是市场主体进行市场交易活动所必须遵守的行为准则与规范。主要内容包括：①市场交易方式的规范，如在公开的场所进行交易，明码标价、公开竞争、以货币为媒介，禁止黑市交易和地下经济；②市场交易行为的规范，如禁止强买强卖、骗买骗卖、缺斤少两、掺杂使假、囤积居奇、哄抬物价、牟取暴利等不法行为。

（4）市场仲裁规则是市场仲裁机构在对市场主体之间的经济纠纷进行仲裁时必须遵守的行为准则和规范。目的是公平、公开、公正地解决市场主体之间的经济纠纷。仲裁规则最重要的是遵循公平原则，对发生纠纷的双方必须一视同仁，而不偏袒任何一方。

3. 市场管理

为保证市场有秩序、按规则运行，除了要建立并完善各种市场规则之外，还需要对市场进行规范化管理。市场管理包括市场管理的组织机构和市场监管体系两大部分。

（1）市场管理的组织机构主要有三类：①国家设置的专门从事市场管理的机构，其中包括政府的有关职能部门、政法系统的有关机构，如财政、税收、工商、统计、审计、银行、物价等机构；②有关的技术管理机构，如计量标准、测试、质量鉴定等机构；③社会性及群众性管理机构，如消费者协会、质量监督协会等民间组织机构。

（2）市场监管体系主要包括行政执法、行业自律、舆论监督、群众参与四个方面。

## 【本章要点回顾】

本章介绍了自然经济到商品经济再到市场经济的过渡，市场经济的基本特征，市场机制的内容，价值规律及其作用，以及市场体系与市场秩序的具体内容。

商品经济克服了自然经济的诸多弊端，有力地推动了社会生产力的发展。市场经济在商品经济的基础上发展起来。在市场经济条件下，市场机制作为资源配置方式发挥基础性作用。价值规律是商品经济的基本规律，在商品经济中具有激励创新、优胜劣汰的微观作用以及分配社会劳动、调节资源配置的宏观作用。完备的市场体系是市场调节资源配置的前提，而市场秩序是保证价值规律发挥作用和市场有序运行的根本条件。

## 【选择题】

1. 人类迄今为止经历过的社会经济的两种基本形态是（　　）。

A. 自然经济和商品经济　　B. 商品经济与市场经济

C. 公有制经济与非公有制经济　　D. 国内经济和国际经济

2. 自然经济的基本特征不包括（　　）。

A. 劳动以自然分工为基础　　B. 封闭、保守的经济

C. 自给自足的经济　　D. 以简单再生产为特征的经济

3. 商品经济的基本规律是（　　）。

A. 剩余价值规律　　B. 生产力决定生产关系的规律

C. 私人劳动与社会劳动的矛盾　　D. 价值规律

4. 在以下自然经济与商品经济的论述中，不正确的是（　　）。

A. 自然经济是一种自给自足的经济形式，而商品经济是一种直接以交换为目的的经济形式

B. 自然经济和商品经济是人类社会发展至今的两种基本经济形态

C. 自然经济是同社会生产力水平低和社会分工不发达相适应的，而商品经济是以社会分工和生产专业化为基础的

D. 自然经济存在于原始社会，而商品经济存在于资本主义社会

5. 市场机制是指市场诸要素之间相互联系和作用的制约关系及其调节功能，其核心机制是（　　）。

A. 价格机制　　B. 竞争机制　　C. 供求机制　　D. 风险机制

6. 价值规律对生产、流通和消费的调节作用的实现形式是（　　）。

A. 市场价格围绕生产成本上下波动

B. 使用价值与价值的矛盾运动

C. 价格根据市场供求变化围绕价值波动，从而影响各个市场主体的利益

D. 社会必要劳动时间与个别劳动时间的矛盾运动

7. （　　）是市场体系的基础。

A. 生产资料市场　　B. 资本市场

C. 消费资料市场　　D. 商品市场

8. 市场经济中，最基本的市场秩序是（　　）。

A. 供求均衡　　B. 公平竞争

C. 价格稳定　　D. 自由买卖

# 第十四章

## 经济增长、经济危机与经济周期

【学习目标】

1. 了解经济增长的微观基础；
2. 掌握简单再生产和扩大再生产的特征、资本积累的本质；
3. 掌握资本有机构成的主要内容；
4. 掌握社会生产的两大部类；
5. 熟悉社会资本扩大再生产的两个条件；
6. 掌握经济危机理论的成因；
7. 了解经济周期思想的基本原理。

在马克思所处的年代，尚未有国民经济核算体系，现代经济增长理论还没有诞生，但《资本论》中对经济增长问题的研究非常全面，涉及国民经济的循环、技术创新、产业结构与经济增长的关系，马克思还是现代经济周期理论的奠基者之一。马克思也指出资本主义发展固有的不平衡性导致经济危机的周而复始，在2008年经济危机后，《资本论》再度在全球热销。

### 第一节　经济增长的微观基础：简单再生产到扩大再生产

与现代经济增长含义较为接近的是社会总产品的增加，由于产品和资本之间存在转换的过程，马克思揭示的资本扩大再生产从微观经济循环的视角，解释经济增长的过程。一个社会任何时候都不能停止消费，因而也就不能停止生产，社会的生产总是连续不断、周而复始地进行的。每一个社会生产过程，同时也是再生产过程。再生产按其规模来说，可以分为简单再生产和扩大再生产。简单再生产就是在原有规模上进行的再生产。在简单再生产的条件下，新生产的产品仅够补偿已经消耗掉的生产资料和生活资料。扩大再生产则是大于原有生产规模的生产。在这种条件下，新生产的产品除了用以补偿已经消耗掉的各种物质资料以外，还有剩余的部分。资本主义再生产的特点是扩大再生产，研究资本主义扩大再生产必须以简单再生产为起点。

## 一、简单再生产

在简单再生产的情况下，工人所创造的全部剩余价值都被资本家用于个人消费，再生产只是在原有规模上重复进行。分析资本主义简单再生产，可以更清楚地认识资本主义生产过程的某些重要特点。

（1）对再生产过程的分析可表明，资本家购买劳动力的可变资本，即支付给劳动者的购买生活资料的价值，是劳动者自己创造的。在通常情况下，工人是在生产过程中劳动一段时间后（如一个星期或一个月）才能够领到工资，而在领取工资的时候，工人所生产出的产品却不一定已经售出。因此，如果单就一次生产过程来看，似乎工资是资本家用自己的货垫付给工人的，是资本家通过这种垫付关系养活了工人。但从再生产的角度来看，情况就不同了。虽然工人在这次生产过程中所生产的商品还没有售出，但是他在前一个时期所生产的商品已经被资本家在市场上销售掉并转化为货币了。因此，工人得到的工资并不是资本家用自己的货币垫付的，而是用工人自己在前一时期所生产的一部分产品来支付的。所以，工人不仅为自己创造了劳动基金，而且还为资本家创造了剩余价值；不仅养活了自己，还养活了资本家。

（2）对再生产过程的分析还表明，资本家手中的全部资本不管它最初是怎么来的，经过一定的时期后，都会变成剩余价值的积累物，变成由剩余价值积累起来的资本。假设资本家有资本 100 万元，每年能带来的剩余价值为 10 万元，如果每年生产的剩余价值都被资本家消费掉，那么经过 10 年的时间，资本家就消费了 100 万元的剩余价值，恰好等于他原来拥有的资本数量。这就等于说，资本家原有的资本已经被他消费光了，而他现有的 100 万元资本不过是同一段时期内由工人所创造的并由他无偿占有的剩余价值积累起来的。因此，工人不仅创造了自己的劳动基金，还同时创造了资本家的全部资本，资本家的全部资本从积累的角度看，也都是工人创造的。

（3）对再生产过程的分析进一步表明，雇佣工人的个人消费也是完全从属于资本家追逐剩余价值需要的。在资本主义再生产过程中，工人进行着两种消费：①生产消费，这种消费是工人在生产过程中消耗生产资料和自己的劳动力，其结果是为资本家生产出包含着剩余价值的商品；②个人消费，这种消费是工人用工资购买生活资料以满足自己的生活需要。由于个人消费是在生产过程以外进行的，因此孤立地考察某一次生产过程，似乎只有生产消费才与资本家利益有关，而工人的个人消费，则完全是工人自己的事。但是，如果从再生产的角度来考察，工人进行个人消费的过程，实际上是劳动力的再生产过程。通过这种消费，工人在生产中已经消耗掉的劳动力重新得到恢复，新的劳动力不断得到补充。因此，工人的个人消费也是资本主义再生产所不可缺少的一个要素。

在再生产过程中，工人不仅生产出商品，生产出剩余价值，而且还要再生产出资本家的全部资本和劳动者自身，即把资本主义生产关系存在的条件也重新生产出来了。这就充分证明，资本主义再生产是物质资料再生产和资本主义生产关系再生产的统一。

## 二、扩大再生产和资本积累

如果资本家不把全部剩余价值用于个人消费，而是将其中的一部分合并到原有的资本中去，用以购买生产资料和劳动力，使生产在扩大的规模上进行，这就是资本主义的扩大再生产。而把剩余价值转化为资本，或者说，剩余价值的资本化，就叫作资本积累。扩大再生产是从物质形态上看的，资本积累是从价值形态上看的，它们是同一个事物的两个方面。

假设某资本家拥有资本 100 万元，其中 80 万元为不变资本，20 万元为可变资本，剩余价值率为 100%。在当期生产结束后，工人就为资本家创造了 20 万元的剩余价值。假设资本家为了扩大再生产，将剩余价值中的 10 万元转化为资本。如果不变资本和可变资本的比例不变，则会有新增不变资本 8 万元和可变资本 2 万元追加到原有资本中去，而总资本也扩大为 110 万元。资本规模增大了，在其他条件不变的情况下，资本家就能够购买更多的生产资料和劳动力，使生产规模扩大。如果剩余价值率保持不变，则在第二期结束时，资本家就能够获得 22 万元的剩余价值。这样不断进行下去，资本规模就能不断增加，生产规模也会不断扩大，而剩余价值也会不断增多。

由此可见，资本积累的本质不过是资本家通过无偿占有工人创造的剩余价值来扩大自己的资本，并以此为基础进一步占有更多的剩余价值。从资本积累中还可以看出，劳动力的买卖从形式上看是等价交换，但实际上是资本家用无偿占有的剩余价值去占有工人生产的更大量的剩余价值，以等价交换为基础的商品所有权规律就这样转化成为资本主义的占有规律。劳动力的不断买卖是形式，其内容则是，资本家用他占有的已经物化的工人劳动的一部分，来不断换取更大量的工人的活劳动。

因此，资本积累不仅是资本家剥削工人的结果，而且是资本家扩大剥削的重要手段；由资本积累而实现的资本主义扩大再生产，同时也是资本主义生产关系的扩大再生产。

## 第二节　经济增长的技术视角：资本有机构成

马克思在《共产党宣言》中对科技创新改变世界做出了描述，并指出了大量创新涌现于现代竞争环境，封建制度是创新的桎梏，已经被打碎："自然力的征服，机器的采用，化学在工业和农业中的应用，轮船的行驶，铁路的通行，电报的使用，整个大陆的开垦，河川的通航，仿佛用法术从地下呼唤出来的大量人口，——过去哪一个世纪料想到在社会劳动里蕴藏有这样的生产力呢……封建的所有制关系，就不再适应已经发展的生产力了。这种关系已经在阻碍生产而不是促进生产了。它变成了束缚生产的桎梏。它必须被炸毁，它已经被炸毁了。起而代之的是自由竞争以及与自由竞争相适应的社会制度……"马克思在《资本论》中进一步讨论了，创新是市场条件下企业竞争生存的结果。领先的企业因创新获得超额利润，因积累而形成更加强有力的创新能力，保持市场竞争优势，企业无法创新就会被市场淘汰，竞争生存使得企业将创新作为一种自觉的行为。

亚当·斯密观察了 18 世纪资本主义初期的工场手工业，得出分工产生效率。马克思考察的是 19 世纪资本主义充分建立后的大机器生产，马克思看到的是凝结了技术进步的机器设备对生产力的巨大提升。

为了深入研究资本积累对资本主义发展的影响，马克思创造性地提出资本有机构成范畴。资本的构成可以从物质形式和价值形式两个方面考察。

（1）从物质形式上看，资本由一定数量的生产资料和劳动力构成，两者的比例由生产的技术水平决定。这种由生产技术水平决定的生产资料和劳动力之间的量的比例，叫作资本的技术构成。

（2）从价值形式上看，资本由一定数量的不变资本（Constant Capital，用 $c$ 表示）和可变资本（Variable Capital，用 $v$ 表示）构成，不变资本和可变资本之间的比例叫作资本的价值构成。

资本的技术构成和价值构成之间存在着内在的有机联系，一般情况下，资本技术构成的变化会引起价值构成的变化，而资本价值构成的变化又大体上反映技术构成的变化。马克思把这种由资本技术构成决定并且反映资本技术构成变化的资本的价值构成，叫作资本的有机构成，通常用 $c:v$ 表示。随着资本的积累和技术的发展，资本有机构成有不断提高的趋势，表现为全部资本中不变资本所占的比重增大，可变资本的比重减少。

## 第三节　经济增长的结构视角：两大部类

马克思最早对经济结构进行了划分，并意识到通过优化产业配比，可以加快经济增长的速度。在社会化大生产中，每项活动都不是割裂独立的过程，而是互为条件，相互补偿。马克思创造性地把经济划分为满足生产和满足消费的两大部类，指出在某些发展阶段适度增大第一部类的比例可以推动经济更快地发展，这为现代发展经济学、经济结构理论带来了启迪。

### 一、社会总产品

在资本主义经济中，从经营决策上说，每个个体都是独立的经济实体，它们似乎是互不相干的。但是，实际上所有的个别资本都不可能孤立地存在和运行，而是互相联系、互相依存的，企业之间互为市场，互相提供需求和供给。由互相联系、互相依存的所有个别资本所组成的总和就是社会资本。个别资本在不断的循环和周转运动中所形成的相互交错、互为条件的资本运动总体，就是社会资本运动，即社会总资本的运动。

考察社会资本运动的核心问题是社会总产品的实现或补偿问题。社会资本的再生产运动过程也就是社会总产品不断实现，以及它的各组成部分不断得到补偿的过程。所谓社会总产品，就是指社会各个物质生产部门在一定时期内（通常以年为单位）所生产出来的全部物质产品的总和。所谓社会总产品的实现，就是指社会商品资本到货币资本的转化，也就是社会总产品在价值上的补偿，即社会总产品各个组成部分的价值通过商品出售以货币形式回流，用于补偿在生产中预付的不变资本和可变资本，并且取得剩余价值。同时，价值补偿完成以后，还有一个实物补偿问题，即社会总产品各个组成部分转化为货币以后，必须进一步转化为所需要的物质产品。其中，相当于不变资本价值的部分，重新取得所需要的生产资料；相当于可变资本价值的部分以及资本家用于个人消费的剩余价值部分，重新取得所需要的生活资料。社会总产品的价值补偿是实物补偿的前提，只有预付的不变资本和可变资本价值都得到补偿，同时获得剩余价值，才能重新购买再生产所需要的生产资料和劳动力，社会再生产才能重新进行。如果社会总产品全部不能或不能全部销售出去，生产这些产品所消耗的资本价值就不能或不能全部得到补偿，已经生产出来的剩余价值就不能或不能完全得到实现，这样社会再生产就无法正常进行。而社会总产品的实物补偿是社会资本运动正常进行的关键。社会资本再生产运动要正常进行，最起码的条件就是要保证上一个生产过程中所消耗掉的生产资料和消费资料能够得到补偿和替换，否则，社会再生产过程就会发生中断或者萎缩。可见，社会总产品的实现问题是社会资本再生产的核心问题。

## 二、第一部类和第二部类

社会总产品的实现或补偿问题是社会资本再生产的核心问题，而社会总产品的实现或补偿包括了实物和价值两个方面，因此，需要从使用价值和价值两个方面来分析社会总产品和社会资本再生产问题。

从实物或使用价值形态上来看，社会总产品在最终用途上，不是用于生产就是用于消费，因而，它们可分为生产资料和消费资料两大类。其中，生产资料用于补偿生产中已经消耗掉的生产资料以及用于扩大再生产的追加生产资料，消费资料则用于满足资本家和工人的个人生活需要。与此相适应，可以把社会生产分成两大部类，生产生产资料的所有部门和企业构成了第一部类（用符号“Ⅰ”表示)，生产消费资料的所有部门和企业构成了第二部类（用符号“Ⅱ”表示)。

从价值形态上来看，社会总产品包含了不变资本（$c$)、可变资本（$v$）和剩余价值（$m$）三个组成部分，如图14-1所示。其中，不变资本价值是旧价值的转移，用于补偿生产中消耗的生产资料的价值。可变资本和剩余价值是工人创造的新价值，用于补偿生产中已消耗掉的预付可变资本、资本家的个人消费以及扩大再生产的资本积累。

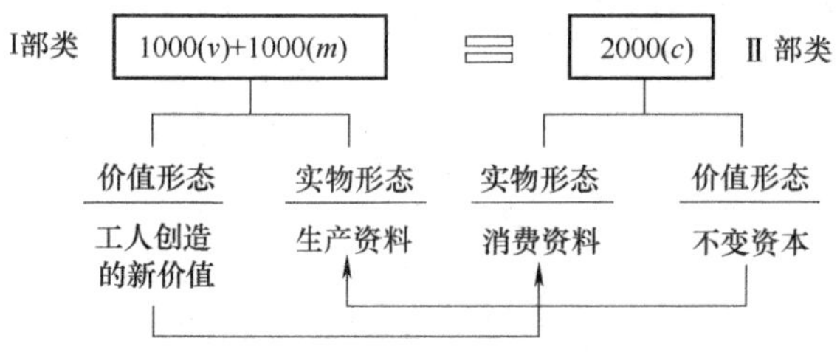


**图14-1　生产物资与生活物资的交叉补偿图**

把社会生产从使用价值的构成角度划分为两大部类以及从价值的构成角度划分为$c$、$v$、$m$三个部分的原理，是马克思研究社会资本再生产运动的两个基本前提。把社会生产分成两大部类，揭示了社会总产品的基本用途和实现条件；

把社会总产品的价值分成为三个组成部分，则揭示了社会总价值中各个部分的性质和实现的途径。同时，这两个方面的划分还指明了价值补偿和实物替换的相互联系及其制约关系。马克思正是从劳动二重性理论和这两个基本原理出发，才科学地解决了资产阶级经济学在再生产问题上长期未能解决的问题，为最终揭示社会资本再生产和流通的规律性奠定了坚实的理论基础。

## 三、社会总资产的再生产

在资本主义条件下，扩大再生产以资本积累为前提。资本积累所形成追加资本分为两部分：一部分作为追加不变资本，用于购买追加的生产资料；另一部分作为追加可变资本，用于购买追加的劳动力。所需要追加的劳动力，可以从产业后备军中得到补充。主要问题是在社会总产品中，需要提供追加的生产资料和维持追加的劳动力所需要的消费资料。

1. 社会资本扩大再生产的两个条件

扩大再生产所追加的生产资料都是第一部类生产，因此第一部类的产品除了满足两大部类简单再生产对生产资料的需求之外，还必须有一个余额用于满足两大部类扩大再生产对追加生产资料的需要，用公式来表达就是

$$\text{I}(c+v+m) > \text{I}(c) + \text{II}(c)$$

简化为

$$\text{I}(v+m) > \text{II}(c)$$

这个公式表明，第一部类向第二部类提供的生产资料，除了满足第二部类简单再生产对生产资料的需要外，还需有剩余用于满足两大部类扩大再生产对追加生产资料的需要，这是社会资本扩大再生产的第一个基本前提。

用 $m/x$ 表示剩余价值中资本家个人消费的部分，则 $m-m/x$ 表示剩余价值中用于积累的部分，则

$$\text{II}(c+v+m) > \text{I}(v+m/x) + \text{II}(v+m/x)$$

简化为

$$\text{II}(c+m-m/x) > \text{I}(v+m/x)$$

这一不等式表明第二部类向第一部类提供的消费资料，除了满足第一部类简单再生产时工人和资本家的个人消费需要外，必须有一个余额用于满足两大部类扩大再生产对追加的消费资料的需要，就是社会资本扩大再生产的另一个基本前提。

2. 两大部类优化组合实现经济增长

可以通过代入简单的数据来测试两大部类的合理配比对社会总资产增长的

促进作用来理解经济增长的机制。

假设当前状态下，第一部类为：$4000(c)+1000(v)+1000(m)=6000$

第二部类为：$1500(c)+750(v)+750(m)=3000$

在此，$\mathrm{I}(v+m)>\mathrm{II}(c)$，即 $1000+1000>1500$，因此具备扩大再生产的可能。

假定两部类资本积累率均为50%（资本家把剩余价值的一半用于再投资），则可得

$$\mathrm{I}(c)=4000(c)+400\Delta c \quad \mathrm{I}(v)=1000(v)+100\Delta v \quad (\mathrm{I}(c)+\mathrm{I}(v)=5500)$$

$$\mathrm{II}(c)=1500(c)+250\Delta c \quad \mathrm{II}(v)=750(v)+125\Delta v \quad (\mathrm{II}(c)+\mathrm{II}(v)=2625)$$

如果剩余价值率仍为100%，第二年的总产出将为10100，增长率为12.2%。

## 第四节　经济危机理论

英国于18世纪六七十年代爆发工业革命，随着蒸汽机的逐步普及，资本主义大工业生产得以建立，真正具有现代意义的经济危机也随之周期性爆发。1825年危机也被马克思确认为周期性的工业危机和经济危机的开始，从此以后，经济危机成为一种周期性的现象，1836年、1847年、1857年、1866年、1873年、1882年、1890年、1900年、1907年、1914年、1921年、1929年—1933年、1937年—1938年等年份都爆发了经济危机。而且经济危机已经不再是局部的、行业的危机，而是快速扩散到整个国家甚至形成世界性的经济危机。西方经济学家在两个世纪中一直在研究如何预防经济危机，但2008年爆发的全球经济危机再次说明，经济危机是资本主义的衍生物，源于其固有矛盾，无法摆脱。

### 一、经济危机的成因

资本主义经济危机是一个非常特殊的社会现象。农业社会也有经济危机，但是农业社会的危机与资本主义经济危机完全不同，是稀缺引起的危机，被称为马尔萨斯陷阱，危机能够消灭相对过剩的人口。资本主义危机是过剩的危机，马克思在《资本论》第1卷正文中的第一句话就用“庞大的商品堆积”来描述资本主义生产方式的特征。大机器生产条件下，产品增长、资本增值的速度要远远高于居民收入的增加，社会在一定程度上能够暂时吸收生产过剩，当最终无法容纳时，就会爆发危机。危机和战争都能够起到消除过剩的资本与产能，让资本主义经济发展回到暂时的均衡，但其巨大的经济成本、社会成本给民众

带来巨大的灾难。资本主义经济危机的显著特征在于生产的相对过剩，而不是绝对过剩。资本主义经济危机的爆发明显地表现出资本主义的荒谬性和不合理性。2008 年金融危机爆发以后，有报道称法国的农场主开着大罐子车把大量的牛奶当作肥料浇到农田里，重演了牛奶倒入河中的历史。

**生活中的政治经济学**

**20 世纪 30 年代大危机中的场景**

寒冷的北风呼啸着，一个穿着单衣的小女孩蜷缩在屋子的角落里。

“妈妈，天气这么冷，你为什么不生起火炉呢？”小女孩在瑟瑟发抖。

妈妈叹了口气，说：“因为你爸爸失业了，我们没有钱买煤。”

“妈妈，爸爸为什么失业呢？”

“因为煤挖得太多了。”

资本主义的发展存在内在的、无法克服的不平衡性。马克思指出，资本主义生产的真正限制是资本自身。历史上，生产过剩曾导致资本主义大危机和随后的大规模战争。资本家从自身利益出发，必然对工人实施残酷的剥削和压榨，工人缺乏消费能力，反过来会阻碍资本的积累，造成一方面是失业的资本，另一方面是失业的工人人口。1929 年—1933 年的大危机成为古典自由主义终结的导火索：一方面工厂需求不足、存货堆积，只能解散工人、停止生产；另一方面，由于工人普遍失业，社会整体上丧失了购买能力，加剧产品过剩。两方面因素同时出现，使这次危机无法自我修复。古典自由主义奠基性原理萨伊定律“供给创造需求”被事实证伪。20 世纪最著名的经济学家凯恩斯虽然不承认马克思，但他在论述经济危机时采用了与马克思完全对应的模式，1936 年出版了《就业、利息和货币通论》一书，凯恩斯没有使用产品的相对过剩一词，而使用了有效需求不足；回避了经济危机，而使用了大量失业来表述；凯恩斯主张政府来弥合资本无限积累与人们收入增长有限之间的相对过剩。

## 二、现代金融危机

现代资本主义金融危机并未逃脱资本主义固有矛盾。作为运动中增值的价值，资本总是力求实现增值性和流动性的本性驱使其不断冲破各种限制以获得与其本性相适应的存在形式和运动形式。现代信用货币的发行不再受到金属开采量的限制，因此资本积累摆脱了生产活动和产业资本的羁绊，不可避免地造成了社会生产的扰动因素及新的矛盾的形成和累积，为此资本主义国家曾通过金融和资本管制加以控制。而金融和资本的管制由于与资本运动的趋势和目标相冲突，特别是它限制了资本的活动范围，抑制了资本的活力，因而自 20 世纪 80 年代开始，各主要资本主义国家纷纷解除金融和资本管制，在这种情况下，资本的逐利本性和金融机构的竞争，诱发了大量的金融创新，促进了金融衍生产品的快速增长。这些衍生品使冒险行为更为快速便捷、成本更小，它们可以用来规避法律约束、扭曲价格发现的过程，甚至操纵会计规则。同时，对利润的追逐刺激金融机构均采用杠杆经营的模式，即金融机构的资产规模远远高于自有资本的规模。在追求利润和流动性目标的驱使下，货币资本家和金融机构不断开拓次贷市场，并以“次级贷款”的债权为抵押，整合、分割、编制成一系列证券化商品，并通过层层分割和金融技术设计，衍生出更多的虚拟金融产品，在全球范围内销售，从而导致了金融化的快速发展。货币资本的过度积累导致货币资本的相对过剩，并且这种过剩会随着信用的扩大而发展，在这种情况下生产和消费在借贷货币资本的支持下得以超过资本主义的界限而增长，且随着货币资本虚拟价值泡沫化而把它推向极端，一旦这种货币资本虚拟价值泡沫破灭，金融危机便接踵而来，最终导致 2008 年金融危机的爆发。

资本对增值有无止境的需求，周期性的经济危机不断打断资本增值，不利于资本的长期增长。为了控制经济危机的发生，在长期的实践中，资本主义世界有意识地在一个特定发展阶段总是建立一个特殊的社会结构，即一整套包括政治、经济、文化，以及国际、国内制度等在内的统一体，来统筹承载资本的积累，这被称为“积累的社会结构”（Structure of Social Accumulation）。其基本功能就是为资本积累和经济增长提供制度性支持，为资本积累提供一个较大的“容器”，避免其总是陷入连续崩溃。但资本主义固有矛盾并没有被化解，在“积累的社会结构”走向饱和时，经济危机依然会来临，并让现存的“积累的社会结构”走向衰落，经过较长一段时期的危机和动荡，直到一个新的“积累的社会结构”建立为止。从第二次世界大战到今天，西方国家建立了两个主要的“积累的社会结构”：20 世纪 70 年代的凯恩斯主义阶段和之后的新自由主义阶段。20 世纪 70 年代末和 80 年代初期出现的“滞涨”可以看作凯恩斯主义“积累的社会结构”的失效，而 2008 年经济危机意味着本轮新自由主义主导的“积累的社会结构”走向终结，进入超卖期。

## 第五节　经济周期思想的基本原理

马克思是最早对经济周期现象做出系统研究和理论解释的经济学家之一。他从产品过剩、资本过度积累引发周期性经济危机的视角解释经济周期。今天，经济学界对经济周期的划分已经形成相对固定的四个种类，从资本积累的角度都能对其进行统一的解释。

## 一、危机的周期性

在现实的资本主义世界中，经济危机不但不可避免地爆发，而且总是每隔一段时间就爆发一次，呈现出一定的周期性。从一次危机的开始到下次危机的开始为一个经济周期。一般情况下，一个经济周期包括危机、萧条、复苏和高涨四个阶段，其中危机是周期的决定性阶段，它既是上周期的结束点，又是新周期的起点。经济周期的各个阶段具有以下特征：

1. 危机阶段

危机（Crisis）阶段是经济周期的开始阶段，生产力的破坏以暴风骤雨般的形式表现出来，与此相伴随的特征突出地表现在：商品生产过剩，价格猛跌，支付手段奇缺，信用关系遭到破坏，生产急剧缩小，失业急剧增长，工资下降。

2. 萧条阶段

在萧条（Depression）阶段，生产的下降、商品价格的下跌、企业的倒闭、失业队伍的增加等都已停止，但是，社会购买力仍然很低，商品销售仍然困难。与此同时，游资充斥，利率低下，信用关系处于停滞的状态。在生产下降已达谷底并经历了一段时间的停滞后，市场上对商品的需求开始出现增加的趋向。在危机中幸存下来的经过调整的企业开始恢复生产，有的甚至开始扩大生产规模。为了能使生产保持一定的利润率，资本家努力寻找能够降低生产成本的途径，如尽量加紧对工人的剥削，进一步降低工资和提高劳动强度，采用先进生产技术，更新固定资产，重新装备企业，从而使生产在价格低下的情况下仍能获利。对固定资本更新的大规模投资，推动了生产资料和消费资料生产的全面恢复和增长。于是经济周期逐渐由萧条阶段进入复苏阶段。

3. 复苏阶段

复苏（Recovery）阶段实现了经济的全面恢复。市场的销售量全面恢复，物价开始回升，生产逐步扩大，就业人数逐渐增加，有支付能力的需求随之提高。随着企业利润的增长，信用关系也活跃起来，促使资本家进一步扩大生产经营。当社会生产达到并超过危机前所达到的最高点时，经济周期的复苏阶段就进入了高涨阶段。

4. 高涨阶段

在高涨（Boom）阶段，消费日渐旺盛，市场容量增加迅猛，推动着生产迅速膨胀，新建企业层出不穷，工人就业人数也随之增加。尽管商品大量增加，但价格也在逐步上升。在资本家的利润急剧增长的同时，工人的收入也有所增长。金融市场活跃，信用膨胀。由于整个生产过程呈现出购销两旺的势头，这种情况诱使资本家把生产的增长推到狂热的程度。这一切使生产和商业规模的扩大又大大超出了有支付能力的需求，为下一次生产过剩危机的到来提供了条件。

马克思描绘了一幅经济增长从微观到宏观的全景——资本为了追求剩余价值，实现增值，就需要不断地扩大再生产。从经济结构整体看，两大部类之间存在相互补偿的机制，因此，合理配置经济结构可以带来快速增长。这种增长并非线性加速的过程，而是不断被经济危机所打断，随着一次次危机重生和技术创新发展，经济增长得以实现。

## 二、经济周期的种类

经济周期并非界限分明、整齐划一地连续发生，而是以不同频率、不同范围、不同影响程度犬牙交织地发生，经济学家从长期经济数据中，识别出几种具有较强规律性的经济周期，从长到短排列，以康氏周期、库兹涅茨周期、朱格拉周期、基钦周期四种周期最为著名。

1. 长经济周期“康德拉季耶夫周期”，简称“康氏周期”或“甲子理论”

20 世纪 20 年代，苏联学者康德拉季耶夫提出了以科学技术为驱动的 45 ~ 60 年的长经济周期“康德拉季耶夫周期”。在熊彼特提议下，用“康德拉季耶夫周期”这一术语描述经济中长期波动被经济学界广为接受。熊彼特定义的“康式周期”理论认为：科学技术的周期性发展规律决定经济活动的周期性。马克思主义则从资本的视角对康氏周期进行了更深入的解释，康氏周期与“积累的社会结构”建立和崩溃周期相近，围绕着技术的进步，资本也需要通过建立一个框架体系来确保其积累和增值，而正是因为资本的运动才使得科学技术发展周期传导成为经济周期。

2. 以房地产为驱动力的周期——库兹涅茨周期

建筑业及房地产市场是经济增长的一大支柱。1930 年，美国经济学家库兹涅茨根据建筑业和房地产业兴衰的波动现象，提出了为期 15 ~ 25 年的经济周期——“库兹涅茨周期”，也称为“建筑业周期”和“房地产周期”。建筑业和房地产与资本积累息息相关，也与人口的繁衍与迁移息息相关。

3. 制造业周期——朱格拉周期

1862 年，法国经济学家朱格拉提出市场经济存在着 8 ~ 10 年的中周期波动，这种周期波动被认为以设备更替和资本投资为主要驱动因素。设备更替与投资高峰期时，经济随之快速增长，设备投资完成后，引发产品的相对过剩，最终导致不同程度的经济危机，形成经济周期。

4. 库存周期——基钦周期

1923 年，英国的约瑟夫·基钦从“厂商生产过多时就会形成存货、从而减少生产”的现象出发，提出库存投资变化会导致经济波动，并把这种 2～4 年的短期调整称为存货周期，亦为“基钦周期”或“短波理论”。

马克思以一种全景视角解释了资本主义经济发展的机制与历程，在《资本论》中包含了经济增长的微观基础、技术视角、结构视角等，这些机制都与资本的积累直接相关，由于资本主义固有矛盾的存在，经济增长总是被周期性的危机打断，又通过不断的复苏、高涨到再次破灭，重复着资本的再生，带动经济的曲折增长。

## 【本章要点回顾】

本章分别从经济增长的微观基础、技术视角和结构视角全面解释经济增长的过程，并引入对经济危机理论与经济周期思想的介绍。

从经济增长的微观基础——简单再生产到扩大再生产来看，资本主义再生产的特点是扩大再生产，由资本积累而实现的资本主义扩大再生产，同时也是资本主义生产关系的扩大再生产；从经济增长的技术视角——资本有机构成来看，它揭示了资本积累的相对人口过剩、失业以及平均利润率下降的一般后果，也必然导致资产阶级和无产阶级在财富占有上的两极分化；从经济增长的结构视角——两大部类来看，社会生产两大部类的资本积累和扩大再生产相互依存、互为条件、相互制约。

资本主义危机是过剩的危机——“庞大的商品堆积”，在于生产的相对过剩，源于资本主义的发展存在内在的、无法克服的不平衡性。现代资本主义金融危机也未能逃脱资本主义固有矛盾。一个经济周期包括危机、萧条、复苏和高涨四个阶段，其中危机是经济周期的决定性阶段。

## 【选择题】

1. 简单商品生产的基本矛盾是（　　）。

A. 价值和使用价值之间的矛盾

B. 抽象劳动和具体劳动之间的矛盾

C. 私人劳动和社会劳动之间的矛盾

D. 个别劳动时间和社会必要劳动时间的矛盾

2. 构成社会再生产过程的基本环节不包括（　　）。

A. 劳动　　B. 生产　　C. 分配与交换　　D. 消费

3. 任何社会的再生产从其内容看（　　）。

A. 既是粗放型的再生产，又是集约型的再生产

B. 既是物质资料的再生产，又是生产关系的再生产

C. 既是使用价值的再生产，又是价值的再生产

D. 既是外延的扩大再生产，又是内涵的扩大再生产

4. 通过对资本主义简单再生产的分析可以看出，资本家的全部资本（　　）。

A. 是由工人创造的　　B. 是由资本家积累的

C. 并不仅仅是由工人创造的　　D. 是由资本家和工人共同创造的

5. 资本主义社会总产品在价值上的组成部分包括（　　）。

A. $c+v+m$

B. 固定资本+不变资本

C. $v+m$

D. 流动资本+可变资本

6. 能够划分为不变资本和可变资本的资本形态是（　　）。

A. 商品资本　　B. 货币资本　　C. 生产资本　　D. 银行资本

7. 考察社会资本运动的出发点是（　　）。

A. 物质生产部门　　B. 非物质生产部门

C. 第一部类和第二部类　　D. 社会总产品

8. 社会资本再生产的核心问题是（　　）。

A. 价值如何增值　　B. 价值和剩余价值的形成

C. 剩余价值的实现　　D. 社会总产品的实现

9. 资本的有机构成是（　　）。

A. 资本的价值构成

B. 由资本技术构成决定并反映资本技术构成变化的资本价值构成

C. 由资本价值构成决定并反映资本价值构成变化的资本技术构成

D. 资本的技术构成

10. 价值转化为生产价格以后，资本有机构成高的部门（　　）。

A. 产品的生产价格高于价值　　B. 产品的生产价格低于价值

C. 产品的生产价格等于价值　　D. 产品的生产价格脱离了价值

11. 在可变资本和剩余价值率一定时，利润率与资本有机构成（　　）。

A. 按相反方向变化　　B. 按相同方向变化

C. 按反比例关系变化　　D. 按正比例关系变化

12. 经济危机的根源在（　　）。

A. 生产的相对过剩　　B. 通货膨胀

C. 资本主义的基本矛盾　　D. 通货紧缩

13. 资本主义经济危机的实质是（　　）。

A. 生产绝对过剩　　B. 生产相对过剩

C. 人口绝对过剩　　D. 人口相对过剩

14. 资本主义再生产周期中起决定性作用的阶段是（　　）。

A. 危机阶段　　B. 萧条阶段　　C. 复苏阶段　　D. 高涨阶段

# 第十五章 社会主义经济制度与根本任务

【学习目标】

1. 了解建立社会主义制度的理论依据；
2. 掌握社会主义的根本任务；
3. 熟悉中国特色社会主义市场经济的建设历程；
4. 了解社会主义初级阶段的科学含义；
5. 掌握社会主义初级阶段的主要矛盾与发展。

马克思晚年研究东方社会，研究非资本主义发展道路，提出落后国家可以不经过资本主义制度的“卡夫丁峡谷”，走出一条非资本主义的发展道路，即落后国家可以不经过资本主义制度的苦难，而通过社会主义制度实现现代化。这就是著名的“跨越卡夫丁峡谷”的科学设想，中国特色社会主义的成功发展使这个科学设想成为现实，为落后国家实现现代化提供了新希望、新选择，人们已经看到了经由社会主义而进入共产主义的历史必然曙光。

## 第一节 建立社会主义制度的理论依据

社会主义经济制度是在马克思主义理论指导下建立和发展的。早在19世纪40年代，马克思、恩格斯就在批判性地继承空想社会主义理论成果的基础上，创立了科学社会主义理论。科学社会主义克服了空想社会主义仅仅从人类公平、正义等理性原则出发，批判资本主义并在此基础上构想未来理性王国的缺陷，依据辩证唯物主义和历史唯物主义的科学世界观和方法论，通过对生产力和生产关系矛盾运动的深刻分析，揭示了资本主义制度的内在矛盾，揭示了人类社会发展的规律和方向，从而使社会主义从空想转变为科学。

马克思、恩格斯根据历史唯物主义原理描绘了未来社会总的趋势，他们指出，未来共产主义社会从其产生、发展到成熟需要一个相当长的历史过程，期间大致要经历共产主义社会第一阶段即社会主义社会，和共产主义社会的高级阶段即真正的共产主义社会。马克思、恩格斯并没有对这两个阶段做更详细的论述，而只是做了科学的构想和大致的描述。

马克思、恩格斯认为，生产力的巨大增长和高度发展，是建立共产主义社会“绝对必需的实际前提”。如果没有生产力的巨大发展，共产主义社会“将没有任何物质基础，它将建立在纯粹的理论上面，就是说，将是一种纯粹的怪想”。没有生产力的巨大进步和高速发展，“那就只会有贫困的普遍化，而在极端贫困的情况下，就必须重新开始争取必需品的斗争，全部陈腐污浊的东西又要死灰复燃”。因此，在共产主义社会的第一阶段即社会主义社会，无产阶级的主要任务将是“尽可能快地增加生产力的总量”。共产主义制度的建立不仅以高度发展的生产力为基础，而且将使未来社会的生产力得到更高的发展。恩格斯指出：“摆脱了私有制压迫的大工业的发展规模将十分宏伟，相形之下，目前的大工业状况将显得非常渺小，正像工场手工业和我们今天的大工业相比一样。工业的这种发展将给社会提供足够的产品以满足所有人的需要。农业在目前由于私有制的压迫和土地的小块化而难以利用现有改良成果和科学成就，而在将来也同样会进入崭新的繁荣时期，并将给社会提供足够的产品。”

马克思、恩格斯提出了共产主义社会发展阶段的设想。马克思指出：“我们这里所说的是这样的共产主义社会，它不是在它自身基础上已经发展了的，恰恰相反，是刚刚从资本主义社会中产生出来的，因此它在各方面，在经济、道德和精神方面都还带着它脱胎出来的那个旧社会的痕迹。所以，每一个生产者，在做了各项扣除以后，从社会领回的，正好是他给予社会的。他给予社会的，就是他个人的劳动量。……他从社会领得一张凭证，证明他提供了多少劳动（扣除他为公共基金而进行的劳动）。他根据这张凭证从社会储存中领得一份耗费同等劳动量的消费资料。”因此，在共产主义社会第一阶段，个人生活资料还只能根据个人的劳动量实行按劳分配。而“在共产主义社会高级阶段，在迫使个人奴隶般地服从分工的情形已经消失，从而脑力劳动和体力劳动的对立也随之消失之后，在劳动已经不仅仅是谋生的手段，而且本身成了生活的第一需要之后，在随着个人的全面发展，他们的生产力也增长起来，而集体财富的一切源泉都充分涌流之后，才能完全超出资产阶级权利的狭隘眼界，社会才能在自己的旗帜上写上：各尽所能，按需分配！”

马克思、恩格斯关于未来社会的科学构想，为建立社会主义制度包括社会主义经济制度提供了重要的理论依据。但必须看到，马克思、恩格斯提出的未来社会的总体原则和构想，是基于在发达资本主义国家进行社会主义革命而提出的，是根据社会发展的趋势所做的一种预见，并非是未来社会的详细蓝图，不应该被看作一成不变的教条，而应该根据各国实践和不同的历史条件加以具体化。建立共产主义社会是一个漫长的历史过程，其间还要经历发展水平不同的许多阶段。对于如何在实践中探索和完善社会主义制度，正如恩格斯曾经明确指出的："我认为，所谓'社会主义社会'不是一种一成不变的东西，而应当和其他任何社会制度一样，把它看成是经常变化和改革的社会。"

## 第二节　建设中国特色社会主义市场经济

社会主义的本质是指社会主义制度不同于封建主义和资本主义制度等社会制度的最根本的特征。社会主义的本质特征可以从生产力和生产关系两个方面来认识。邓小平同志在1992年年初的南方谈话中，全面、深刻、精辟地概括了社会主义的本质。他指出，社会主义的本质，是解放生产力，发展生产力，消灭剥削，消除两极分化，最终达到共同富裕。

社会主义的根本任务是解放和发展生产力，这是由社会主义的本质决定的。要发展生产力，首先就要解放生产力。在以私有制为基础的社会，生产力与生产关系之间的矛盾运动必然导致代表新生产力的阶级通过革命斗争，推毁旧生产关系，建立起新生产关系，从而使生产力获得解放，因此革命是一种解放生产力的斗争。中国的新民主主义革命和社会主义革命解放了生产力。但是，实践证明，在社会主义制度建立之后，仍然需要解放生产力。社会主义制度建立之后，仍然存在着生产关系和上层建筑的某些方面同生产力发展不相适应的问题，特别是原有的高度集中的计划经济体制和不够完善的政治体制与社会体制日益不利于生产力的发展，这就要求不断完善社会主义的生产关系和上层建筑，改革原有的经济体制、政治体制和社会体制，以促进生产力的发展。从这样的意义上说，改革也是解放生产力。因此，邓小平同志指出，过去，只讲在社会主义条件下发展生产力，没有讲还要通过改革解放生产力，不完全，应该把解放生产力和发展生产力两个讲全了。只有解放生产力，才能更好地发展生产力。

以党的十一届三中全会召开为标志，中国开始进入探索中国特色社会主义的新的历史时期。以邓小平同志为核心的党的第二代中央领导集体坚持把马克思主义基本原理同当代中国实际和时代特征结合起来，总结社会主义建设中正反两方面的经验，开辟了中国特色社会主义道路，形成了邓小平理论。在经济建设上，推进了经济体制改革的理论和实践。1981 年 6 月，党的十一届六中全会《关于建国以来党的若干历史问题的决议》中，首先提出了“在公有制基础上实行计划经济，同时发挥市场调节的辅助作用”。1982 年 9 月，党的十二大明确提出“计划经济为主，市场调节为辅”的原则。这些提法不再把计划经济同商品经济对立起来，允许市场调节存在和发挥作用，为推进经济体制改革开辟了道路。1984 年 10 月，党的十二届三中全会通过了《中共中央关于经济体制改革的决定》，首次提出了“有计划的商品经济”这一新概念，明确肯定商品经济的充分发展是社会主义经济发展不可逾越的阶段，是实现我国社会主义现代化的必要条件。“有计划的商品经济”这一新概念将商品经济作为社会主义经济运行的基础框架，这是对社会主义经济理论的一次重大突破。邓小平同志高度评价了《中共中央关于经济体制改革的决定》，指出：《中共中央关于经济体制改革的决定》“是马克思主义基本原理和中国社会主义实践相结合的政治经济学”。1987 年 10 月，党的十三大提出了社会主义初级阶段理论，阐明社会主义有计划的商品经济的体制应该是计划与市场内在统一的体制，进一步发展了有计划的商品经济理论。这一时期对经济理论的深化和实践发展表明，中国的经济体制改革，不是对原有计划经济体制细枝末节的修补，而是在坚持社会主义基本制度的前提下，自觉地变革生产关系和上层建筑中不适应生产力发展要求的那些环节和方面，从根本上改革束缚生产力发展的经济体制，是一场全面而深刻的社会经济变革。

党的十三届四中全会是在国际局势深刻变化，我国改革开放进入一个关键时期召开的一次重要会议。党的十三届四中全会以后，以江泽民同志为核心的党的第三代中央领导集体高举邓小平理论伟大旗帜，坚持解放思想、实事求是、与时俱进，创立了“三个代表”重要思想，丰富和发展了中国特色社会主义理论体系。在经济建设上，进一步确立了经济体制改革的目标。1992 年 10 月，党的十四大明确提出了我国经济体制改革的目标是建立社会主义市场经济体制。提出在社会化大生产和存在复杂经济关系的条件下，市场经济对促进经济发展具有更强的适应性、更显著的优势和较高的效率；市场经济作为资源配置的一种方式本身不具有社会制度的属性，它与社会主义基本制度相结合可以体现社会主义的基本特征。1993 年 11 月，党的十四届三中全会做出的《中共中央关于建立社会主义市场经济体制若干问题的决定》，明确提出了建立社会主义市场经济体制的基本框架和基本要求。1997 年 9 月召开的党的十五大确立了以公有制为主体、多种所有制经济共同发展的社会主义初级阶段的基本经济制度。1999 年 9 月，党的十五届四中全会通过的《中共中央关于国有企业改革和发展若干重大问题的决定》，对国有经济的改革做出了全面部署。2002 年 11 月，党的十六大对进一步完善社会主义市场经济体制做出了新的规划部署，为发展中国特色社会主义经济开辟了广阔前景。

党的十六大以后，随着中国特色社会主义实践的深入发展，以胡锦涛同志为总书记的党中央创造性地提出了科学发展观等一系列重大战略思想，进一步丰富和发展了中国特色社会主义理论体系。科学发展观等重大战略思想的提出，为推进中国特色社会主义经济建设提供了新的科学指导。2003 年 10 月，党的十六届三中全会通过了《中共中央关于完善社会主义市场经济体制若干问题的决定》，根据实践发展的要求，全面规划了完善社会主义市场经济的目标、任务和具体措施。2005 年 10 月，党的十六届五中全会提出，坚持以科学发展观统领经济社会发展全局，并提出按照“生产发展、生活宽裕、乡风文明、村容整洁、管理民主”的要求建设社会主义新农村，提出加快科学技术创新和跨越的战略任务。2006 年 10 月，党的十六届六中全会通过了《中共中央关于构建社会主义和谐社会若干重大问题的决定》，提出了构建社会主义和谐社会的指导思想、目标任务和原则，推动经济社会协调发展。2007 年 10 月，党的十七大根据新世纪新阶段的新特点，提出实现全面建设小康社会奋斗目标的新要求。2008 年 10 月，党的十七届三中全会通过了《中共中央关于推进农村改革发展若干重大问题的决定》，深刻阐明了新形势下推进农村改革发展的重大意义，提出了推进农村改革发展的指导思想、目标任务和重大原则。2010 年 2 月，党中央进一步强调，要毫不动摇地加快经济发展方式转变，不断提高我国经济的国际竞争力和抗风险能力，使我国发展质量越来越高、发展空间越来越大、发展道路越来越宽。2012 年 11 月，党的十八大提出要加快完善社会主义市场经济体制和加快转变经济发展方式。2013 年 11 月，党的十八届三中全会进一步提出，让市场在资源配置中起决定性作用，同时要更好发挥政府作用，要努力将市场的作用和政府的作用更好结合。

2017 年 10 月，在全面建成小康社会决胜阶段、中国特色社会主义进入新时代的关键时期，党的十九大指出：中国特色社会主义进入了新时代，我国经济已由高速增长阶段转向高质量发展阶段，正处在转变发展方式、优化经济结构、转换增长动力的攻关期，建设现代化经济体系是跨越关口的迫切要求和我国发展的战略目标；必须坚持质量第一、效益优先，以供给侧结构性改革为主线，推动经济发展质量变革、效率变革、动力变革，不断增强我国经济创新力和竞争力。十九大报告提出重大理论创新成果，指出新时代中国特色社会主义思想，是对马克思列宁主义、毛泽东思想、邓小平理论、“三个代表”重要思想、科学发展观的继承和发展，是马克思主义中国化最新成果。经过中华人民共和国成立以来特别是改革开放40多年来的不懈努力，在马克思列宁主义、毛泽东思想和中国特色社会主义理论体系的指导下，中国特色社会主义经济建设取得了举世瞩目的巨大成就。我国成功实现了从高度集中的计划经济体制到充满活力的社会主义市场经济体制的伟大历史转折，成功实现了从封闭半封闭到全方位开放的伟大历史转折，我国综合国力迈上新台阶，经济总量跃至世界第二位，主要农产品和工业品产量居世界第一位，具有世界先进水平的重大科技创新成果不断涌现，水利、能源、交通、通信等基础设施建设取得突破性进展，生态文明建设不断推进，城乡面貌焕然一新，人民生活总体上达到小康水平，长期困扰我国的短缺经济状况从根本上得到改变。与此同时，社会主义政治建设、文化建设、社会建设也取得了重大成就。今天，中国人民大踏步赶上了时代潮流，稳定走上了奔向富裕安康的广阔道路，中国特色社会主义充满蓬勃生机，为人类文明进步做出重大贡献的中华民族以前所未有的雄姿巍然屹立在世界东方。

## 第三节　社会主义初级阶段主要矛盾的演化与发展

### 一、社会主义初级阶段的科学含义

中国处于社会主义初级阶段，这一重大理论和实践命题包括两层含义：①就中国现阶段的社会性质来看，已经是社会主义社会，因此，必须坚持而不能离开社会主义；②就中国目前社会主义社会成熟程度来看，它还处在初级阶段，仍然没有从根本上摆脱贫穷落后的状态，必须认清这个现实，决不能超越这个阶段。

社会主义初级阶段的这两层含义既相互区别，又相互联系，构成了具有特定内涵的新概念。前一层含义阐明的是中国社会的性质，后一层含义则阐明了中国现实中社会主义的发展程度。认识社会主义初级阶段的含义，就是要坚持从社会主义初级阶段的实际出发脚踏实地地建设社会主义，使社会主义在中国真正活跃和兴旺起来。

必须明确，中国的社会主义初级阶段，不是泛指任何国家进入社会主义都要经历的起始阶段，而是特指在中国生产力水平落后、商品经济不发达条件下建设社会主义必然要经历的特定阶段；既不同于社会主义经济基础尚未确立的过渡时期，又不同于将来实现社会主义现代化的阶段。这一特定阶段是由中国社会特定的历史前提和现实国情决定的。中国是在经济落后的半封建半殖民地社会的基础上开始社会主义建设的。在进入社会主义的时候，社会主义所要求的物质基础还没有建立起来，生产力发展水平远远落后于发达国家。这就决定了中国社会主义的发展必须经历一个很长的初级阶段，去实现别的国家在资本主义条件下实现的工业化和生产的商品化、社会化、现代化。

具体来说，中国社会主义初级阶段是这样一个阶段：是逐步摆脱不发达状态，基本实现社会主义现代化的历史阶段；是由农业人口占很大比重、主要依靠手工劳动的农业国，逐步转变为非农业人口占多数、包含现代农业和现代服务业的工业化国家的历史阶段；是由自然经济半自然经济占很大比重，逐步转变为经济市场化程度较高的历史阶段；是由文盲半文盲人口占很大比重、科技教育文化落后，逐步转变为科技教育文化比较发达的历史阶段；是由贫困人口占很大比重、人民生活水平比较低，逐步转变为全体人民比较富裕的历史阶段；是由地区经济文化很不平衡，通过有先有后的发展，逐步缩小差距的历史阶段；是通过改革和探索，建立和完善比较成熟的充满活力的社会主义市场经济体制、社会主义民主政治体制和其他方面体制的历史阶段；是广大人民牢固树立中国特色社会主义共同理想，自强不息，锐意进取，艰苦奋斗，勤俭建国，在建设物质文明的同时努力建设精神文明的历史阶段；是逐步缩小同世界先进水平的差距，在社会主义的基础上实现中华民族伟大复兴的历史阶段。

## 二、社会主义初级阶段的主要矛盾

任何社会都是在矛盾运动中发展的。社会主要矛盾是指在社会诸多矛盾中起主要支配作用的矛盾，它的存在和发展制约和影响着社会其他矛盾，它集中反映出社会在一定时期内生产力和生产关系这一基本矛盾的要求。揭示社会主要矛盾，反映基本矛盾运动规律的要求，是正确认识社会性质、把握社会发展趋势和规律、制定社会发展战略目标和确定社会根本任务的重要前提。

在社会主义初级阶段，我国政治、经济、文化和社会生活各方面存在着种种相互联系的矛盾，但在诸多矛盾中存在着一种起主要支配作用的矛盾，它的存在和发展制约和影响着社会主义初级阶段其他矛盾的运动和发展。1981 年，党的十一届六中全会指出：在社会主义初级阶段，我国社会的主要矛盾是人民日益增长的物质文化需要同落后的社会生产之间的矛盾。2017 年 10 月 18 日，习近平同志在十九大报告中强调，中国特色社会主义进入新时代，我国社会主要矛盾已经转化为人民日益增长的美好生活需要和不平衡不充分的发展之间的矛盾。

十九大对社会主要矛盾做出了科学判断，体现了以习近平同志为代表的当代中国共产党人的理论思维达到了新境界。着眼于解决这个社会主要矛盾，十九大确定了从2020年到21世纪中叶分两个阶段的发展目标：2020—2035年，基本实现社会主义现代化的目标；2035—2050年，实现富强民主文明和谐美丽的社会主义现代化强国的宏伟目标。相信以这个科学判断为基点，中国特色社会主义道路、中国特色社会主义理论以及中国特色社会主义制度会有进一步的大发展。

中国共产党关于社会主义初级阶段主要矛盾的理论，具有十分重大的现实指导意义。这一理论坚持马克思主义关于社会主义本质和根本任务的原理，紧密联系现阶段中国的实际，把握这个主要矛盾，关键是把握以经济建设为中心，坚持四项基本原则、坚持改革开放这一党在社会主义初级阶段的基本路线。

## 【本章要点回顾】

本章系统分析了建立社会主义制度的理论依据，建设中国特色社会主义市场经济，以及社会主义初级阶段主要矛盾的演化与发展。

社会主义经济制度是在马克思主义理论指导下建立和发展的。社会主义的本质是社会主义制度不同于封建主义和资本主义制度等社会制度的最根本的特征。社会主义的根本任务是解放和发展生产力。社会主义经济制度的建立开辟了人类历史的新纪元，为社会主义道路的形成奠定了坚实的基础。

社会主义初级阶段理论是马克思主义中国化的重大成果，在中国特色社会主义理论体系中处于基础性的位置。中国特色社会主义进入新时代，我国社会主要矛盾已经转化为人民日益增长的美好生活需要和不平衡不充分的发展之间的矛盾，需要进一步深化对社会主要矛盾变化的认识。需要坚持以习近平新时代中国特色社会主义思想为指导，着力解决新时代社会主要矛盾，不断开创中国特色社会主义事业新局面。

## 【选择题】

1. 确立社会主义初级阶段基本经济制度的理论依据是（　　）。

A. 生产力水平和生产关系性质　　B. 所有制结构和分配结构

C. 发展市场经济和对外开放的需要　　D. 社会主义性质和初级阶段国情

2. 社会主义经济制度的基础是（　　）。

A. 无产阶级专政　　B. 生产资料的社会主义公有制

C. 国有经济　　D. 多种所有制经济共同发展

3.（　　）是中国特色社会主义制度的重要支柱，也是社会主义市场经济的根基。

A. 公有制

B. 多种所有制

C. 非公有制

D. 基本经济制度

4. 社会主义制度代替资本主义制度的客观必然性是（　　）。

A. 生产关系一定要适合生产力状况规律作用的结果

B. 价值规律作用的结果

C. 经济危机规律作用的结果

D. 经济发展规律作用的结果

5. 社会主义的根本任务是（　　）。

A. 解放和发展生产力　　B. 增强企业活力

C. 改革不合理的上层建筑　　D. 改革不合理的价格体系

6. 同以往一切社会制度相比，社会主义制度的一个最本质的特点是（　　）。

A. 建立了市场经济

B. 实现了按劳分配为主体

C. 自觉的有计划的调节

D. 以实现全体社会成员的共同富裕为生产目的

7. 社会主义初级阶段是（　　）。

A. 任何社会发展都必须经历的阶段

B. 任何社会主义都必须经历的阶段

C. 我国建设社会主义必须要经历的起始阶段

D. 资本主义进入社会主义要经历的阶段

8. 党的十九大报告提出我国社会主要矛盾转化为（　　）。

A. 经济基础和上层建筑的矛盾

B. 生产力和生产关系的矛盾

C. 人民日益增长的物质文化生活需同落后的社会生产之间的矛盾

D. 人民日益增长的美好生活需要和不平衡不充分的发展之间的矛盾

# 第十六章

# 习近平新时代中国特色社会主义经济思想体系

## 【学习目标】

1. 熟悉经济新常态的主要内容；
2. 掌握五大发展理念的内涵；
3. 熟悉供给侧结构性改革的逻辑与路径；
4. 了解脱贫攻坚进程与“精准扶贫”思想的主要内容；
5. 了解区域协调发展战略与粤港澳大湾区建设的主要内容；
6. 掌握“一带一路”建设与构建人类命运共同体的意义。

2017年中央经济工作会议第一次明确习近平新时代中国特色社会主义经济思想，这是十八大以来我国社会主义经济实践的理论结晶，是中国特色社会主义政治经济学的最新成果，是党和国家十分宝贵的财富。习近平新时代中国特色社会主义经济思想从不同方面全面丰富和系统发展了马克思主义政治经济学，使其构成了一个逻辑严密、系统完备的科学理论体系。其中包括：做出中国特色社会主义进入新时代的重大政治论断，提出经济发展进入新常态的关键时期；提出创新、协调、绿色、开放、共享的发展理念，形成新发展论；创造性地提出供给侧结构性改革理论；发展共同富裕论，实施精准扶贫、精准脱贫，坚决打赢脱贫攻坚战；围绕实现社会主义现代化提出一系列创新性思想，包括创新驱动发展战略、区域协调发展战略等，提升社会主义现代化论；发展更高层次的开放型经济，形成全面开放论，习近平总书记提出的“一带一路”倡议，坚持以共商共建共享为原则，是推动构建人类命运共同体的实践平台，是全面开放实践的重大创新。强调习近平新时代中国特色社会主义经济思想，坚持以马克思主义政治经济学为指导，以中国特色社会主义市场经济的伟大实践为基础，科学分析新时代中国经济发展的内在逻辑和发展道路，形成了解决中国经济发展面临新问题的基本指导思想，赋予马克思主义政治经济学以鲜明的中国特色和风格，是当代中国马克思主义政治经济学。

## 第一节　积极应对经济新常态

中国特色社会主义新时代，是我国改革开放和社会主义现代化建设取得历史性成就、经济发展进入新常态的关键时期。关于经济新常态的一系列思想，是以习近平为核心的党中央在深刻认识中国特色社会主义发展实践的基础上，对马克思主义政治经济学的丰富与发展，是中国特色社会主义政治经济学理论的重大创新。

2008 年国际金融危机以来，全球进入了以长期结构性调整转型为基础的经济增长减速期，似乎每个国家都未能独善其身，中国也未能例外。2008 年年底开始的 4 万亿元投资对经济增长进行强刺激的措施，虽然避免了中国经济与世界经济同步震荡下行，但 2011 年以后，我国宏观经济增长速度还是呈持续下滑趋势。来自供给侧和需求侧的变化，共同塑造了我国经济发展的“新常态”。国内对于“新常态”的高度关注是从 2014 年 5 月习近平在河南考察时的讲话开始的，当时习近平指出，我国发展仍处于重要战略机遇期，我们要增强信心，从当前我国经济发展的阶段性特征出发，适应新常态，保持战略上的平常心态。这被认为是中国高层领导首次用“新常态”描述中国经济。2014 年 11 月，习近平在 APEC 工商领导人峰会上发表主旨演讲，概要分析了我国经济发展新常态下速度变化、结构优化、动力转换三大特点：从速度层面看，经济增长速度从高速增长转为中高速增长；从结构层面看，经济结构发生全面深刻变化，不断优化升级；从动力层面看，经济发展从要素驱动、投资驱动转向创新驱动。习近平表示，新常态将给中国带来新的发展机遇。在 2015 年中央经济工作会议上，习近平指出：把经济发展仅仅理解为数量增减、简单重复，是形而上学的发展观。我国经济发展进入新常态，是我国经济发展阶段性特征的必然反映，是不以人的意志为转移的。认识新常态，适应新常态，引领新常态，是当前和今后一个时期我国经济发展的大逻辑。

有了科学的认识就要有科学的实践，习近平总书记引用“明者因时而变，知者随事而制”的古训，正是要说明在新常态下，我们不能故步自封、因循守旧。习近平指出，面对我国经济发展新常态，我们观念上要适应，认识上要到位，方法上要对路，工作上要得力，否则很难与时俱进抓好经济工作。关于如何引领新常态，习近平总书记强调：新常态不是不干事，不是不要发展，不是不要国内生产总值增长，而是要更好发挥主观能动性、更有创造精神地推动发展；要因势而谋、因势而动、因势而进。这实际上还是将新常态放在一个历史发展的长过程中，引领新常态需要看到历史的“势”，而不仅仅是当前的“时”。只有运用科学的唯物史观，才能在历史发展的大“势”中，坚持以经济建设为中心，坚持发展就是硬道理，以供给侧结构性改革为主线，推动经济转向高质量发展。

习近平经济新常态思想是新时代中国特色社会主义经济发展速度、方式、结构、动力转变的思想，是社会经济合理化要求在经济运行和发展各方面、各领域、各部门的投射和反映，丰富和发展了马克思经济周期理论、经济增长要素理论、经济发展方式理论、供求关系理论、市场配置资源理论和宏观运行理论，是新时代中国特色社会主义宏观调控和政策取向的理论依据，是在实践中对中国特色社会主义政治经济学的丰富与发展。

## 第二节 创新、协调、绿色、开放、共享五大发展理念

2015 年 10 月 29 日，在党的十八届五中全会上，习近平同志系统论述了创新、协调、绿色、开放、共享五大发展理念，强调实现创新发展、协调发展、绿色发展、开放发展、共享发展。十九大报告进一步指出，发展是解决我国一切问题的基础和关键，发展必须是科学发展，必须坚定不移贯彻创新、协调、绿色、开放、共享的发展理念。

（1）关于创新，创新发展注重的是解决发展动力问题。我国创新能力不强，科技发展水平总体不高，科技对经济社会发展的支撑能力不足，科技对经济增长的贡献率远低于发达国家水平，这是我国的“阿喀琉斯之踵”。坚持创新发展，必须把创新摆在国家发展全局的核心位置，必须把发展基点放在创新上，实施创新驱动发展战略。

（2）关于协调，协调发展注重的是解决发展不平衡问题。我国发展不协调是一个长期存在的问题，突出表现在区域、城乡、经济和社会、物质文明和精神文明、经济建设和国防建设等关系上。需要重点促进城乡区域协调发展，促进经济社会协调发展，加快中西部地区的发展，实施西部大开发战略，协调东西部关系，开发西部地区促进新型工业化、信息化、城镇化、农业现代化同步发展。注重发展的整体效能，否则“木桶”效应就会愈加显现，一系列社会矛盾会不断加深。协调发展是全面建成小康社会之“全面”的重要保证。

（3）关于绿色，绿色发展注重的是解决人与自然和谐问题。我国资源约束

趋紧、环境污染严重、生态系统退化的问题十分严峻，人民群众对清新空气、干净饮水、安全食品、优美环境的要求越来越强烈。坚持绿色发展，必须坚持节约资源和保护环境的基本国策，坚持可持续发展，坚定走生产发展、生活富裕、生态良好的文明发展道路，加快建设资源节约型、环境友好型社会。

（4）关于开放，开放发展注重的是解决发展内外联动问题。现在的问题不是要不要对外开放，而是如何提高对外开放的质量和发展的内外联动性。我国对外开放水平总体上还不够高，用好国际国内两个市场、两种资源的能力还不够强，应对国际经贸摩擦、争取国际经济话语权的能力不够强，运用国际经贸规则的本领也不够强，需要加快弥补。对外开放是我国必须长期坚持的一项基本国策。需要提高对外开放水平，更好地推进"一带一路"建设。

（5）关于共享，共享发展注重的是解决社会公平正义问题。社会主义的根本目的和根本原则是共同富裕。必须坚持共享发展，注重机会公平，保障基本民生，使全体人民共享改革发展成果，顺利完成全面建成小康社会的目标任务。社会制度优越性，就是让全民享受发展的成果。我国经济发展的"蛋糕"不断做大，但分配不公问题比较突出，收入差距、城乡区域公共服务水平差距较大。在共享改革发展成果上，无论是实际情况还是制度设计，都还有不完善的地方。

发展理念是发展行动的先导，从根本上决定着发展的成效乃至成败。牢固树立并切实贯彻这五大发展理念，是关系我国发展全局的一场深刻变革，攸关"十三五"乃至更长时期我国发展思路、发展方式和发展着力点，是我们党认识把握发展规律的再深化和新飞跃。创新、协调、绿色、开放、共享的发展理念丰富发展了中国特色社会主义理论宝库，成为全面建成小康社会的行动指南、实现"两个一百年"奋斗目标的思想指引。

## 第三节　供给侧结构性改革的逻辑与路径

世界经济长周期和经济新常态是供给侧结构性改革的演进前提。关于世界经济长周期，习近平指出：从全球来看，世界经济复苏乏力，美国、欧洲、日本等主要经济体推出多轮量化宽松货币政策，但世界经济尚未从国际金融危机阴影中走出来。中国当前经济面临着复杂的环境，虽然经济保持着向好的发展态势，但是随着世界经济格局的变化，经济增长速度下行、经济增长方式缺乏效率和经济结构失衡等问题的存在，我国经济发展面临诸多矛盾，可以概括为国际分工格局重构、需求侧改革成效不显、产业产能过剩、产品供需体系失衡四个方面。在此背景下，2015 年党中央提出供给侧结构性改革，这是在综合分析世界经济长周期和我国经济发展新常态的基础上，对我国经济发展思路和工作着力点的重大调整，是化解我国经济发展面临困难和矛盾的重大举措，也是培育增长新动力、形成发展新优势、实现创新引领发展的必然要求和选择。此后，该概念迅速在社会各界引起共鸣。

关于如何正确认识供给侧结构性改革，习近平强调，供给侧结构性改革，重点是解放和发展社会生产力，用改革的办法推进结构调整，减少无效和低端供给，扩大有效和中高端供给，增强供给结构对需求变化的适应性和灵活性，提高全要素生产率。供给侧结构性改革坚持以人民为中心的发展思想。要在适度扩大总需求的同时，去产能、去库存、去杠杆、降成本、补短板，从生产领域加强优质供给。

我国供给侧结构性改革的理论基础既不是供给学派也不是结构主义，更不是新自由主义，而是马克思主义理论和方法在我国经济新常态下的具体运用，是中国特色社会主义政治经济学，它源于中国特色社会主义具体实践，是以习近平同志为核心的党中央对于马克思主义政治经济学的重大理论创新。其中，唯物主义的世界观和方法论是供给侧结构性改革的理论基础和思想方法。其具体基本原理是生产力和生产关系的统一，单纯强调生产力就会落入供给侧的简单扩大再生产的误区，供给侧的根本问题就是解放生产力发展生产力，表现在经济新常态下从生产量的增加转化为质的提高。我国进行供给侧结构性改革，就是要通过改革建立符合经济新常态的生产关系：通过顶层设计，进行经济体制改革，建立符合中国国情的体制和市场规范，发挥微观主体的活力，提升产品质量，增强产品有效供给，保持经济持续中高速增长。习近平指出，我们讲的供给侧结构性改革，同西方经济学的供给学派不是一回事，不能把供给侧结构性改革看成是西方供给学派的翻版。

关于供给侧结构性改革的路径选择，习近平指出，供给侧结构性改革，说到底最终目的是满足需求，主攻方向是提高供给质量，根本途径是深化改革。首先，供给侧结构性改革要从调结构入手，做好“加减乘除四则运算”。习近平指出，加法就是发现和培育新增长点，减法就是压缩落后产能、化解产能过剩，乘法就是全面推进科技、管理、市场、商业模式创新，除法就是扩大分子、缩小分母，提高劳动生产率和资本回报率，这是调结构这个四则运算的最终目标。其次，“深化改革”是供给侧结构性改革的根本途径，也是供给侧结构性改革的本质属性。习近平指出，供给侧结构性矛盾的原因是要素配置扭曲，是体制机制障碍。要推进国有企业改革，加快政府职能转变，深化价格、财税、金融、社保等领域基础性改革，为推进供给侧结构性改革创造条件。需要更多采取改革的办法，更多运用市场化、法治化手段，在“巩固、增强、提升、畅通”八个字上下功夫。

## 第四节　决胜脱贫攻坚，共享全面小康

反贫困是古今中外治国理政的一件大事。消除贫困、改善民生、逐步实现共同富裕，是社会主义的本质要求，是我们党的重要使命。中华人民共和国成立70多年来，党中央、国务院高度重视减贫扶贫，出台实施了一系列中长期扶贫规划，从救济式扶贫到开发式扶贫再到精准扶贫，探索出了一条符合中国国情的农村扶贫开发道路，为全面建成小康社会奠定了坚实基础。特别是党的十八大以来，以习近平同志为核心的党中央站在全面建成小康社会、实现中华民族伟大复兴中国梦的战略高度，把扶贫开发工作纳入“五位一体”总体布局和“四个全面”战略布局，提出“精准扶贫”的重要思想，做出一系列新决策新部署，全面打响了脱贫攻坚战，农村贫困人口大幅减少，区域性整体减贫成效明显，贫困群众生活水平大幅提高，贫困地区面貌明显改善，脱贫攻坚取得历史性重大成就，也为全球减贫提供了中国方案和中国经验。

“精准扶贫”的重要思想最早是在2013年11月提出的，习近平到湖南湘西考察时首次做出了“实事求是、因地制宜、分类指导、精准扶贫”的重要指示。2014年1月，中办详细规制了精准扶贫工作模式的顶层设计，推动了“精准扶贫”思想落地。2017年10月18日，习近平同志在十九大报告中指出，“要动员全党全国全社会力量，坚持精准扶贫、精准脱贫，……确保到二〇二〇年我国现行标准下农村贫困人口实现脱贫，贫困县全部摘帽，解决区域性整体贫困，做到脱真贫、真脱贫。”

从党的十八大到2018年年末，农村已累计减贫8239万人，年均减贫1373万人，六年累计减贫幅度达83.2%，农村贫困发生率也从2012年年末的10.2%下降到2018年年末的1.7%，减贫速度明显快于全球。世界银行2018年发布的《中国系统性国别诊断》报告称，中国在快速经济增长和减少贫困方面取得了“史无前例的成就”。联合国秘书长古特雷斯为“2017减贫与发展高层论坛”发贺信盛赞中国减贫方略，称“精准减贫方略是帮助最贫困人口、实现2030年可持续发展议程宏伟目标的唯一途径。中国已实现数亿人脱贫，中国的经验可以为其他发展中国家提供有益借鉴”。2016年年底，根据非洲领导人的愿望和要求，中方组织编辑了《摆脱贫困》英、法文版在当地发行。《习近平谈治国理政》和《摆脱贫困》在很多国家都受到广泛欢迎和好评。

当然，中国在实现自身减贫的同时也努力帮助其他发展中国家减贫，积极开展国际减贫合作，截至2015年10月，中国共向166个国家和国际组织提供了近4000亿元人民币援助，派遣60多万援助人员，积极向69个国家提供医疗援助，并先后为120多个发展中国家落实联合国千年发展目标提供帮助，积极推进“一带一路”建设，让国际减贫合作成果惠及更多国家和人民，为世界减贫贡献中国力量。

## 第五节　区域协调发展战略

自1978年改革开放至今，中国已经走过了“富起来”的时代，进入了“强起来”的时代，区域协调发展战略作为推动中国经济发展的重要工具，对“富起来”时代下的中国经济发展产生了巨大推动作用。1978年以来实施的东部沿海地区优先发展战略使得全国整体发展水平追赶上世界发达国家水平，中央于1999年提出的西部大开发战略、2003年提出的东北振兴战略以及2006年提出的中部崛起战略则致力于实现国内欠发达地区跟上发达地区的发展水平。

党的十八大以来，党中央提出的“一带一路”倡议、京津冀协同发展、长江经济带、雄安新区建设以及粤港澳大湾区建设等区域协调发展思路，推动形成了全面联动的区域协调发展新格局，未来中国的区域协调发展战略将更加注重发展模式的创新并探索世界先进水平的发展模式。例如，雄安新区的目标是建设高水平社会主义现代化城市、现代化经济体系的新引擎、推动高质量发展的全国样板，京津冀和粤港澳大湾区的定位则是打造世界级城市群和国际一流湾区，“一带一路”倡议更是从国际层面谋求新的、和谐的、互利共赢的大区域经济发展格局。

中国特色社会主义进入新时代，中国的区域协调发展战略也进入了新时代。党的十九大报告提出以城市群为主体构建大中小城市和小城镇协调发展的城镇格局，突出城市群在推进新型城镇化中的主体地位，推动实施区域协调发展战略，这是我国区域经济发展理论的重大创新，是建设现代化经济体系的重要保障，是打赢精准脱贫攻坚战的强大支撑。习近平在十九大报告中指出，实施区域协调发展战略，建立更加有效的区域协调发展新机制。这是对我国区域协调发展的新部署新要求，是新时代解决人民日益增长的美好生活需要和不平衡不充分的发展之间的矛盾的重要途径。

在区域协调发展新征程中，粤港澳大湾区建设可谓一大引擎，是助力港澳融入国家发展大局，推动“一国两制”事业发展的新实践。湾区，既是地理概念，也是经济现象。著名的纽约湾区、旧金山湾区、东京湾区，都是带动全球经济发展的重要增长极和引领技术变革的领头羊。作为国家建设世界级城市群和参与全球竞争的重要空间载体，“粤港澳大湾区”从2015年《推动共建丝绸之路经济带和21世纪海上丝绸之路的愿景与行动》中相关概念的首次提出，到2016年被写入国家“十三五”规划，再到2017年首次被写入《政府工作报告》并进一步上升为国家战略，至2019年2月《粤港澳大湾区发展规划纲要》的正式出台，粤港澳大湾区建设已经打好“地基”，进入发展新阶段。建设粤港澳大湾区，推动区域融合发展，不是简单的区域协调发展战略和对外开放战略的合并、升级版，而是决策者在改革开放四十年的新起点上，在经济发展模式转型、内外联动进一步扩大开放、全面深化改革过程中，以更高起点、更高标准、更广视野所提出的一项极富远见、胆识和魄力的历史使命，将成为中国湾区经济的实验者，为中国发展带来新契机。

“创新、协调、绿色、开放、共享”新发展理念，是习近平新时代中国特色社会主义思想的重要内容，是引领发展之道。实施区域协调发展战略，要在新发展理念指引下，着眼于21世纪世界发展大趋势和全球化发展新格局，落实“一带一路”倡议、进一步深化改革，实现更高质量、更有效率、更加公平、更可持续发展。

## 第六节　推动“一带一路”建设，构建人类命运共同体

2013年3月，中国国家主席习近平访问俄罗斯并在莫斯科国际关系学院发表题为《顺应时代前进潮流，促进世界和平发展》的演讲，首次在国际场合提出命运共同体理念。同年9月和10月，习近平主席在出访哈萨克斯坦和印度尼西亚时先后提出共建“丝绸之路经济带”和“21世纪海上丝绸之路”的重大倡议。

世界多极化、经济全球化、社会信息化、文化多样化越是深入发展，人们越是能够深刻认识到，“一带一路”作为构建人类命运共同体的实践平台，已经在为解决当前全球治理的失灵、失衡和失序问题进行实践探索、积累实践经验。正如习近平主席所指出的共建“一带一路”不仅是经济合作，而且是完善全球发展模式和全球治理、推进经济全球化健康发展的重要途径。“一带一路”建设，在对话协商、共建共享、合作共赢、交流互鉴的过程中，谋求合作的最大公约数，把沿线各国人民紧密联系在一起。

“一带一路”加强了国家间的政治互信，为构建人类命运共同体铺垫稳定之

基。政策沟通，战略对接，求同存异，成为“一带一路”倡议具有的鲜明特征。欧亚经济联盟、《东盟互联互通总体规划2025》、非盟《2063年议程》、哈萨克斯坦的“光明之路”新经济政策、土耳其的“中间走廊”倡议、蒙古国的“发展之路”、越南的“两廊一圈”、英国的“英格兰北方经济中心”、波兰的“琥珀之路”……各国和各地区发展战略对接起来、政策协调起来，合作大方向明确了、合力形成了，共同的利益越来越多，合作的愿望越来越浓，向人类命运共同体目标迈进的共识越来越强。

“一带一路”加强了国家间的经济互融，为构建人类命运共同体注入发展之力。从“无数铃声遥过碛”的大漠驼队到日行千里的跨国班列，从“映日帆多宝舶来”的海运胜景到生机勃发的现代港口……古今共鉴，互联互通让各国经济在融合中加快发展。“一带一路”建设项目的背后，是扎扎实实的合作，是欣欣向荣的生机，相关国家日益形成利益共同体、责任共同体，构建人类命运共同体之路越走越宽广。

“一带一路”加强了国家间的人文互通，为构建人类命运共同体注入人文内涵。正如美国耶鲁大学教授瓦莱丽·汉森（Valerie Hansen）所言，丝绸之路之所以改变了历史，在很大程度上是因为在丝绸之路上穿行的人们把他们各自的文化；像其带往远方的异国香料种子一样沿途撒播。而今，在共建“一带一路”的大道上，文化的播撒日益频繁，文明的对话日益深入，正绘就民心相通的美好画卷。从身走近，到心走近，“一带一路”建设同时架设起文明的桥梁、友谊的纽带，使人类命运共同体意识越来越深入人心。

人类命运共同体是党的十八大以来以习近平同志为核心的党中央提出的伟大构想，是习近平新时代中国特色社会主义思想的重要组成部分。这一伟大构想既坚持马克思主义基本原理，又立足于新的时代特征和世界历史进程，具有深厚独到的理论特质。有了“一带一路”的重要实践平台之后，这个伟大的构想正在一步一步地走向现实，不仅造福我国人民，更造福沿线乃至全世界各国人民，还丰富了国际经济合作理念和多边主义内涵，为促进世界经济增长、实现共同发展开辟了新路径。

## 【本章要点回顾】

本章主要从六个方面系统解读了习近平新时代中国特色社会主义经济思想体系，包括积极应对经济新常态；创新、协调、绿色、开放、共享五大发展理念；供给侧结构性改革的逻辑与路径；决胜脱贫攻坚，共享全面小康；区域协调发展战略；推进“一带一路”建设，构建人类命运共同体。

## 【选择题】

1. 关于经济新常态的表述，正确的是（　　）。

A. 是对马克思主义经济周期理论认识的升华和发展

B. 丰富和发展了马克思宏观经济运行理论

C. 科技与创新将是“新常态”提升效益和质量的最重要推动力

D. 以上均对

2. （　　）是新时代坚持和发展中国特色社会主义的根本立场。

A. 以经济建设为中心　　B. 以人民为中心

C. 宪法至上　　D. 一切有利于生产力发展

3. 必须坚持以人民为中心的发展思想，坚持（　　）的发展理念。

A. 创新、协调、绿色、开放、可持续

B. 创新、协调、绿色、开放

C. 创新、协调、绿色、共享

D. 创新、协调、绿色、开放、共享

4. 2017 年中央经济工作会议指出，要（　　），更好发挥政府作用，坚决扫除经济发展的体制机制障碍。

A. 坚持加强党对经济工作的集中统一领导

B. 坚持以人民为中心的发展思想

C. 坚持适应把握引领经济发展新常态

D. 坚持使市场在资源配置中起决定性作用

5. 深化供给侧结构性改革，下面不正确的说法是（　　）。

A. 要推进需求端向供给端转变

B. 要推进中国制造向中国创造转变

C. 要推进中国速度向中国质量转变

D. 要推进制造大国向制造强国转变

6. 习近平总书记提出精准扶贫战略思想，这是中国扶贫史上的理论创新。关于精准扶贫的意义，正确的是（　　）。

A. 精准扶贫是全面建成小康社会的根本需要

B. 精准扶贫体现了社会主义本质要求

C. 精准扶贫体现了深刻的民生内涵

D. 以上均对。

7. 实施区域协调发展战略，主要包括（　　）。

A. 京津冀协同发展　　B. 长江经济带发展
C. “一带一路”建设　　D. 其他三项均对

8. 粤港澳大湾区建设正式写进了党的（　　）报告。

A. 十六大　　B. 十七大　　C. 十八大　　D. 十九大

9. 要加快实现粤港澳大湾区产业要素资源自由流动，应该（　　）。

A. 完善产业人才交流合作机制
B. 深度推进服务贸易自由化
C. 突破制度壁垒
D. 探索建立跨区域产业协作机制

10. “一带一路”的时代意义体现在（　　）。

A. 是应对当前世界和平赤字、发展赤字、治理赤字的战略选择
B. 让中国与世界的交往在创新中不断发展
C. 引领全球治理方向，成果惠及世界
D. 以上均对

11. 关于“人类命运共同体”的含义，理解不正确的是（　　）。

A. 抛开不同社会制度、意识形态的分歧，寻求解决人类共同问题的答案
B. 接受西方国家所兜售的普世价值
C. 不接受西方国家所兜售的普世价值
D. 各个国家要平等，要商量，不要搞强权政治和霸权主义

# 参考文献


[1] 斯蒂格利茨，沃尔什．经济学［M］．黄险峰，张帆，译．北京：中国人民大学出版社，2005.

[2] 斯密．国民财富的性质和原因的研究：下卷［M］．郭大力，王亚南，译．北京：商务印书馆，1974.

[3] 罗默．高级宏观经济学［M］．王根蓓，译．上海：上海财经大学出版社，2009.

[4] 庇古．福利经济学［M］．金镝，译．北京：华夏出版社，2007.

[5] 张伯伦．垄断竞争理论［M］．周文，译．北京：华夏出版社，2009.

[6] 罗宾逊．不完全竞争经济学［M］．陈璧，译．北京：商务印书馆，1961.

[7] 康芒斯．制度经济学［M］．于树生，译．北京：商务印书馆，1981.

[8] 威廉姆森，温特．企业的性质：起源、演变与发展［M］．姚海鑫，邢源源，译．北京：商务印书馆，2010.

[9] 诺斯．制度、制度变迁与经济绩效［M］．刘守英，译．上海：上海三联书店，1994.

[10] 波斯纳．法律的经济分析［M］．蒋兆康，译．北京：中国大百科全书出版社，1997.

[11] LEWIS W A. Economic Development with Unlimited Supplies of Labour［J］. The Manchester School，1954，22（2）：139-191.

[12] 哈耶克．自由秩序原理［M］．邓正来，译．北京：三联书店，1997.

[13] 凯伯．国际经济学［M］．陈艳莹，等译．北京：机械工业出版社，2002.

[14] 蒋自强．经济思想通史［M］．杭州：浙江大学出版社，2003.

[15] 基什特尼．经济学通识课［M］．刘婧，译．北京：民主与建设出版社有限责任公司，2017.

[16] 毛泽东．实践论［M］//毛泽东．毛泽东选集：第一卷．2 版．北京：人民出版社，1991.

[17] 列宁．论欧洲联邦口号［M］//韦建桦．列宁专题文集：论社会主义．中共中央马克思恩格斯列宁斯大林著作编译局，编译．北京：人民出版社，2009.

[18] 毛泽东．目前形势和我们的任务［M］//毛泽东．毛泽东选集：第 4 卷．北京：人民出版社，1991.

[19] 张雷声．论习近平新时代中国特色社会主义经济思想的理论创新［J］．马克思主义理论学科研究，2018，4（2）：25-36.

[20] 马克思．资本论：第 1 卷［M］//韦建桦．马克思恩格斯文集：第 5 卷．中共中央马克思恩格斯列宁斯大林著作编译局，编译．北京：人民出版社，2009.

[21] 恩格斯. 家庭、私有制和国家的起源 [M] //韦建桦. 马克思恩格斯文集：第4卷. 中共中央马克思恩格斯列宁斯大林著作编译局，编译. 北京：人民出版社，2009.

[22] 刘伟. 习近平新时代中国特色社会主义经济思想是历史与思想、理论与实践的逻辑统一 [J]. 中国高校社会科学，2018 (2)：9，15-20.

[23] 李扬. 提质增效 适应增速新常态 [N]. 人民日报，2014-06-11 (10).

[24] 习近平谈治国理政：第二卷 [M]. 北京：外文出版社，2017.

[25] 史彦泽. 适应、把握、引领新常态须科学运用马克思主义政治经济学方法论 [J]. 奋斗，2018 (7)：7-8.

[26] 方凤玲，白暴力. 习近平经济新常态思想对马克思主义政治经济学的丰富与发展 [J]. 人文杂志，2018 (7)：18-25.

[27] 习近平主持召开中央财经领导小组第十三次会议强调 坚定不移推进供给侧结构性改革在发展中不断扩大中等收入群体 [J]. 财经理论研究，2016 (3)：2.

[28] 张志明，蔡之兵. 供给侧结构性改革的理论逻辑及路径选择 [J]. 经济问题探索，2016 (8)：1-5，64.

[29] 中共中央文献研究室. 习近平关于社会主义经济建设论述摘编 [M]. 北京：中央文献出版社，2017.

[30] 习近平. 在省部级主要领导干部学习贯彻党的十八届五中全会精神专题研讨班上的讲话 [N]. 人民日报，2016-05-10 (2).

[31] 赵宇. 深刻认识供给侧结构性改革的科学内涵和实践要求 [C] //中共中央党史和文献研究院机构改革工作小组科研管理组. 2016年度文献研究个人课题成果集：上. 北京：中央文献出版社，2018：16.

[32] 中共中央文献研究室. 十八大以来重要文献选编：中 [M]. 北京：中央文献出版社，2016.

[33] 刘晓朋. 习近平主持召开中央财经领导小组第十三次会议 [EB/OL]. (2016-05-16) [2020-03-25]. http://www. xinhuanet. com//politics//2016－05/16/c_1118875925. htm.

[34] 习近平. 在中央扶贫开发工作会议上的讲话 [M] //中共中央党史和文献研究院. 十八大以来重要文献选编：下. 北京：中央文献出版社，2018.

[35] 栗翘楚，杨曦. 贫困人口大幅减少为世界提供中国方案 [EB/OL]. (2019-08-13) [2020-01-10]. http://finance. people. com. cn/n1/2019/0813/c1004-31291321. html.

[36] 推进“一带一路”建设工作领导小组办公室. 共建“一带一路”倡议：进展、贡献与展望报告 [EB/OL]. (2019-04-22) [2020-01-10]. http://www. mofcom. gov. cn/article/i/jyjl/e/201904/20190402855421. shtml.

[37] 国纪平. 构建人类命运共同体的伟大实践：写在习近平主席提出“一带一路”倡议5周年 [EB/OL]. (2018-10-04) [2020-03-26]. http://www. xinhuanet. com//politics/2018-10/04/c_1123519710. htm.

[38] 高春花. 人类命运共同体伟大构想的理论特质 [N]. 中国社会科学报，2019-08-15 (1).

[39] 高祖贵. 推进“一带一路”建设 构建人类命运共同体［N］. 学习时报，2019-04-22 (1).

[40] 唐杰，戴欣. 马克思的创新理论及深圳的实践［J］. 开放导报，2018 (5)：12-19.

[41] 马克思. 资本论：第 3 卷［M］. 中共中央马克思恩格斯列宁斯大林著作编译局，译. 北京：人民出版社，2004.

[42] 马克思，恩格斯. 德意志意识形态. 马克思恩格斯文集：第 1 卷. 中共中央马克思恩格斯列宁斯大林著作编译局，编译. 北京：人民出版社，2009.

[43] 马克思，恩格斯. 共产党宣言［M］//韦建桦. 马克思恩格斯文集：第 2 卷. 中共中央马克思恩格斯列宁斯大林著作编译局，编译. 北京：人民出版社，2009.

[44] 恩格斯. 共产主义原理［M］//韦建桦. 马克思恩格斯文集：第 1 卷. 中共中央马克思恩格斯列宁斯大林著作编译局，编译. 北京：人民出版社，2009.

[45] 马克思. 哥达纲领批判［M］//韦建桦. 马克思恩格斯文集：第 3 卷. 中共中央马克思恩格斯列宁斯大林著作编译局，编译. 北京：人民出版社，2009.

[46] 恩格斯. 恩格斯致奥托·冯·伯尼克［M］//韦建桦. 马克思恩格斯文集：第 10 卷. 中共中央马克思恩格斯列宁斯大林著作编译局，编译. 北京：人民出版社，2009.

[47] 邓小平. 在武昌、深圳、珠海、上海等地的谈话要点［M］//邓小平. 邓小平文选：第 3 卷. 北京：人民出版社，1993.

[48] 邓小平. 在中央顾问委员会第三次全体会议上的讲话［M］//邓小平. 邓小平文选：第 3 卷. 北京：人民出版社，1993.